Heidelberger Taschenbücher Band 185

Werner Glastetter

Die wirtschaftliche Entwicklung der Bundesrepublik Deutschland im Zeitraum 1950 bis 1975

Befunde und Aspekte

Mit 90 Schaubildern und 133 Tabellen

Springer-Verlag
Berlin Heidelberg New York 1977

Dr. Werner Glastetter
Wirtschafts- und Sozialwissenschaftliches Institut des DGB

ISBN 3-540-08075-9 Springer-Verlag Berlin Heidelberg New York
ISBN 0-387-08075-9 Springer-Verlag New York Heidelberg Berlin

Library of Congress Cataloging in Publication Data. Glastetter, Werner. Die wirtschaftliche Entwicklung der Bundesrepublik Deutschland im Zeitraum 1950 bis 1975 (Heidelberger Taschenbücher; Bd. 185). Includes index. 1. Germany, West – Economic conditions. I. Title. HC286.6.G59. 330.9'43'087. 76-56373.

Printed in Germany
Gesamtherstellung: Offsetdruckerei Julius Beltz, Hemsbach
2142/3140-543210

Vorwort

Die vorliegende Untersuchung ging aus einem Beitrag hervor, der anläßlich einer IG-Metall-Tagung im Mai 1976 erschien*). Während sich jener Beitrag noch weitgehend auf Globalaussagen beschränkte, wird hier versucht - unter Wahrung des gleichen konzeptionellen Anliegens: Darstellung der ökonomischen Entwicklung der Bundesrepublik Deutschland von 1950 bis 1975 -, die Globalaggregate weiter zu disaggregieren und die Argumentation mit ergänzendem empirischen Befund anzureichern, um ein differenzierteres Bild dieses Entwicklungsprozesses zu gewinnen.

Die Zusammenstellung des der Untersuchung zugrunde liegenden Basismaterials besorgte Herr Diplomvolkswirt Rudolf Görlich, dem ich an dieser Stelle dafür sehr herzlich danke. Da die konzeptionelle Anlage, Aufbereitung und Interpretation dieses Materials durch mich erfolgte, gehen alle Mängel dieser Untersuchung aber ausschließlich zu meinen Lasten.

Die Arbeit wurde hinsichtlich ihrer konzeptionellen Gesamtanlage Ende September 1976 abgeschlossen. Später erfolgte Ergänzungen und Korrekturen des statistischen Materials (insbesondere die Ergebnisse für das Jahr 1976) konnten aus redaktionellen Gründen nur noch hinsichtlich der wichtigsten Eckdaten im Text berücksichtigt werden.

Düsseldorf, im Februar 1977

W.G.

---

*) Industriegewerkschaft Metall für die Bundesrepublik Deutschland, Materialien zur Tagung "Krise und Reform in der Industriegesellschaft", Frankfurt/Main 1976. - Sofern in den Tabellen oder Schaubildern Abweichungen zwischen der jetzt vorliegenden Untersuchung und jenem Beitrag bestehen, so resultieren diese einerseits aus zwischenzeitlich erfolgten Korrekturen der Volkswirtschaftlichen Gesamtrechnung, andererseits aus einer teilweise abweichenden analytischen Aufbereitung des empirischen Materials.

Inhaltsübersicht

Teil A
Grundsatzprobleme

I. Zum Untersuchungsziel

1. Im Jahre 1975 befand sich die Bundesrepublik Deutschland in ihrer bislang schwersten *Nachkriegsrezession*. Das reale Bruttoinlandsprodukt ging um gut 3 vH zurück. Dieser Rückgang übertraf jenen der ersten Nachkriegsrezession im Jahre 1967, als das reale Bruttoinlandsprodukt "nur" um 0,2 vH sank, ganz erheblich. Gleichzeitig überstieg 1975 die Zahl der Arbeitslosen im Jahresdurchschnitt die Millionengrenze, ein Niveau, das zuletzt im Jahre 1955 erreicht wurde. Es kann nicht überraschen, daß diese Entwicklung in Wissenschaft und Praxis als Schock empfunden wurde. Dies um so mehr, als schon das Jahr 1967 ein erstes "Schockerlebnis" vermittelte. Bis dahin hatte der Glaube an die konjunkturpolitische "Machbarkeit" sowohl in die theoretische als auch in die politische Diskussion verstärkt Eingang gefunden: Denn die wirtschaftspolitischen Probleme der Zukunft schienen primär auf der *wachstums-* und nur noch sekundär auf der *konjunkturpolitischen Ebene* angesiedelt zu sein. Schon die erste Nachkriegsrezession hatte diesen Glauben schwer erschüttert. Dennoch verflüchtigte sich dieses Schockerlebnis relativ rasch. Dazu hatte nicht nur der eindrucksvolle Wiederaufschwung der Jahre 1968/69 beigetragen. Mindestens die gleiche Bedeutung hatte die sich neu etablierende Überzeugung, in jener bekannten Synthese von "Freiburger Imperativ" (konkret: Wettbewerbsordnung) und "Keynesscher Botschaft" (konkret: antizyklische Globalsteuerung) eine optimale *konjunkturpolitische Konzeption* zu besitzen, um künftige Fehlentwicklungen auszuschließen. Das Jahr 1975 hat nun auch diese Hoffnung zunichte gemacht; die Fehlentwicklungen haben sich sogar ganz erheblich verschärft. Insoweit ist es nur naheliegend, daß die Diskussion über diese neue und gravierendere Krise hinsichtlich ihrer Ursachen und Konsequenzen eine Hektik - und auch ideologisierende Schärfe - erfahren hat, die die sachliche Auseinandersetzung eher erschwert denn erleichtert.

2. Diese Diskussion erfolgt inzwischen auf drei völlig unterschiedlichen Ebenen - mit unterschiedlichen Dimensionen.

- Die weitreichendste Dimension hat jener Diskussionsansatz, der die Ursache der gegenwärtigen Krise in der *konjunkturpolitischen Konzeption* selbst sieht. Dahinter verbirgt sich die These, daß das konjunkturpolitische Instrumentarium der Globalsteuerung angesichts struktureller Verwerfungen (ex post) bzw. strukturpolitischer Aufgaben (ex ante) überhaupt nicht mehr in der Lage sei, Fehlentwicklungen zu verhindern. Diese These gewinnt aber auch über die Strukturproblematik hinausgehend zweifelsohne an Überzeugungskraft, wenn die wirtschaftliche Entwicklung in eine Stagflation oder - noch schlimmer - in eine Slumpflation einmündet. Wenn sich Wachstumseinbruch und Arbeitslosigkeit mit anhaltenden Preissteigerungsraten verbinden (wie im Jahre 1975), steht jede Globalsteuerung vor einem verhängnisvollen Konflikt: Sie muß entweder im Interesse der Rückgewinnung der Vollbeschäftigung einen weiteren Anstieg des Inflationssockels tolerieren, oder sie muß im Interesse der Rückgewinnung eines höheren Maßes an Preisstabilität anhaltende (oder gar zunehmende) Wachstumseinbrüche und Arbeitslosigkeit hinnehmen. M.a.W.: Fehlentwicklungen wären in jedem Falle vorprogrammiert.

- Eine engere Dimension hat jener Diskussionsansatz, der einerseits die Funktionsfähigkeit der konjunkturpolitischen Konzeption zwar unterstellt, andererseits dann aber notwendigerweise die Krise auf ein *Fehlverhalten der wirtschaftspolitisch Verantwortlichen* im weitesten Sinne (gesehen vor allem für die siebziger Jahre) zurückführen muß. Verspätete DM-Aufwertung, halbherzige Stabilitätspolitik, verstärkt einsetzendes gesellschaftspolitisches Reformbewußtsein, durch internationale Währungsunruhen unterlaufene Geldpolitik, verhärtete Verteilungskonflikte, zunehmende Unternehmenskonzentration - all diese Schlagworte kennzeichnen Phänomene, die unzweifelhaft Begleiterscheinungen der wirtschaftlichen Entwicklung seit dem Wiederaufstieg aus der ersten Nachkriegsrezession im Jahre 1967 waren und die insofern diese Entwicklung mitgeprägt haben.

- Den engsten Bezug hat jener Diskussionsansatz, der die aktuelle Krise auf exogene - konkret: *außenwirtschaftliche Faktoren* - zurückführt. So hat im Jahre 1975 gegenüber 1974 die - politisch wie auch immer eher gestaltbare - reale Inlandsnachfrage "nur" stagniert. Der reale Wachstumseinbruch von knapp 20 Mrd. DM läßt sich rechnerisch eindeutig auf einen im gesamten Beobachtungszeitraum erstmaligen und dann gleich recht massiven Rückgang der realen Auslandsnachfrage um ca. 9 vH (was ebenfalls etwa 20 Mrd. DM entspricht) zurückführen. Der Ölschock vom Herbst 1973, die daraus resultierenden Zahlungsbilanzschwierigkeiten wichtiger Partnerländer der Bundesrepublik, die dadurch provozierten Stabilitätsbemühungen dieser Länder, die damit wiederum ausgelösten und sich wechselseitig stimulierenden weltweiten rezessiven Entwicklungen - all dies sind Faktoren, die an einem Land, das sehr stark in den weltwirtschaftlichen Verbund integriert ist, nicht spurlos vorübergehen können, wenn es nicht diese Integration rückgängig machen und zu protektionistischen Maßnahmen greifen will.

3. Die drei skizzierten Ansatzpunkte für eine Erklärung der aktuellen Krise des Jahres 1975 machen zumindest eines deutlich: Eine *monokausale Deutung* dürfte zunehmend schwieriger werden. Nur soviel läßt sich mit Sicherheit konstatieren: Die konjunkturellen Fehlentwicklungen im Jahre 1975 waren *weltweit* zu verzeichnen. Bei allen statistisch-methodischen Vorbehalten gegenüber internationalen Vergleichen zeigt für einige ausgewählte Länder die Gegenüberstellung der Veränderungsraten des realen Bruttosozialprodukts (W) und der Konsumentenpreise (P) einerseits und der Arbeitslosenquote (A) andererseits für das Jahr 1975 ein nahezu vergleichbares Bild: Die Wachstumsschwäche verband sich mit deutlichem Preisauftrieb und hohen Arbeitslosenquoten.[1] Dabei kann es im folgenden nicht darum gehen, diese Ergebnisse im internationalen Vergleich durch eine *wertende Interpretation* zu "wägen" bzw. gegeneinander aufzurechnen, weil dies zu methodisch unhaltbaren Schlußfolgerungen führen würde.[2] Ferner soll die *kurzfristige Zukunftsperspektive* ausgeklammert bleiben. So spricht vieles dafür, daß im Jahre 1976 die weltwirtschaftliche Rezession überwun-

---

Fußnoten 1 und 2 s. S. 4

den ist: Ohne die Bundesrepublik, aber gewogen nach Anteilen an der westdeutschen Ausfuhr, verzeichneten die OECD-Länder 1976 ein Wachstum des realen Bruttosozialprodukts von ca. 4 vH - nach einem Rückgang um ca. 2 vH im Jahre 1975. Gleichzeitig ist das reale Welthandelsvolumen nach einem Rückgang von ca. 6 vH (1975) im Jahre 1976

---

1) Diese Gegenüberstellung bringt folgendes Ergebnis für das Jahr 1975 (vgl. dazu: Ifo-Institut für Wirtschaftsforschung, München, Weltwirtschaft im Konjunkturaufschwung, in: Wirtschaftskonjunktur, Heft 7, 1976. - Institut für Weltwirtschaft, Kiel, Synchroner Konjunkturaufschwung in den westlichen Industrieländern, in: Die Weltwirtschaft 1976/I. - DIW - Deutsches Institut für Wirtschaftsforschung, Berlin, Wochenbericht 35/76 (43. Jahrgang). - HWWA - Institut für Wirtschaftsforschung, Hamburg, Weltkonjunkturdienst, 19. Jahrgang, Heft 3/1976. - BMWI, Tagesnachrichten Nr. 7283, 15. September 1976):

Land:	W	P	A
Belgien	- 2,7	+ 12,8	6,7
Dänemark	- 0,8	+ 9,6	11,1
Frankreich	- 3,0	+ 11,8	4,9
Großbritannien	- 2,0	+ 24,2	4,4
Irland	- 1,0	+ 20,9	12,2
Italien	- 3,7	+ 17,0	5,6
Niederlande	- 2,0	+ 9,9	4,8
Norwegen	+ 3,0	+ 11,7	1,3
Österreich	- 2,0	+ 8,4	2,0
Schweden	± 0,0	+ 9,8	1,6
Schweiz	- 7,0	+ 6,7	.
Kanada	- 0,5	+ 10,8	7,1
USA	- 2,0	+ 9,1	8,5
Japan	+ 2,0	+ 11,8	1,9
Zum Vergleich: Bundesrepublik Deutschland	- 3,3	+ 6,0	4,7

2) Das gilt einerseits für die Schlußfolgerung, daß die Bundesrepublik eine "gute" internationale Position einnehme, denn ein solches Urteil setzt quantifizierbare Gewichtungsmöglichkeiten zwischen den Zielen Wachstum, Preisstabilität und Vollbeschäftigung voraus. Das gleiche gilt für die Schlußfolgerung, daß relative Preisstabilität mit Wachstumseinbruch und Arbeitslosigkeit bzw. relative Vollbeschäftigung mit Inflation "erkauft" werden muß, denn hier wird wiederum ein stringenter Zusammenhang zwischen diesen Zielen unterstellt, der wissenschaftlich nicht haltbar ist.

wieder um etwa 11 vH angestiegen.[3] Aufgrund dieser Entwicklung konnte auch der Export wieder zu einer Konjunkturstütze für die Bundesrepublik werden.[4] Dies zeigen die vorläufigen Ergebnisse für das Jahr 1976: Die reale Gesamtausfuhr stieg um ca. 11 vH und trug mit dazu bei, daß das reale Bruttosozialprodukt ein Wachstum von ca. 5,5 vH erreichte. 1977 dürfte sich dieser Prozeß - wenn auch schwächer - fortsetzen.

4. Es stellt sich indessen die Frage, ob mit einem solchen sich zweifelsohne abzeichnenden Aufschwungsprozeß die grundlegenden Probleme gelöst oder vielmehr nur kaschiert würden. Die Antwort auf diese Frage ist von grundlegender Bedeutung sowohl für die Tragfähigkeit der jüngsten *Aufschwungphase* als auch für die Nachhaltigkeit der zukünftigen *Wachstumschancen*[5]. Dabei schiebt sich in der aktuellen Diskussion zunehmend die folgende Kontroverse in den Vordergrund: Handelte es sich 1974/75 um eine "Stabilisierungs"- oder um eine "Struktur"-Krise. Während der Sachverständigenrat zur Begutachtung der gesamtwirtschaftlichen Entwicklung schwergewichtig auf die Existenz einer durch die Weltrezession verschärften Stabilisierungskrise setzt, glauben andere, daß sich der Rat mit einer solchen Diagnose den Blick für bestehende und kommende Strukturveränderungen verstelle[6]. Es würde nun den gesetzten Rahmen sprengen, wollte man die beiden Krisenhypothesen im Detail analysieren. Festzuhalten ist aber, daß diese Diskussion immer größere Bedeutung gewinnt und daß - vor allem - beide Hypothesen stark divergierende *wirtschaftspolitische Konsequenzen* haben:

---

3) Zu diesen Schätzungen vgl. die in Fußnote 1 erwähnten Quellen der Forschungsinstitute sowie die Schätzungen der OECD in: Economic Outlook, 19, July 1976.
4) Ifo-Institut für Wirtschaftsforschung, München, Wird der Export wieder zum Konjunkturmotor?, in: Ifo-Schnelldienst, 27.8.1976.
5) W. Ehrlicher, Strukturelle Fehlentwicklungen in der Wirtschaft der Bundesrepublik Deutschland, in: Kredit und Kapital, 9. Jahrgang, 1976, S. 1 ff.
6) Zur Ratsthese vgl. Jahresgutachten 1975 des Sachverständigenrates zur Begutachtung der gesamtwirtschaftlichen Entwicklung, November 1975, Bundestagsdrucksache 7/4326, Ziff.63 ff. und 316 ff. - Zur Gegenthese vgl.: G. Fels, Der Standort Bundesrepublik im internationalen Wettbewerb, in: Weltwirtschaft im Übergang, Kieler Diskussionsbeiträge, Januar 1976.

- Die *Stabilisierungshypothese* impliziert uno actu die Hypothese von der Existenz einer "richtigen" bzw. sich weitgehend friktionslos anpassenden Produktionsstruktur. Insoweit genügte es, mit Hilfe der expansiven Globalsteuerung (i.S. von Keynes) das Produktionspotential auszulasten, gleichzeitig den "Lohn-lag-Trick" (relativer Rückgang der Reallöhne im Aufschwung) zu nutzen, um über damit verbundene erhöhte Gewinnchancen die Investitionsneigung zu forcieren.

- Die *Strukturhypothese* impliziert demgegenüber die Notwendigkeit, einen Strukturwandelprozeß herbeizuführen, so daß nicht über einen Lohndruck sondern über eine veränderte Produktionsstruktur die Grenzleistungsfähigkeit des Kapitals und damit die Gewinnchancen erhöht werden, womit es möglich wäre, auch bei einem höheren - und dem Ausbildungs- und Entwicklungsniveau durchaus angemessenen - Lohnniveau hohe Beschäftigung und Investitionsneigung sicherzustellen.

Die Gegenüberstellung beider Hypothesen zeigt, daß im ersten Falle die Globalsteuerung primär durch die *Einkommenspolitik* ergänzt werden muß (die Verantwortung liegt also bei den Tarifpartnern), während im zweiten Falle die Ergänzung durch die *Strukturpolitik* erfolgen muß (dann liegt die Verantwortung bei der Wirtschaftspolitik). In dieser Alternative ist wohl der eigentlich "politische" Kern der Kontroverse zu sehen. Wir können diese Kontroverse hier nicht lösen. Doch soviel zeichnet sich ab: Je größeres Gewicht die Strukturhypothese gewinnt, desto geringer ist die Tragfähigkeit eines herkömmlich konzipierten Aufschwungs zu veranschlagen, und desto größer ist die Gefahr, daß der Lohn-lag-Trick zwar noch vordergründig funktioniert (d.h. die Gewinne begünstigt), daß aber nachhaltige Wachstums- und Beschäftigungseffekte ausbleiben, womit notwendigerweise neue Verteilungskonflikte (Lohnverzicht - wofür?) ausgelöst würden. In welchem Umfang diese Gefahr droht, läßt sich gegenwärtig nicht exakt quantifizieren. Doch je mehr die Vermutung berechtigt erscheint (vgl. dazu noch Ziff. 18), daß sich in Zukunft *Konjunktur- und Strukturphänomene* wechselseitig in einer Weise überlagern, daß nicht mehr (wie bisher) strukturelle Fehlentwicklungen durch einen konjunkturellen Aufschwung beseitigt werden, desto drängender wird die *Analyse grundlegender struktureller Tendenzen und Wandlungen*. Hier ist freilich zu konstatieren, daß in der Strukturforschung noch erhebliche Forschungsdefizite vorliegen. Vielfach herrscht noch Unklarheit über eine eindeutige Definition des wirtschaftspolitisch relevanten "Struktur"-Begriffs. Die vorliegende Untersuchung kann nicht für sich in Anspruch nehmen, diese Fragen zu lösen oder zu ihrer Lösung praktisch-politische Vorschläge vorzulegen. Ihr Anliegen ist bescheidener und gewissermaßen im "Vorfeld" angesiedelt. Im Mittelpunkt der Untersuchung steht der *empirische Befund* bezüglich der wirtschaftlichen Entwicklung der Bundesrepublik Deutschland im Zeitraum 1950 bis 1975. Diese wirtschaftliche Entwicklung soll aus unterschiedlichen *Perspektiven* - Entstehung, Verwendung, Verteilung und Finanzierung des Bruttosozialprodukts, ergänzt durch die Darstellung der außenwirtschaftlichen Verflechtung der Bundesrepublik - beleuchtet werden. Ziel ist es, die konkrete wirtschaftliche Entwicklung transparenter zu machen, ohne den Anspruch zu erheben, diesen Ablaufprozeß in einem theoretischen Gesamtmodell einzufangen. Es geht somit nicht um eine "Theorie der wirtschaftlichen Entwicklung"; vielmehr soll die wirtschaftliche Entwicklung aufgezeigt, und es sollen - wo möglich - einige *Akzente gesetzt* werden, die für die wirtschaftspolitische Konzeption der Zukunft unter Umständen von Belang sein könnten. Im Vordergrund steht somit die *systematische Präsentation* und *Beschreibung* des ausgewählten statistischen Materials.

II. Zu den methodischen Abgrenzungen

5. Die Präsentation des empirischen Materials erfolgt in zwei getrennten Schritten, die freilich in weiten Bereichen integriert gesehen werden müssen:

- Einmal wird in einer Reihe von *Standardtabellen* versucht, in völliger Unabhängigkeit von Konjunkturverläufen, strukturelle Tendenzen aufzuzeigen. Zu diesem Zweck wurde der Untersuchungszeitraum von 1950 bis 1974 in fünf gleichgroße Teilzeiträume (1950/54,

1955/59, 1960/64, 1965/69, 1970/74) unterteilt. Auf die Einbeziehung des Jahres 1975 wurde hier bewußt verzichtet, um zu vermeiden, daß Durchschnittswerte "verzeichnet" werden. Ziel war die Entwicklung bestimmter *Strukturbilder*, gemessen in absoluten Größen, Strukturanteilen und durchschnittlichen jährlichen Veränderungsraten. Damit sollte die Möglichkeit geschaffen werden, bestimmte Strukturwandlungen bzw. -umbrüche sichtbar zu machen.

- Zum zweiten wird in einer Reihe von *Schaubildern* versucht, konjunkturelle Entwicklungsverläufe sichtbar zu machen. Verfolgt wurde dabei der jährliche Verlauf des Entwicklungsniveaus (gemessen an der Indexentwicklung: 1950 = 100), der Verlauf des Entwicklungsrhythmus (gemessen an den jährlichen Veränderungsraten gegenüber dem Vorjahr) und der Verlauf bestimmter Anteilsquoten. Damit sollte die Möglichkeit geschaffen werden, bestimmte *Zyklusbilder* sichtbar zu machen, von denen wiederum auf strukturelle Prozesse geschlossen werden kann.

Für alle Tabellen bzw. Schaubilder wurden durchgängig die gleichen Berechnungsmethoden angewandt; die durchschnittlichen jährlichen Veränderungsraten in den Tabellen sind nach einer logarithmisch-linearen Regression berechnet.

6. Aus Gründen der Vereinfachung wurde sowohl bei den Tabellen als auch bei den Schaubildern auf Quellenangaben verzichtet. Diese seien deshalb vorab erwähnt:

- *Statistisches Bundesamt:* Statistische Jahrbücher für die Bundesrepublik Deutschland; Lange Reihen zur Wirtschaftsentwicklung; Fachserie N, Volkswirtschaftliche Gesamtrechnungen (Reihe 1); Wirtschaft und Statistik; Fachserie G, Außenhandel, (Reihe 1).

- *Deutsche Bundesbank:* Monatsberichte der Deutschen Bundesbank; Die Zahlungsbilanz der Bundesrepublik nach Regionen, Beilage zu "Statistische Beihefte zu den Monatsberichten der Deutschen Bundesbank", Reihe 3, Zahlungsbilanzstatistik.

Alle darüber hinaus verwandten Quellen sind durch Fußnoten besonders kenntlich gemacht. Die Ergebnisse der Volkswirtschaftlichen Gesamtrechnungen wurden auf der Basis des Jahres 1960 *verkettet*, um einen annähernd vergleichbaren Entwicklungsverlauf zu erhalten. Da diese Verkettung teilweise sowohl bei den globalen Eckdaten als auch bei den Teilaggregaten gesondert erfolgte, ist - methodisch bedingt - nicht völlig auszuschließen, daß für den Zeitraum 1950/1959 die Summe der Teilaggregate nicht immer exakt der Gesamtsumme entspricht. Wo eine solche Verkettung nicht möglich war (insbesondere bei der Außenhandels- und Zahlungsbilanzstatistik), beziehen sich die Ergebnisse bis zum 6. Juli 1959 nur auf das Bundesgebiet einschließlich West-Berlin; von diesem Tage an auch auf die Transaktionen des Saarlandes mit dem Ausland. Soweit verfügbar, wurden die Ergebnisse für das Jahr 1975 mitberücksichtigt. In der Volkswirtschaftlichen Gesamtrechnung haben die Ergebnisse für die Jahre 1974 und 1975 (teilweise auch noch für das Jahr 1973) "vorläufigen" Charakter; außerdem wurden für die Jahre 1974/1975 einige Unteraggregate (unter Zuhilfenahme von Umsatz- und Nettoproduktionswerten) intern fortgeschrieben. Zur Aktualisierung dieses Gesamtrechnungsmaterials kann jeweils ergänzend die vom Statistischen Bundesamt herausgegebene "Beilage zum Statistischen Wochendienst", in der die neuesten Gesamtrechnungsergebnisse veröffentlicht werden, mitberücksichtigt werden.

7. Die Fülle des empirischen Materials zwang einerseits zur Auswahl; so sind wichtige Bereiche (z.B. Geldmengenentwicklung oder Rohstoff- und Energiebedarf bzw. -versorgung) aus Platzgründen nicht abgedeckt. Andererseits besteht immer noch ein teilweise hoher Aggregationsstand. Beides grenzt die Erkenntnismöglichkeiten bereits ein. Hinzu kommen noch zwei weitere Problembereiche, die die Aussagefähigkeit des im folgenden zu präsentierenden statistischen Materials einschränken. Sie können an dieser Stelle aber nur erwähnt, nicht diskutiert werden:

- Dies betrifft einmal die - sachlich bedingten - *Fehlergrenzen* in der Statistik. Bereits in der Primärstatistik entstehen Beobachtungs-, Meß- und Stichprobenfehler. Diese Fehlerquellen erhöhen sich bei der Volkswirtschaftlichen Gesamtrechnung, da es sich hier nur um eine Sekundärstatistik handelt, die auf die Fortschätzung bestimmter Komponenten des Sozialprodukts angewiesen ist. Zusätzliche Fehlerquellen enthalten die Preisbereinigungsverfahren in der Gesamtrechnung. Vielfach wird daraus gefolgert, daß Veränderungsraten beim realen Bruttosozialprodukt "sinnvoll" nur in vollen Prozentpunkten angegeben werden können.[7)]

- Dies betrifft zum zweiten die - konzeptionell bedingten - *Aussageschwächen* gerade der Ergebnisse der Volkswirtschaftlichen Gesamtrechnung. Hier geht es insbesondere um die Frage, ob die herkömmliche Konzeption der Volkswirtschaftlichen Gesamtrechnung [8)] geeignet ist, die "Wohlstandsentwicklung" einer Volkswirtschaft in signifikanter Weise zum Ausdruck zu bringen. Die Diskussion um die sog. "sozialen Indikatoren" [9)] macht dies immer deutlicher, wenngleich sich auch bei deren Ermittlung noch erhebliche methodische Probleme auftun.

Doch trotz dieser zweifachen Eingrenzung soll der Versuch gewagt werden, wenigstens in groben Strichen das wirtschaftliche Geschehen eines Vierteljahrhunderts Nachkriegszeit der Bundesrepublik Deutschland nachzuzeichnen. Vieles mag offenbleiben; manches kann aber vielleicht ein Beitrag sein zu einem höheren Maß an Transparenz - und damit zu einem höheren Maß an Versachlichung der Diskussion.

8. Gerade das Anliegen der Versachlichung der Diskussion zwingt dazu, noch auf eine letzte methodische Abgrenzungsproblematik hinzuweisen, die nur bedingt lösbar ist. Es stellt sich nämlich die Frage - sie bewegt seit gut einem Jahrhundert mit der Formel "Macht oder ökonomisches Gesetz" die nationalökonomische Forschung -, inwieweit die im

---

7) A. Wagner, Die Wachstumszyklen in der Bundesrepublik Deutschland, Tübingen 1972, S. 104 f.

8) A. Stobbe, Volkswirtschaftliches Rechnungswesen, 4. Auflage, Heidelberger Taschenbücher, Nr. 14. - W. Krelle, Volkswirtschaftliche Gesamtrechnung, 2. Auflage, Berlin 1967. - D. Brümmerhoff, Gesamtwirtschaftliches Rechnungswesen, Köln 1975. - P. Walser, Volkswirtschaftliche Gesamtrechnung - Revision und Erweiterung (Schriftenreihe der Kommission für wirtschaftlichen und sozialen Wandel, Band 63), Göttingen 1975.

9) Ch. Leipert, Soziale Indikatoren - Überblick über den Stand der Diskussion, in: Konjunkturpolitik, 19. Jahrgang, 1973. - U. Baßeler und W. Schäfer, Zur Diskussion über ein wohlfahrtorientiertes Sozialproduktskonzept, in: Zeitschrift für Wirtschafts- und Sozialwissenschaften, 1974. - W. Zapf, Sozialberichterstattung: Möglichkeiten und Probleme (Schriftenreihe der Kommission für wirtschaftlichen und sozialen Wandel, Band 125), Göttingen 1976.

folgenden zu präsentierenden Entwicklungsverläufe das Ergebnis von *ökonomischen Sachzwängen* sind, oder ob letztlich die Entwicklung *ökonomischen Machteinflüssen* unterliegt, die den Ablaufsprozeß in eine bestimmte und gewollte Richtung drängen. Die ökonomische Theorie, die sich in diesem Zusammenhang insbesondere im Rahmen der modernen Wachstumstheorie[10)] präsentiert, hat das Machtphänomen aus ihrer Analyse weitgehend eliminiert und läuft dabei zunehmend Gefahr, sog. wachstumstheoretische "Gesetze" zu entwickeln, die mit der Realität nichts mehr gemein haben. Nun kann auch diese Untersuchung nicht für sich in Anspruch nehmen, klare Abgrenzungen vornehmen zu können zwischen den Einflüssen ökonomischer "Sachzwänge" und ökonomischer "Machtfaktoren". Dennoch muß auf die Existenz dieses Machtphänomens hingewiesen werden; es zeigt sich auf zwei Ebenen:

- Einmal im *politischen Raum*, wo sich die Frage stellt, ob die Existenz der zu registrierenden Wachstums- bzw. Konjunkturzyklen allein die Folge ökonomischer Zwangsläufigkeiten darstellt, oder ob nicht vielmehr auch ein sog. *"politischer Konjunkturzyklus"* eine Rolle spielt, wenn eine Regierung die wirtschaftliche Aktivität expansiv oder restriktiv so beeinflußt, daß zusätzliche Schwankungen provoziert werden. Dabei spielt es im Grunde keine Rolle, ob diese Beeinflussung die Folge eines Fehlverhaltens der Regierung darstellt (die Politik wirkt statt stabilisierend prozyklisch), oder ob die Beeinflussung gezielt erfolgt, um in Wahljahren günstige Ergebnisse herbeizuführen (Wachstumsrate, Einkommensentwicklung, Preisentwicklung, Arbeitslosenquote), wodurch das wirtschaftliche Verhalten in eine bestimmte Richtung gedrängt wird. Untersuchungen[11)] zeigen, daß die Trennung dieser unterschiedlichen Einflußkomponenten zwar noch erhebliche methodische Probleme aufwirft; sie kommen aber dennoch zu dem Ergebnis, daß politische Zyklen in der Realität von Bedeutung sind.

---

10) K. Oppenländer, Die moderne Wachstumstheorie, Berlin-München 1963. - H. König (Hrsg.), Wachstum und Entwicklung der Wirtschaft, Köln-Berlin 1968. - B. Gahlen und A.E. Ott (Hrsg.), Probleme der Wachstumstheorie, Tübingen 1972.

11) Vgl. dazu: B. Frey, Theorie und Empirie politischer Konjunkturzyklen, in: Zeitschrift für Nationalökonomie 36 (1976), S. 95 ff.

- Zum zweiten im *gesellschaftlichen Raum*, wo ebenfalls die Vermutung gerechtfertigt erscheint, daß Machtfaktoren eine zunehmende Rolle spielen. Für diese Vermutung spricht insbesondere die feststellbare *Konzentrationstendenz* in der Wirtschaft. So kommt die Monopolkommission in ihrem im Sommer 1976 veröffentlichten Gutachten[12] zu dem Ergebnis, daß die Unternehmenskonzentration in der Industrie inzwischen ein hohes Niveau erreicht habe. Zwar schwanke der Konzentrationsgrad erheblich, aber in 24 von 30 Industriegruppen habe er zwischen 1960 und 1973 zugenommen. Dabei ging in fast allen Industriegruppen die Zunahme des Umsatzes mit einer Abnahme der Unternehmenszahl einher. Im Durchschnitt erzielten 1973 die jeweils drei größten Unternehmen ein Viertel, die jeweils sechs größten Unternehmen mehr als ein Drittel des Gesamtumsatzes in den jeweiligen Industriegruppen. Angesichts dieser Entwicklungstendenzen stellt sich ebenfalls die Frage, ob entscheidende Wirtschaftsgruppen noch den Markt-"Gesetzen" unterliegen (wobei das Ergebnis dann die Folge ökonomischer Sachzwänge wäre), oder ob sie nicht vielmehr diese Marktgesetze selbst bestimmen (wobei dann aber das Ergebnis die Konsequenz ökonomischer Macht[13] wäre).

---

12) Erstes Zweijahresgutachten der Monopolkommission gemäß § 24 b, Absätze 3 und 5 des GWB. - Vgl. dazu auch den neuesten Tätigkeitsbericht des Bundeskartellamtes 1975 (Bundestagsdrucksache 7/5390). - In die gleiche Richtung weist auch die Feststellung, daß die größten Unternehmen in der Bundesrepublik inzwischen "amerikanische Dimensionen" erreicht haben (M. Kruk, Die hundert größten Unternehmen, in: Frankfurter Allgemeine Zeitung, Nr. 197, 4. September 1976). - Und das Problem verschärft sich noch ganz erheblich, wenn wir seine internationale Dimension mitberücksichtigen. Man mag die Existenz multinationaler Konzerne unterschiedlich bewerten - leugnen kann man sie nicht. Damit sind aber auch für den internationalen Leistungsaustausch neue Rahmenbedingungen geschaffen, die nicht nur diesen internationalen Austausch unmittelbar tangieren sondern auch auf die nationalen Prozeßabläufe zurückwirken (vgl. F. Grünärml, Multinationale Unternehmen und staatliche Wirtschaftspolitik, Schriftenreihe der Kommission für wirtschaftlichen und sozialen Wandel, Band 101, Göttingen 1975).

13) Dabei kann offenbleiben, inwieweit der "Macht"-Begriff Max Webers hier anwendbar ist. Das bedeutet, es muß nicht unbedingt unterstellt werden, daß die Unternehmerschaft die alleinige Macht hat, ihre ökonomischen Vorstellungen anderen Gesellschaftsgruppen (etwa den Gewerkschaften) "aufzuzwingen". Auch in einer "Patt"-Situation, in der die Macht ausreicht, andere (entgegenstehende) Vorstellungen abzuwehren, wird der Machtfaktor zu einem dominierenden Element. (Vgl. dazu auch: H. Arndt, Wirtschaftliche Macht, München 1974.)

Sowohl im politischen als auch im gesellschaftlichen Raum sind somit Machtelemente nicht zu leugnen - auch wenn sie nur in engen Grenzen isolierbar sind. Insofern scheint die Vermutung zumindest gerechtfertigt, daß der im folgenden darzustellende ökonomische Entwicklungsprozeß keinesfalls mehr ausschließlich als Ausdruck ökonomischer Sachzwänge interpretiert werden kann. Dies ist der letzte - aber keineswegs unwichtigste - methodische Vorbehalt, der der Präsentation des empirischen Befundes vorangestellt zu werden verdient.

III. Zum Problem der Zyklusbestimmung

9. Bevor wir uns im einzelnen der Präsentation und Analyse des vorhandenen statistischen Materials zuwenden, ist vorab noch ein letztes, mehr grundsätzliches Problem zu beachten. Dieses Problem ergibt sich aus folgendem Sachverhalt: Die wirtschaftliche Entwicklung der Nachkriegszeit verlief unstetig. Sie vollzog sich im Rahmen deutlich ausgeprägter *Wachstums- bzw. Konjunkturschwankungen*. So selbstverständlich diese Feststellung erscheinen mag, so schwierig erweist sich das Problem der *Zyklusbestimmung*. Herkömmlicherweise werden die Konjunkturzyklen abgegrenzt durch den Abstand der jeweils niedrigsten Wachstumsraten des *realen Bruttosozialprodukts*.[14] Mit diesem methodischen Ansatz erhalten wir für die Bundesrepublik Deutschland sechs nahezu gleich lange Konjunkturzyklen, von denen der letzte - angesichts der Tatsache, daß 1976 wieder ein reales Wachstum von ca. 5,5 erreicht wurde - im Jahre 1975 seinen Abschluß fand (vgl. Schaubild 1). Baut man indessen in diesen Zyklusverlauf einen linearen Trend ein, der den Zeitraum von 1950 bis 1975 umfaßt, so fällt bereits hier auf, daß der Abschwung des Jahres 1971 diesen Trend im Gegensatz zu den vorangegangenen Abschwüngen nicht unterschritt. Es stellt sich somit die Frage, ob die herkömmliche Zyklusabgrenzung wirklich berechtigt ist. Diese Frage drängt sich noch mehr auf, wenn wir statt des realen Bruttosozialprodukts die *reale Inlandsnachfrage*

---

14) Dies ergibt sich daraus, daß das reale Bruttosozialprodukt als wichtigster Wachstumsindikator angesehen wird (vgl. A. Wagner, a.a.O., S. 1 ff.).

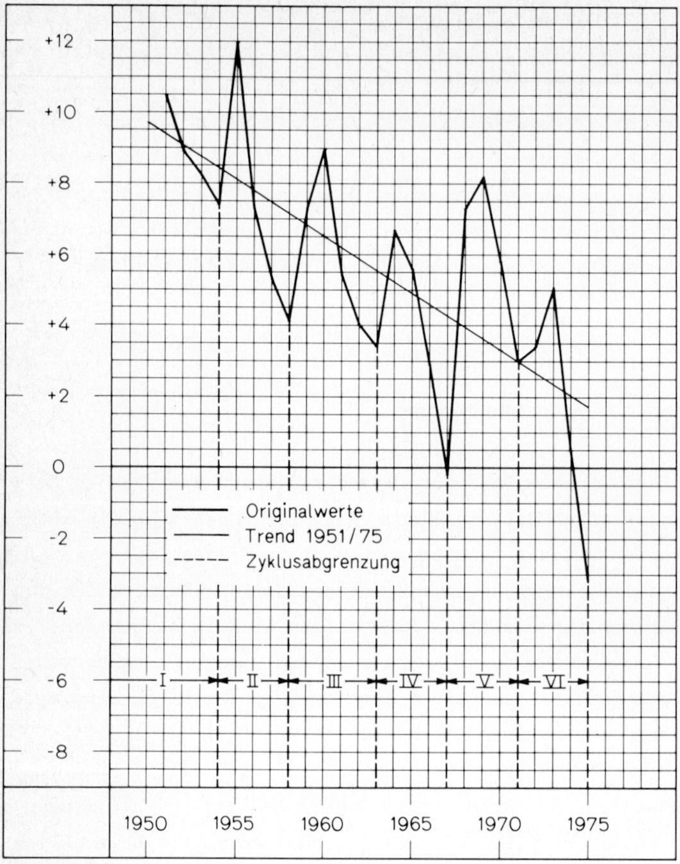

Schaubild 1. Konjunkturzyklen: Bruttosozialprodukt (in Preisen von 1962). Veränderung gegen Vorjahr in vH

heranziehen. Diese Alternative erscheint deshalb gerechtfertigt, weil das Bruttosozialprodukt durch den Außenbeitrag (Gesamtausfuhr abzüglich Gesamteinfuhr) "verzeichnet" wird, während die Inlandsnachfrage klarer die Binnenkonjunktur signalisiert. Hierbei ändert sich das Bild des Entwicklungsverlaufs bereits deutlich (vgl. Schaubild 2): Zwischen den Jahren 1967 und 1974 ist gar keine "niedrigste" Wachstumsrate zu verzeichnen; statt dessen ergibt sich ein "Super-Zyklus", der diesen gesamten Zeitraum umfaßt und geprägt ist durch einen sehr dynamischen Aufschwung in den Jahren 1968/69, der sich zwar unstetig,

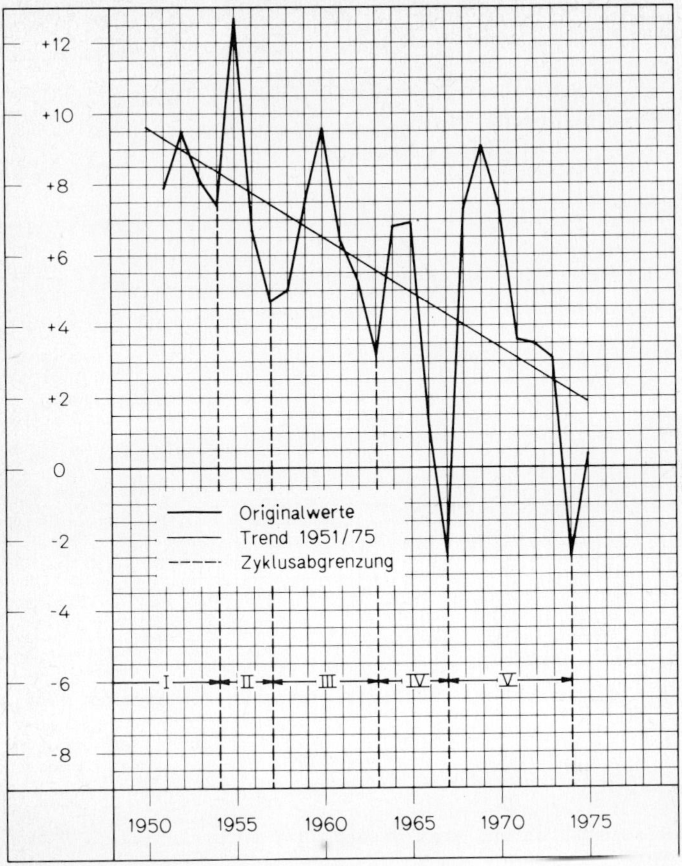

Schaubild 2. Konjunkturzyklen: Inlandsnachfrage (in Preisen von 1962). Veränderung gegen Vorjahr in vH

aber anhaltend wieder abschwächte. Diese Vermutung wird durch zwei weitere Schritte erhärtet:

- Prüfen wir anstelle des Entwicklungsrhythmus (gemessen an den Veränderungsraten) den *Niveauverlauf* (gemessen an der Index-Entwicklung), so zeigen sowohl das reale Bruttosozialprodukt (vgl. Schaubild 3) als auch die reale Inlandsnachfrage (vgl. Schaubild 4) ein nahezu identisches Bild: Nach dem Aufschwung aus der Rezession 1967 wurde der langfristige lineare Trend (1950/1975) bereits 1969

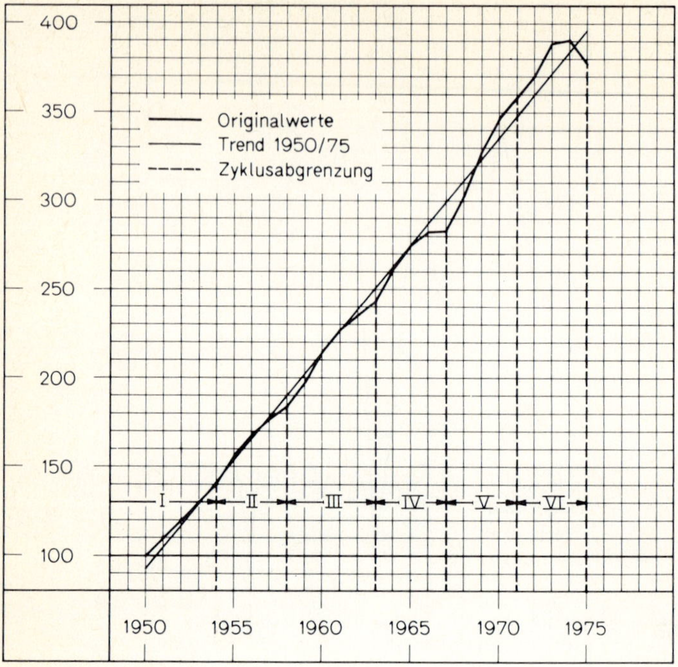

Schaubild 3. Konjunkturzyklen: Bruttosozialprodukt (in Preisen von 1962). 1950 = 100

deutlich überschritten und erst wieder 1975 unterschritten. Dazwischen liegt eine nahezu stetig verlaufende Periode eines überdurchschnittlichen realen Wachstumsniveaus.

- Doch selbst, wenn wir am Entwicklungsrhythmus festhalten, bei den Veränderungsraten aber über einen gleitenden Drei- bzw. Fünfjahresdurchschnitt eine *"Glättung"* vornehmen, zeigen ebenfalls Bruttosozialprodukt (vgl. Schaubild 5) wie Inlandsnachfrage (vgl. Schaubild 6) einen annähernd vergleichbaren Verlauf: einen ungeheuer dynamischen Aufschwung Ende der sechziger Jahre, der durch einen ebenso krassen Abschwung in den siebziger Jahren abgelöst wurde. Jeglicher Zwischenzyklus ist verschwunden; es bleibt bei einem durchgehenden Zyklus von etwa sieben bis acht Jahren, der sich in Dauer und Intensität von den vorangegangenen Zyklen deutlich unterscheidet.

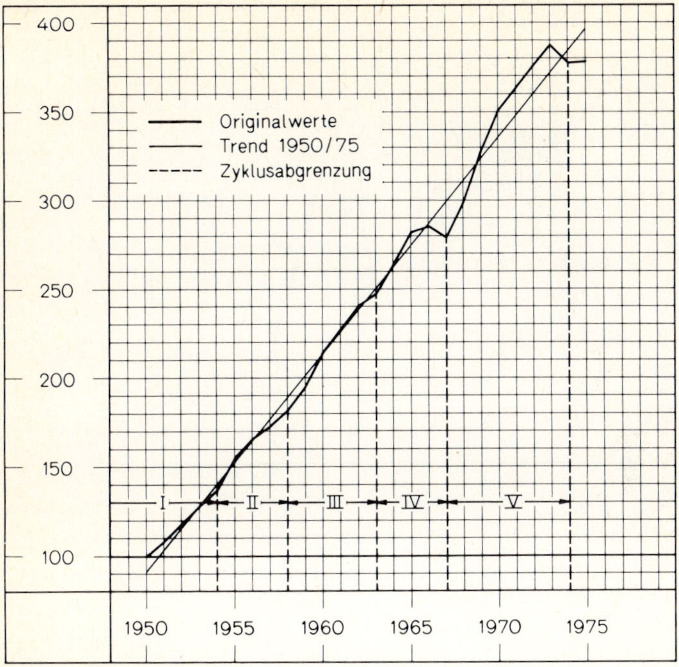

Schaubild 4. Konjunkturzyklen: Inlandsnachfrage (in Preisen von 1962). 1950 = 100

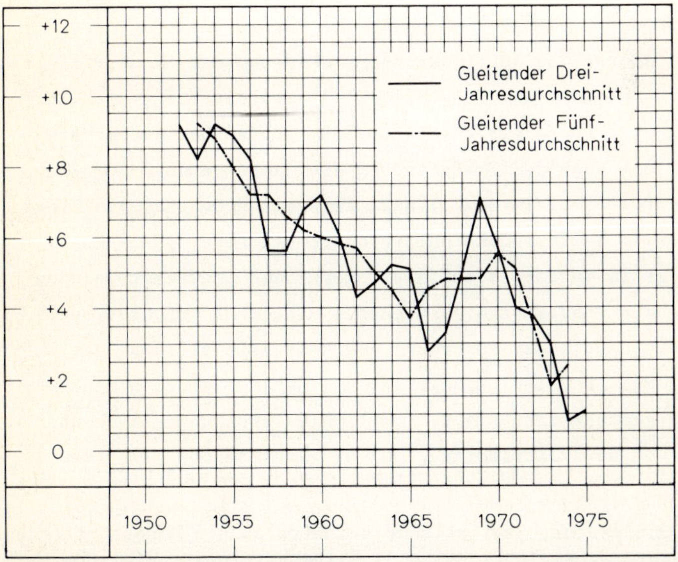

Schaubild 5. Konjunkturzyklen: Bruttosozialprodukt (in Preisen von 1962). Veränderung gegen Vorjahr in vH

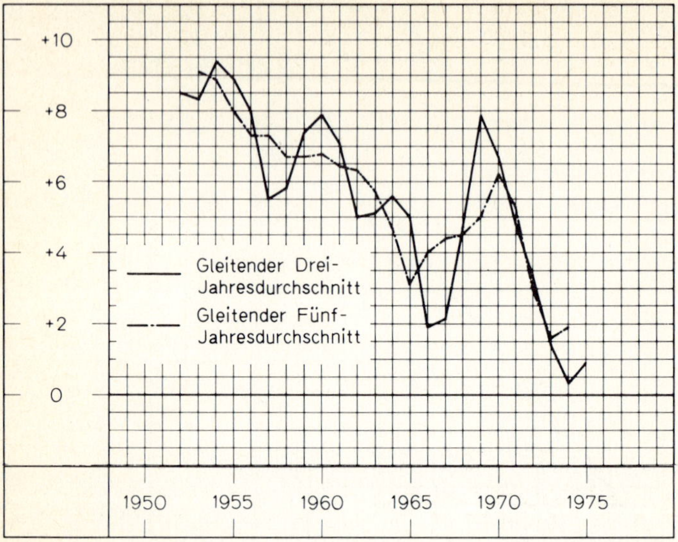

Schaubild 6. Konjunkturzyklen: Inlandsnachfrage (in Preisen von 1962). Veränderung gegen Vorjahr in vH

10. Dieses "neuartige" Zyklusphänomen bedarf noch einer etwas differenzierteren Betrachtung. Konzentrieren wir uns zu diesem Zweck auf eben diesen Superzyklus und ziehen wir den Verlauf der *saisonbereinigten Quartalswerte* des *Bruttosozialprodukts* und der *industriellen Nettoproduktion* hinzu (vgl. Schaubild 7)[15], so bestätigt sich in sehr signifikanter Weise die Existenz eines großen Wachstums- bzw. Konjunkturzyklus: Nach dem Tiefstand um die Jahreswende 1966/67 (beim realen Bruttosozialprodukt) bzw. im zweiten Quartal 1967 (bei der industriellen Nettoproduktion) erfolgte ein sehr dynamischer Aufschwung, der im Gesamtverlauf nur unmerkliche Schwächetendenzen zeigte und um die Jahresmitte 1974 seinen Höhepunkt erfuhr. Von da an erfolgte ein deutlicher Abschwung, der offensichtlich um die Jahresmitte 1975 zum Abschluß gelangt ist und seither einem neuen Aufschwung Platz gemacht hat. M.a.W.: Der Zyklus erstreckte sich über den Zeitraum von etwa Jahresmitte 1967 bis Jahresmitte 1975; der

15) Deutsche Bundesbank, Statistische Beihefte zu den Monatsberichten der Deutschen Bundesbank, Reihe 4, Saisonbereinigte Wirtschaftszahlen.

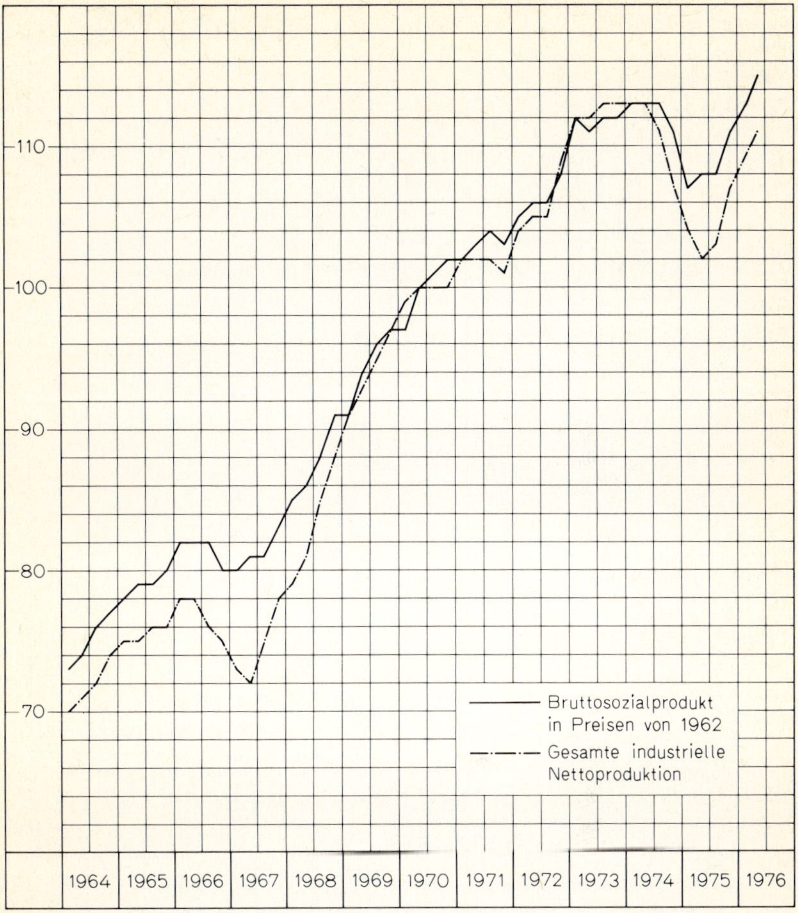

Schaubild 7. Saisonbereinigte Quartalswerte (1970 = 100)

weitgespannte Bogen zeigt zwar gegen Ende 1971 eine gewisse Schwächeperiode, die aber an dem grundlegenden Verlauf nichts ändert. Ziehen wir ergänzend den Verlauf der *saisonbereinigten Quartalswerte* des *Auslastungsgrades* hinzu (wobei 100 einer maximalen Auslastung entspricht)[16], und zwar zunächst in der Verarbeitenden Industrie gene-

16) Zum saisonbereinigten Auslastungsgrad vgl.: DIW - Deutsches Institut für Wirtschaftsforschung, Berlin, Wochenbericht 37/75 (42. Jahrgang) und Wochenbericht 24/76 (43. Jahrgang); zu den Produktionszahlen vgl. Fußnote 15.

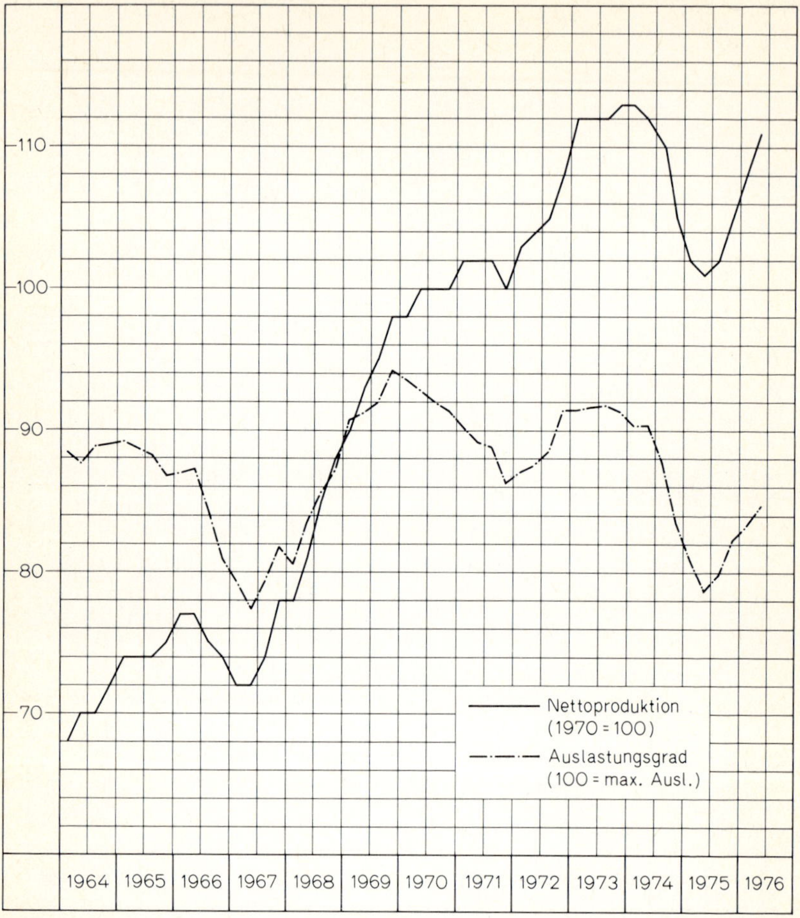

Schaubild 8. Saisonbereinigte Quartalswerte: Verarbeitende Industrie

rell (vgl. Schaubild 8), sodann differenziert in den Grundstoff- und Produktionsgüterindustrien (vgl. Schaubild 9), den Investitionsgüterindustrien (vgl. Schaubild 10) und den Verbrauchsgüterindustrien (vgl. Schaubild 11), so ergeben sich einige Modifikationen:

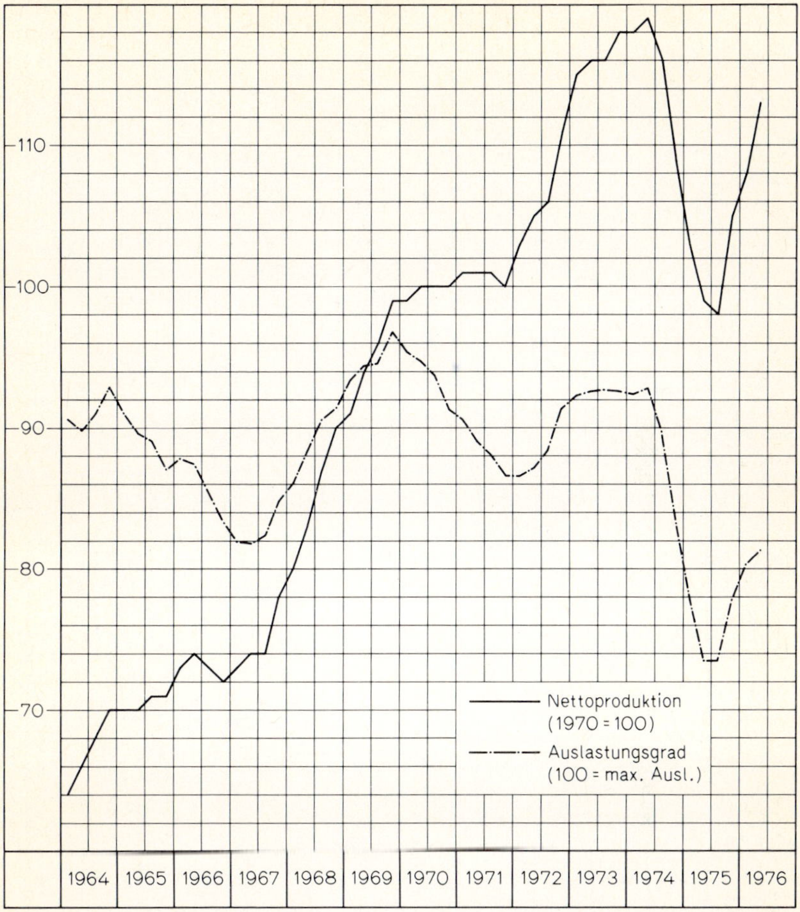

Schaubild 9. Saisonbereinigte Quartalswerte: Grundstoff- und Produktionsgüterindustrie

- Der *Produktionsverlauf* folgt sowohl generell als auch differenziert in den einzelnen Industriegruppen weitgehend dem bereits registrierten "großen" Zyklusverlauf. Zwar ist bei den Investitionsgüterindustrien der Produktionseinbruch im vierten Quartal 1971 etwas ausgeprägter; doch vermag auch dies an dem generellen Erscheinungsbild des Superzyklus nichts zu ändern.

Schaubild 10. Saisonbereinigte Quartalswerte: Investitionsgüterindustrie

- Demgegenüber zeigt der *Auslastungsgrad* eher ein "Zwischentief" im vierten Quartal 1971, das zwar weniger bei den Verbrauchsgüterindustrien, um so ausgeprägter aber bei den Grundstoff- und Produktionsgüterindustrien sowie bei den Investitionsgüterindustrien erscheint. Dabei wird aber deutlich, daß dieses Zwischentief dennoch nicht das Ausmaß der Jahre 1967 bzw. 1975 erreicht, so daß das generelle Erscheinungsbild nicht völlig modifiziert werden muß.

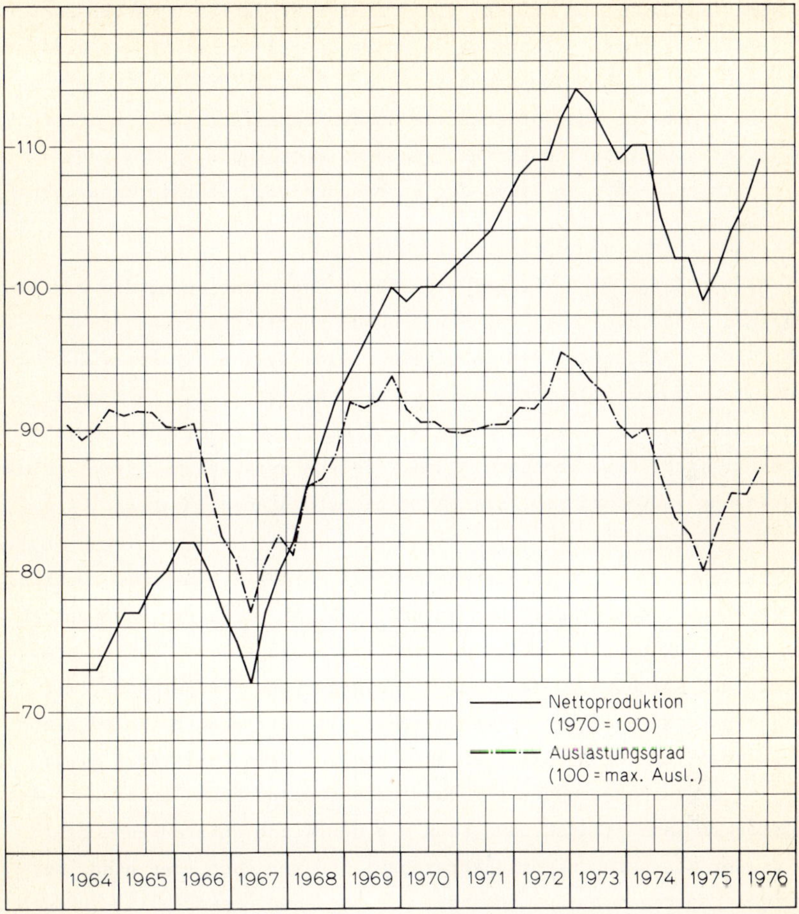

Schaubild 11. Saisonbereinigte Quartalswerte: Verbrauchsgüterindustrie

- Bemerkenswert erscheinen überdies noch zwei weitere Tatbestände. Einmal wird - mit Ausnahme der Verbrauchsgüterindustrien - deutlich, daß bereits Ende 1969 der Höhepunkt der *Kapazitätsauslastung* erreicht, das weitergehende Produktionswachstum also bei tendenziell sinkendem Auslastungsgrad erzielt wurde. Dies läßt darauf schließen, daß mit dem Produktionsanstieg Anfang der siebziger Jahre offenbar ein starker Kapazitätsausbau einherging. Zum zweiten wird deutlich, daß die globale Niveaureaktion zwischen den Industriegruppen divergierende Konsequenzen hatte: So war die Unterauslastung bei den Grundstoff- und Produktionsgüterindustrien 1975 erheblich ausgeprägter als in der Rezession 1967, während die Investitionsgüterindustrien genau das umgekehrte Bild zeigen - offensichtlich eine Folge des unterschiedlich starken Kapazitätsausbaus.

11. Selbst unter Berücksichtigung dieser Modifikationen, die weniger geeignet sind, die These vom Superzyklus zu falsifizieren als vielmehr darauf hindeuten, daß innerhalb dieses Zyklus *strukturell divergierende Entwicklungsprozesse* zu verzeichnen sind, ist festzuhalten, daß einiges dafür spricht, daß das herkömmliche Zyklusbild revisionsbedürftig ist. Eine genauere - und insofern aussagefähigere - Zyklusabgrenzung ist dabei mehr als nur eine methodische "Spielerei":

- Hinsichtlich einer sachgerechten *Analyse* der Konjunkturentwicklung macht es einen erheblichen Unterschied, ob wir einen scheinbaren sechsten Konjunkturzyklus mit fünf vorausgegangenen Zyklen oder nur die Abschwungphase eines vorausgegangenen "Superbooms" mit vorausgegangenen Zyklen vergleichen. Im letzteren Falle wäre ein solcher Vergleich völlig abwegig und böte ein verzerrtes Bild. Dies gilt insbesondere für das Auslastungsproblem. Angesichts des starken Kapazitätsausbaus kann die deutliche Unterauslastung in dieser Rezession nicht überraschen. Sie war dann aber nicht nur *nachfragebedingt* (und insofern die Konsequenz exogen wie endogen verursachter Nachfrageabschwächung), sondern auch *angebotsbedingt* (d.h. die Konsequenz eines sehr dynamischen Kapazitätsausbaus).

- Hinsichtlich einer sachgerechten *Interpretation* der Konjunkturentwicklung spielt dann die Zyklusabgrenzung ebenfalls eine ganz entscheidende Rolle. Denn es macht auch einen erheblichen Unterschied, ob wir es mit einem "normalen" Rhythmus der Zyklen zu tun haben, oder ob nicht eine qualitativ andere Frage zu prüfen ist: Hatte die vielfach beschworene Wachstumsschwäche der siebziger Jahre eine entscheidende Wurzel in einer vorangegangenen Übersteigerung? Im letzteren Falle würde die Forderung nach einer undifferenzierten und gleichzeitig massiven Investitionsforcierung als unterstellte Grundbedingung einer Sicherung unserer ökonomischen (Wachstum) und sozialen (Beschäftigung) Zukunft in einem ganz anderen Lichte erscheinen, vor allem weil sich die Frage stellt, ob eine solche Investitionsbegünstigung angesichts vorhandener Kapazitäten sinnvoll und angesichts ihrer Unterauslastung realisierbar ist.

Das Problem einer richtigen Zyklusabgrenzung konnte hier nur skizziert, keinesfalls erschöpfend behandelt oder gar gelöst werden. Das Problem erscheint indessen wichtig genug, um der folgenden Analyse vorangestellt zu werden. Denn es wird in der weiteren Präsentation des empirischen Befundes immer wieder einen wichtigen Hintergrundaspekt bilden.

Teil B
Entstehung des Bruttoinlandsprodukts

I. Die Wertschöpfung

12. Bei der Analyse der Entstehung des Bruttoinlandsprodukts[17)] stellen sich drei zentrale Fragen, die eng miteinander verbunden sind. Einmal: Wie zeigt sich die *Struktur* des Bruttoinlandsprodukts, d.h. welche Bereiche tragen mit welchem Gewicht zur gesamtwirtschaftlichen Wertschöpfung bei? Zum zweiten: Welche Konsequenzen ergeben sich von dem Wachstum des Bruttoinlandsprodukts und der Struktur der Wertschöpfung für den Mehreinsatz von *Erwerbstätigen* bzw. der Struktur der Beschäftigten? Verknüpfen wir die beiden ersten Problemkomplexe, so leitet sich hieraus die dritte Fragestellung ab: Welche Konsequenzen ergeben sich hieraus für die *Wachstumsdeterminanten*? Mit diesen Fragen ist das Problem der Entstehungsbedingungen des wirtschaftlichen Wachstums keineswegs erschöpfend behandelt. Dennoch lassen sich einige wichtige Aspekte festhalten, wobei wir uns zunächst auf die erste Fragestellung - die Struktur der gesamtwirtschaftlichen Wertschöpfung - konzentrieren. Wir folgen dabei der Systematik der Volkswirtschaftlichen Gesamtrechnung, die einerseits eine Aufteilung in das bekannte *Drei-Sektoren-Modell* (primärer Sektor: Land- und Forstwirtschaft; sekundärer Sektor: Warenproduzierendes Gewerbe; tertiärer Sektor: Dienstleistungen) erlaubt und andererseits beim sekundären und tertiären Sektor eine weitergehende *Disaggregation* ermöglicht. Diese weitere Disaggregation erscheint besonders deshalb wichtig, weil dann eher feststellbar ist, welche Einzelkomponenten das gesamtwirtschaftliche Strukturbild - insbesondere projiziert auf das Drei-Sektoren-Modell - beeinflussen.

---

17) Das Bruttoinlandsprodukt wird nach dem sog. "Inlandskonzept" ermittelt. Es entspricht der Wertschöpfung einer Volkswirtschaft und errechnet sich aus der Summe der Produktionswerte abzüglich der Summe der Vorleistungen. Demgegenüber entspricht das im Inland verteilbare Bruttosozialprodukt dem sog. "Inländer-Konzept", d.h. das Bruttoinlandsprodukt wird um den Saldo der Erwerbs- und Vermögenseinkommen zwischen Inländern und der übrigen Welt bereinigt.

Tabelle 1

BEITRÄGE ZUM BRUTTOINLANDSPRODUKT

- Mrd. DM -

(in jeweiligen Preisen)

Aggregat / Zeitraum	1950 bis 1954	1955 bis 1959	1960 bis 1964	1965 bis 1969	1970 bis 1974
Land- und Forstwirtschaft	62,4	77,7	91,9	104,6	122,2
Warenproduzierendes Gewerbe	363,3	619,0	976,1	1383,7	2226,9
davon:					
- Energie, Bergbau	39,8	65,4	84,1	101,7	152,2
- Baugewerbe	40,2	75,8	138,4	197,9	341,1
- Verarb. Gewerbe	283,3	477,8	753,7	1084,2	1733,6
Dienstleistungen	276,8	462,8	735,9	1118,5	1910,7
davon:					
- Handel, Verkehr	140,3	231,6	352,9	495,3	749,8
- Banken, Versicher.	13,0	23,8	41,1	68,1	131,1
- Sonstige	57,7	101,9	175,6	287,2	522,0
- Staat	53,6	85,6	137,6	226,8	434,9
- Priv. Haushalte	12,3	20,0	28,6	41,1	72,9
Bruttoinlandsprodukt	702,5	1159,5	1803,8	2597,2	4212,0

13. Konzentrieren wir uns zunächst auf die *Wertschöpfung* in *jeweiligen Preisen* - getrennt nach absoluten Werten (vgl. Tabellen 1, 2), Anteilen am Bruttoinlandsprodukt (vgl. Tabellen 3, 4) und durchschnittlichen jährlichen Veränderungsraten (vgl. Tabellen 5, 6) -, so lassen sich folgende Tendenzen erkennen[18]:

18) In diesem Zusammenhang ist eine Besonderheit festzuhalten: In den beiden letzten Zeiträumen (1965/69 bzw. 1970/74) ist der ausgewiesene Gesamtwert des Bruttoinlandsprodukts kleiner als die Summe der Teilbereiche. Dies ergibt sich daraus, daß das Bruttoinlandsprodukt von 1968 an (Umsatzsteuerreform) global um die Differenz aus Vorsteuerabzug an Umsatzsteuer auf Investitionen und Investitionssteuer bereinigt wurde, damit es konzeptionell dem Bruttosozialprodukt entspricht. Durch diese Bereinigung werden aber die grundlegenden Tendenzaussagen nicht berührt.

Tabelle 2

VERARBEITENDES GEWERBE
- Mrd. DM -
(in jeweiligen Preisen)

Zeitraum / Aggregat	1950 bis 1954	1955 bis 1959	1960 bis 1964	1965 bis 1969	1970 bis 1974
Chemie und Mineralölverarbeitung	30,8	58,8	102,4	158,7	253,3
Steine, Erden, Feinkeramik	15,1	25,1	40,4	56,3	91,6
Eisen und NE-Metalle	31,6	62,1	87,1	109,9	173,1
Stahl-, Masch.-, Fahrzeugbau	45,4	86,3	155,5	237,8	413,8
Elektrotechnik, Feinm., EBM	32,9	64,0	107,7	156,0	272,7
Holz, Papier, Druckgewerbe	29,5	43,8	68,9	106,0	178,0
Textilgewerbe	22,3	28,3	37,8	51,2	67,6
Leder und Bekleidung	18,4	25,1	37,0	49,6	65,4
Nahrungs- und Genußmittel	57,3	84,5	117,0	158,6	218,1
Verarbeitendes Gewerbe	283,3	477,9	753,7	1084,2	1733,6

- Der Wertschöpfungsanteil der *Land- und Forstwirtschaft* (einschließlich Fischerei, gewerbliche Gärtnerei und Tierhaltung) sank im Beobachtungszeitraum systematisch ab; nahezu korrespondierend stieg der Anteil des *Dienstleistungsbereiches*, der im Durchschnitt der Jahre 1975/1976 ca. 48,5 vH erreichte. Demgegenüber zeigt die Entwicklung der Anteile des *Warenproduzierenden Gewerbes* einen Umbruch: Nach einem Anstieg in den fünfziger Jahren erfolgte ein deutlicher Anteilsrückgang; im Durchschnitt der Jahre 1975/1976 sank er gar auf unter 49 vH ab.

- Innerhalb des Warenproduzierenden Gewerbes zeigen sich ebenfalls deutliche Tendenzen: Dem Rückgang von *Energiewirtschaft und Bergbau* (einschließlich Wasserversorgung) steht ein Anstieg des *Bau-*

Tabelle 3

BEITRÄGE ZUM BRUTTOINLANDSPRODUKT
- Bruttoinlandsprodukt = 100 -
(in jeweiligen Preisen)

Aggregat \ Zeitraum	1950 bis 1954	1955 bis 1959	1960 bis 1964	1965 bis 1969	1970 bis 1974
Land- und Forstwirtschaft	8,9	6,7	5,1	4,0	2,9
Warenproduzierendes Gewerbe	51,7	53,4	54,1	53,1	52,3
davon:					
- Energie, Bergbau	5,7	5,6	4,7	3,9	3,6
- Baugewerbe	5,7	6,5	7,7	7,6	8,0
- Verarb. Gewerbe	40,3	41,2	41,8	41,6	40,7
Dienstleistungen	39,4	39,9	40,8	42,9	44,9
davon:					
- Handel, Verkehr	20,0	20,0	19,6	19,0	17,6
- Banken, Versicher.	1,9	2,1	2,3	2,6	3,1
- Sonstige	8,2	8,8	9,7	11,0	12,3
- Staat	7,6	7,4	7,6	8,7	10,2
- Priv. Haushalte	1,8	1,7	1,6	1,6	1,7
Bruttoinlandsprodukt	100,0	100,0	100,0	100,0	100,0

gewerbes (Bauhauptgewerbe, Ausbau- und Bauhilfsgewerbe) gegenüber, wobei letzteres aber in den Jahren 1974/75 einen deutlichen Anteilsrückgang erfuhr. Der relativ stabile Anteil des *Verarbeitenden Gewerbes* täuscht indessen darüber hinweg, daß innerhalb des Verarbeitenden Gewerbes deutliche Strukturverschiebungen zu verzeichnen sind: Typischen Wachstumsbranchen (Chemie und Mineralölverarbeitung; Stahl-, Maschinen- und Fahrzeugbau; Elektrotechnik; Feinmechanik und EBM-Waren) stehen anteilsmäßig schrumpfende Branchen (Textilgewerbe; Leder und Bekleidung; Nahrungs- und Genußmittel) gegenüber.

Tabelle 4

VERARBEITENDES GEWERBE

- Bruttoinlandsprodukt = 100 -

(in jeweiligen Preisen)

Aggregat \ Zeitraum	1950 bis 1954	1955 bis 1959	1960 bis 1964	1965 bis 1969	1970 bis 1974
Chemie und Mineralölverarbeitung	4,4	5,1	5,7	6,1	5,9
Steine, Erden, Feinkeramik	2,2	2,2	2,2	2,2	2,2
Eisen und NE-Metalle	4,5	5,4	4,8	4,2	4,1
Stahl-, Masch.-, Fahrzeugbau	6,5	7,4	8,6	9,1	9,7
Elektrotechnik, Feinm., EBM	4,7	5,5	6,0	6,0	6,4
Holz, Papier, Druckgewerbe	4,2	3,8	3,8	4,1	4,2
Textilgewerbe	3,2	2,4	2,1	2,0	1,6
Leder und Bekleidung	2,6	2,2	2,1	1,9	1,5
Nahrungs- und Genußmittel	8,2	7,3	6,5	6,1	5,1
Verarbeitendes Gewerbe	40,3	41,2	41,8	41,6	40,7

- Aber auch innerhalb des Dienstleistungsbereichs sind deutliche Strukturwandlungen erkennbar. Der Wertschöpfungsanteil von *Handel und Verkehr* (einschließlich Nachrichtenübermittlung) ging im Berichtszeitraum systematisch zurück, während geringfügig die *Kreditinstitute und Versicherungen*, ganz ausgeprägt aber der *Staat* (Gebietskörperschaften und Sozialversicherung) und die *sonstigen Dienstleistungsbereiche* (dazu zählen u.a.: Gaststätten- und Beherbergungsgewerbe; Wohnungsvermietung; Wissenschaft, Bildung, Kunst und Publizistik; freiberufliche Dienstleistungen; Wäschereien, Friseur- und andere Körperpflegegewerbe; Organisationen und die von ihnen betriebenen Einrichtungen) ihren Wertschöpfungsanteil steigern konnten. Der Anteil der privaten Haushalte (häus-

Tabelle 5

BEITRÄGE ZUM BRUTTOINLANDSPRODUKT
- durchschnittliche jährliche Veränderung in vH -
(in jeweiligen Preisen)

Aggregat / Zeitraum	1950 bis 1954	1955 bis 1959	1960 bis 1964	1965 bis 1969	1970 bis 1974
Land- und Forstwirtschaft	+ 7,1	+ 4,2	+ 3,8	+ 1,9	+ 4,9
Warenproduzierendes Gewerbe	+13,9	+ 9,8	+ 8,9	+ 6,5	+ 9,4
davon:					
- Energie, Bergbau	+16,4	+ 8,2	+ 3,9	+ 4,2	+ 9,2
- Baugewerbe	+16,4	+11,4	+12,8	+ 4,4	+10,3
- Verarb. Gewerbe	+13,2	+ 9,7	+ 8,8	+ 7,1	+ 9,3
Dienstleistungen	+12,0	+10,4	+ 9,9	+ 8,0	+12,4
davon:					
- Handel, Verkehr	+11,5	+10,3	+ 8,8	+ 5,9	+ 9,2
- Banken, Versicher.	+16,0	+11,3	+10,9	+10,5	+15,8
- Sonstige	+12,3	+11,6	+11,4	+10,0	+13,4
- Staat	+11,5	+ 9,4	+11,2	+ 9,7	+15,8
- Priv. Haushalte	+13,2	+ 9,0	+ 7,2	+ 8,1	+13,3
Bruttoinlandsprodukt	+12,5	+ 9,6	+ 9,0	+ 6,8	+10,5

liche Dienste sowie private Organisationen ohne Erwerbscharakter) blieb nahezu konstant.

Bemerkenswert erscheint indessen, daß - gemessen an den durchschnittlichen Veränderungsraten - der ganze Prozeß der Strukturwandlungen im Rahmen eines insgesamt zu verzeichnenden *"Wachstums"*-Prozesses erfolgte. Er war somit nur die Folge eines je nach Sektoren unterschiedlichen Wachstumstempos; in der vorliegenden Abgrenzung sind keine "absolut" stagnierenden oder gar schrumpfenden Branchen zu erkennen.

Tabelle 6

VERARBEITENDES GEWERBE

- durchschnittliche jährliche Veränderung in vH -

(in jeweiligen Preisen)

Aggregat \ Zeitraum	1950 bis 1954	1955 bis 1959	1960 bis 1964	1965 bis 1969	1970 bis 1974
Chemie und Mineralölverarbeitung	+14,6	+14,1	+ 9,2	+ 8,9	+10,6
Steine, Erden, Feinkeramik	+15,2	+ 8,1	+ 9,9	+ 4,7	+ 9,4
Eisen- und NE-Metalle	+17,7	+11,0	+ 3,8	+ 4,7	+ 7,6
Stahl-, Masch.-, Fahrzeugbau	+19,4	+11,3	+12,3	+ 8,2	+ 9,7
Elektrotechnik, Feinm., EBM	+18,3	+11,7	+ 9,9	+ 7,2	+11,5
Holz, Papier, Druckgewerbe	+10,2	+ 8,1	+ 9,4	+ 8,9	+10,8
Textilgewerbe	+ 4,2	+ 4,5	+ 7,0	+ 6,0	+ 4,2
Leder und Bekleidung	+ 8,5	+ 5,2	+10,3	+ 4,3	+ 5,1
Nahrungs- und Genußmittel	+ 9,2	+ 7,5	+ 6,3	+ 6,3	+ 7,3
Verarbeitendes Gewerbe	+13,2	+ 9,7	+ 8,8	+ 7,1	+ 9,3

14. Ein erheblich anderes Bild ergibt sich, wenn wir die *preisbereinigte Wertschöpfung* - ebenfalls getrennt nach absoluten Werten (vgl. Tabellen 7, 8), nach Anteilen am Bruttoinlandsprodukt (vgl. Tabellen 9, 10) und nach durchschnittlichen jährlichen Veränderungsraten (vgl. Tabellen 11, 12) heranziehen[19]:

- Zwar sinkt auch preisbereinigt der Wertschöpfungsanteil der *Land- und Forstwirtschaft*, jedoch zwischen Sekundär- und Tertiärsektor

19) Preisbereinigt ist das ausgewiesene Bruttoinlandsprodukt und die Summe der Teilsektoren identisch, da hier die divergierende Steuerermittlung keine Rolle spielt (vgl. Fußnote 18).

Tabelle 7

BEITRÄGE ZUM BRUTTOINLANDSPRODUKT

- Mrd. DM -

(in Preisen von 1962)

Aggregat \ Zeitraum	1950 bis 1954	1955 bis 1959	1960 bis 1964	1965 bis 1969	1970 bis 1974
Land- und Forstwirtschaft	75,0	81,5	93,1	98,2	110,2
Warenproduzierendes Gewerbe	449,2	711,6	982,8	1260,4	1620,7
davon:					
- Energie, Bergbau	54,3	70,0	83,7	94,3	118,5
- Baugewerbe	70,1	106,9	139,7	172,4	206,2
- Verarb. Gewerbe	324,8	534,8	759,3	993,8	1296,1
Dienstleistungen	410,2	571,8	732,5	891,3	1099,8
davon:					
- Handel, Verkehr	184,5	269,2	352,8	426,6	523,7
- Banken, Versicher.	21,2	30,4	40,7	54,5	75,7
- Sonstige	92,2	134,5	174,6	215,0	263,3
- Staat	87,9	108,7	135,6	165,3	204,0
- Priv. Haushalte	24,4	29,0	28,8	29,9	33,1
Bruttoinlandsprodukt	934,4	1364,9	1808,3	2250,0	2830,7

zeichnet sich gegenüber dem nominalen Strukturprozeß eine völlig andere Entwicklung ab: nämlich ein systematischer Anstieg des Anteils des *Warenproduzierenden Gewerbes* bei gleichzeitigem Rückgang des Anteils des *Dienstleistungsbereiches*. Ziehen wir hier noch ergänzend den jährlichen Verlauf der Anteilsquoten hinzu (vgl. Schaubild 12), so wird zunächst sichtbar, wie dieser divergierende Prozeß in der ersten Nachkriegsrezession (1967) zwar einen kurzen Umbruch erfuhr, sich dann aber um so verstärkter fortsetzte; erst 1974/75 zeichnete sich eine neue Tendenzwende ab, wobei aber der Anteil des Sekundärsektors (Tertiärsektors) noch

Tabelle 8

VERARBEITENDES GEWERBE
- Mrd. DM -
(in Preisen von 1962)

Zeitraum / Aggregat	1950 bis 1954	1955 bis 1959	1960 bis 1964	1965 bis 1969	1970 bis 1974
Chemie und Mineralölverarbeitung	26,2	55,3	103,5	175,4	263,2
Steine, Erden, Feinkeramik	18,0	28,3	40,2	50,1	66,1
Eisen und NE-Metalle	36,4	63,7	85,9	100,0	122,2
Stahl-, Masch.-, Fahrzeugbau	59,3	104,3	157,9	205,0	266,3
Elektrotechnik, Feinm., EBM	37,1	71,6	109,8	147,5	211,4
Holz, Papier, Druckgewerbe	41,3	56,0	69,4	86,4	109,6
Textilgewerbe	22,4	31,2	37,3	43,4	47,2
Leder und Bekleidung	24,9	32,5	38,1	43,0	45,4
Nahrungs- und Genußmittel	59,2	92,0	117,3	143,1	164,7
Verarbeitendes Gewerbe	324,8	534,8	759,3	993,8	1296,1

deutlich über (unter) dem Niveau des Jahres 1967 liegt, sich also keineswegs extensiv verschob.

- Auch innerhalb des Warenproduzierenden Gewerbes bringt die Preisbereinigung gegenüber der nominalen Entwicklung deutlich abweichende Tendenzen. Zwar ist auch preisbereinigt ein Rückgang des Anteils der *Energiewirtschaft* zu verzeichnen; aufgrund der Stagnation des *Baugewerbeanteils* (mit leichtem Rückgang seit Mitte der sechziger Jahre) ist aber deutlich zu erkennen, daß der Anstieg des realen Anteils des Warenproduzierenden Gewerbes ausschließlich vom *Verarbeitenden Gewerbe* getragen wurde. Erst 1975 zeichnete sich hier wieder ein deutlicher Umbruch ab, wie der jährliche Ver-

Tabelle 9

BEITRÄGE ZUM BRUTTOINLANDSPRODUKT
- Bruttoinlandsprodukt = 100 -
(in Preisen von 1962)

Zeitraum / Aggregat	1950 bis 1954	1955 bis 1959	1960 bis 1964	1965 bis 1969	1970 bis 1974
Land- und Forstwirtschaft	8,0	6,0	5,2	4,4	3,9
Warenproduzierendes Gewerbe	48,1	52,1	54,3	56,0	57,3
davon:					
- Energie, Bergbau	5,8	5,1	4,5	4,2	4,2
- Baugewerbe	7,5	7,8	7,7	7,7	7,3
- Verarb. Gewerbe	34,8	39,2	42,0	44,2	45,8
Dienstleistungen	43,9	41,9	40,5	39,6	38,9
davon:					
- Handel, Verkehr	19,8	19,7	19,5	19,0	18,5
- Banken, Versicher.	2,3	2,2	2,2	2,4	2,7
- Sonstige	9,9	9,9	9,7	9,6	9,3
- Staat	9,4	8,0	7,5	7,4	7,2
- Priv. Haushalte	2,6	2,1	1,6	1,3	1,2
Bruttoinlandsprodukt	100,0	100,0	100,0	100,0	100,0

lauf der Anteilsquoten deutlich sichtbar macht (vgl. Schaubild 13). Bemerkenswerterweise zeichnen sich innerhalb der Verarbeitenden Industrie preisbereinigt die gleichen Wachstums- und Schrumpfungsbranchen ab, wobei lediglich der Stahl-, Maschinen- und Fahrzeugbau sowie Elektrotechnik, Feinmechanik und EBM-Warenindustrie, gemessen an den Anteilen, eine deutliche Konjunkturreagibilität zeigen (vgl. Schaubild 14, 15, 16).

- Innerhalb des Dienstleistungssektors bringt die Preisbereinigung schließlich ebenfalls gegenüber der nominalen Entwicklung abwei-

Tabelle 10

VERARBEITENDES GEWERBE

- Bruttoinlandsprodukt = 100 -

(in Preisen von 1962)

Aggregat \ Zeitraum	1950 bis 1954	1955 bis 1959	1960 bis 1964	1965 bis 1969	1970 bis 1974
Chemie und Mineralölverarbeitung	2,8	4,1	5,7	7,8	9,3
Steine, Erden, Feinkeramik	1,9	2,1	2,2	2,2	2,3
Eisen und NE-Metalle	3,9	4,7	4,7	4,4	4,3
Stahl-, Masch.-, Fahrzeugbau	6,4	7,6	8,7	9,1	9,4
Elektrotechnik, Feinm., EBM	4,0	5,3	6,1	6,6	7,5
Holz, Papier, Druckgewerbe	4,4	4,1	3,8	3,8	3,9
Textilgewerbe	2,4	2,3	2,1	1,9	1,7
Leder und Bekleidung	2,7	2,4	2,1	1,9	1,6
Nahrungs- und Genußmittel	6,3	6,7	6,5	6,4	5,8
Verarbeitendes Gewerbe	34,8	39,2	42,0	44,2	45,8

chende Tendenzen. Identisch ist der reale Verlauf der Anteilsquoten mit ihrem nominalen Verlauf nur bei *Handel und Verkehr* (sinkend) und bei den *Kreditinstituten und Versicherungen* (steigend). Abweichend ist im Bereich der *sonstigen Dienstleistungen* eine relative Stagnation der Anteile und beim *Staat* sogar ein ausgeprägter Rückgang zu registrieren; wie der jährliche Verlauf der Anteilsquoten zeigt (vgl. Schaubild 17), ist hier erst von 1974 an eine deutliche Tendenzumkehr festzustellen.

Gemessen an den durchschnittlichen jährlichen Veränderungsraten gilt auch für den realen Aspekt, daß der bisherige Prozeß des Strukturwandels sich im Rahmen eines *"Wachstums"*-Prozesses vollzog, wenngleich

Tabelle 11

BEITRÄGE ZUM BRUTTOINLANDSPRODUKT
- durchschnittliche jährliche Veränderung in vH -
(in Preisen von 1962)

Zeitraum / Aggregat	1950 bis 1954	1955 bis 1959	1960 bis 1964	1965 bis 1969	1970 bis 1974
Land- und Forstwirtschaft	+ 3,6	+ 2,3	+ 2,2	+ 1,9	+ 3,3
Warenproduzierendes Gewerbe	+11,8	+ 7,1	+ 6,1	+ 4,6	+ 3,5
davon:					
- Energie, Bergbau	+ 4,9	+ 4,1	+ 3,7	+ 1,8	+ 4,5
- Baugewerbe	+12,7	+ 5,3	+ 5,7	+ 2,5	+ 2,2
- Verarb. Gewerbe	+12,8	+ 7,8	+ 6,5	+ 5,3	+ 3,7
Dienstleistungen	+ 6,5	+ 6,2	+ 4,5	+ 3,8	+ 3,8
davon:					
- Handel, Verkehr	+ 6,6	+ 7,0	+ 4,7	+ 3,7	+ 3,0
- Banken, Versicher.	+12,3	+ 4,6	+ 6,6	+ 6,0	+ 6,0
- Sonstige	+ 8,3	+ 7,0	+ 4,5	+ 3,8	+ 4,2
- Staat	+ 3,8	+ 4,5	+ 4,8	+ 3,7	+ 4,8
- Priv. Haushalte	+ 3,7	+ 3,0	- 0,6	+ 1,3	+ 2,2
Bruttoinlandsprodukt	+ 8,7	+ 6,4	+ 5,2	+ 4,2	+ 3,6

nicht zu übersehen ist, daß hier einige Branchen an der Schwelle zur absoluten Stagnation oder Schrumpfung stehen (Textil, Leder, Bekleidung). Ein abschließender Blick in den Rhythmus der jährlichen Veränderungsraten (vgl. Schaubild 18) zeigt zwischen Sekundär- und Tertiärsektor - im Vergleich zum gesamtwirtschaftlichen Entwicklungsverlauf - einen weitgehenden zeitlichen Gleichklang, jedoch eine deutlich *divergierende Konjunkturreagibilität*; diese ist im Sekundärsektor über-, im Tertiärsektor unterdurchschnittlich.

15. Die Abweichungen in der Struktur der nominalen (Ziff. 13) und realen (Ziff. 14) Wertschöpfung finden naturgemäß ihren Niederschlag

Tabelle 12

VERARBEITENDES GEWERBE
- durchschnittliche jährliche Veränderung in vH -
(in Preisen von 1962)

Aggregat \ Zeitraum	1950 bis 1954	1955 bis 1959	1960 bis 1964	1965 bis 1969	1970 bis 1974
Chemie und Mineralölverarbeitung	+16,5	+16,2	+11,1	+10,9	+ 5,3
Steine, Erden, Feinkeramik	+13,4	+ 6,4	+ 6,3	+ 3,4	+ 4,1
Eisen und NE-Metalle	+ 7,7	+ 9,0	+ 3,4	+ 3,8	+ 2,1
Stahl-, Masch.-, Fahrzeugbau	+15,8	+ 8,2	+ 7,9	+ 4,8	+ 2,6
Elektrotechnik, Feinm., EBM	+15,4	+10,7	+ 7,3	+ 5,6	+ 6,1
Holz, Papier, Druckgewerbe	+11,4	+ 2,3	+ 4,5	+ 4,6	+ 2,3
Textilgewerbe	+13,5	+ 3,4	+ 3,7	+ 2,7	- 2,1
Leder und Bekleidung	+10,3	+ 2,1	+ 4,4	+ 0,9	- 1,3
Nahrungs- und Genußmittel	+11,6	+ 7,6	+ 5,0	+ 3,3	+ 2,9
Verarbeitendes Gewerbe	+12,8	+ 7,8	+ 6,5	+ 5,3	+ 3,7

in einer sehr divergierenden *Preisentwicklung*, gemessen an den durchschnittlichen jährlichen Veränderungsraten (vgl. Tabellen 13, 14). Lassen wir einmal die Preisentwicklung im Primärsektor beiseite, weil diese stark administrativen Einflüssen unterliegt, so lassen sich - auch unter Berücksichtigung der Tatsache, daß die Preisentwicklungen in den einzelnen Bereichen innerhalb eines relativ breiten Bandes streuen - folgende Grundtendenzen erkennen, ohne daß an dieser Stelle bereits auf die Gründe dieser Entwicklung eingegangen werden soll:

- Der im gesamten Berichtszeitraum von Periode zu Periode *schwächer werdende reale Wachstumsprozeß* wird von einem *zunehmenden Preisauftrieb* begleitet, der ausnahmslos in allen Bereichen in den

Tabelle 13

BEITRÄGE ZUM BRUTTOINLANDSPRODUKT

- durchschnittliche jährliche Veränderung in vH -

(Preisentwicklung)

Aggregat \ Zeitraum	1950 bis 1954	1955 bis 1959	1960 bis 1964	1965 bis 1969	1970 bis 1974
Land- und Forstwirtschaft	+ 3,5	+ 1,8	+ 1,5	- 0,1	+ 1,6
Warenproduzierendes Gewerbe	+ 1,9	+ 2,5	+ 2,6	+ 1,8	+ 5,7
davon:					
- Energie, Bergbau	+11,0	+ 3,9	+ 0,2	+ 2,4	+ 4,5
- Baugewerbe	+ 3,3	+ 5,8	+ 6,8	+ 2,0	+ 7,9
- Verarb. Gewerbe	+ 0,4	+ 1,8	+ 2,2	+ 1,8	+ 5,4
Dienstleistungen	+ 5,2	+ 4,0	+ 5,1	+ 4,1	+ 8,3
davon:					
- Handel, Verkehr	+ 4,6	+ 3,0	+ 3,9	+ 2,2	+ 6,0
- Banken, Versicher.	+ 3,3	+ 6,4	+ 4,0	+ 4,3	+ 9,2
- Sonstige	+ 3,7	+ 4,3	+ 6,5	+ 5,9	+ 8,8
- Staat	+ 7,4	+ 4,7	+ 6,1	+ 5,8	+10,4
- Priv. Haushalte	+ 9,2	+ 5,8	+ 7,9	+ 6,7	+10,9
Bruttoinlandsprodukt	+ 3,5	+ 3,0	+ 3,6	+ 2,5	+ 6,7

siebziger Jahren eine zwar verschieden starke, aber insgesamt deutlich ausgeprägte Beschleunigung erfuhr. Über alle Teilzeiträume hinweg war dabei der Preisauftrieb im *Warenproduzierenden Gewerbe* unterdurchschnittlich, im *Dienstleistungsbereich* überdurchschnittlich. Gleichzeitig ist festzustellen, daß beide Sektoren auf die Rezession 1967 mit einer deutlichen Abschwächung des Preisauftriebs reagierten (Warenproduzierendes Gewerbe: + 0,8 vH.; Dienstleistungen: + 2,5 vH), was auf den Durchschnitt des Teilzeitraumes 1965/69 nicht ohne Auswirkungen blieb. Diese Reaktion war in der jüngsten Krise zunächst nicht festzustellen: 1975 be-

Tabelle 14

VERARBEITENDES GEWERBE
- durchschnittliche jährliche Veränderung in vH -
(Preisentwicklung)

Zeitraum / Aggregat	1950 bis 1954	1955 bis 1959	1960 bis 1964	1965 bis 1969	1970 bis 1974
Chemie und Mineralölverarbeitung	- 1,7	- 1,9	- 1,7	- 1,8	+ 5,1
Steine, Erden, Feinkeramik	+ 1,5	+ 1,6	+ 3,4	+ 1,3	+ 5,1
Eisen und NE-Metalle	+ 9,3	+ 1,9	+ 0,4	+ 0,9	+ 5,4
Stahl-, Masch.-, Fahrzeugbau	+ 3,1	+ 2,9	+ 4,1	+ 3,3	+ 6,9
Elektrotechnik, Feinm., EBM	+ 2,5	+ 0,9	+ 2,4	+ 1,5	+ 5,1
Holz, Papier, Druckgewerbe	- 1,1	+ 5,7	+ 4,7	+ 4,1	+ 6,5
Textilgewerbe	- 8,2	+ 1,0	+ 3,1	+ 3,2	+ 5,4
Leder und Bekleidung	- 1,6	+ 3,0	+ 5,6	+ 3,4	+ 5,3
Nahrungs- und Genußmittel	- 2,1	- 0,1	+ 1,2	+ 2,9	+ 4,3
Verarbeitendes Gewerbe	+ 0,4	+ 1,8	+ 2,2	+ 1,8	+ 5,4

trugen die Preissteigerungsraten noch ca. 6 vH bzw. 9 vH; erst 1976 sanken sie auf 2 vH bzw. gut 4 vH.

- Innerhalb des Warenproduzierenden Gewerbes läßt sich festhalten, daß es zwar keinen stringenten Zusammenhang zwischen *realen Wachstumschancen* und *Preissteigerung* gibt, d.h. die Mengenkonjunktur führte nicht in jedem Falle zu Preiszurückhaltung und die geringeren realen Wachstumschancen nicht in jedem Falle zu einer Kompensation über die Preise. Gewisse Grundtendenzen sind jedoch in dieser Richtung feststellbar; zumindest ist zu registrieren, daß in einer Reihe von Bereichen relativ hohe (niedrige) reale Wachstumsprozesse mit relativ niedrigen (hohen) Preissteigerungen zu kor-

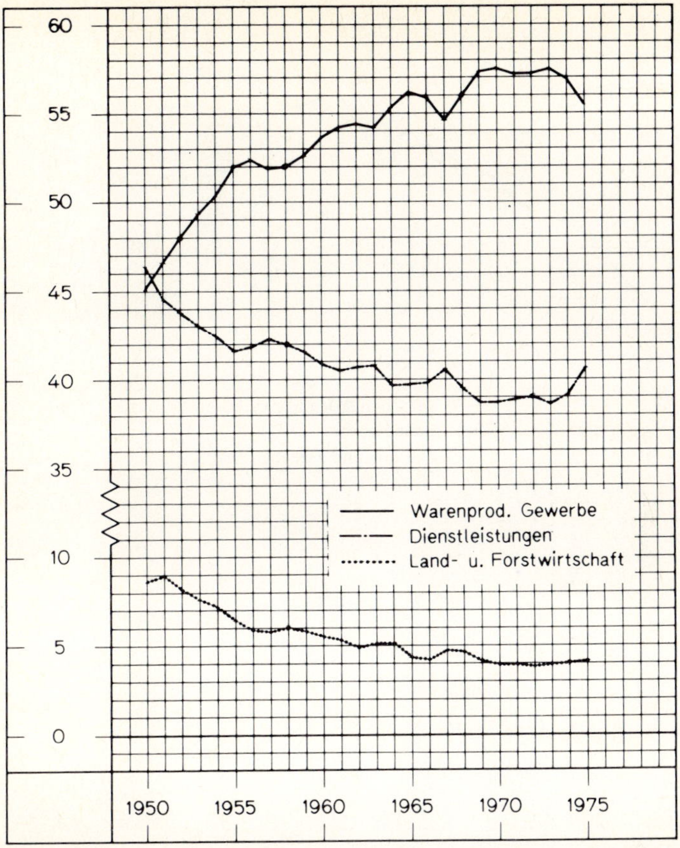

Schaubild 12. Beiträge zum Bruttoinlandsprodukt (in Preisen von 1962). Anteile am BIP in vH

respondieren scheinen. Im *Dienstleistungsbereich* liegen nahezu alle Teilbereiche mit ihrem Preisauftrieb deutlich höher als im *Warenproduzierenden Gewerbe*. Da aber insbesondere im Staatssektor das Verfahren der Preisbereinigung äußerst fragwürdig erscheint - was insbesondere mit der Produktivitätsmessung zusammenhängt -, ist die *Aussagefähigkeit* dieser Preissteigerungsraten nicht sehr hoch zu veranschlagen.

16. Versuchen wir nun, das Problem der Wertschöpfung auf einen zentralen Nenner zu bringen, so läßt sich dieser wie folgt umschreiben.

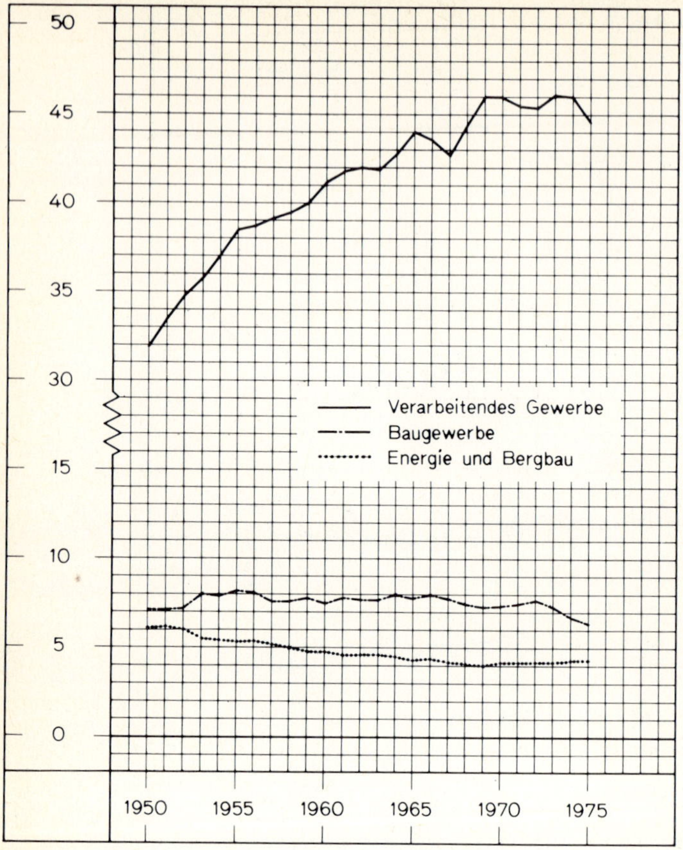

Schaubild 13. Beiträge zum Bruttoinlandsprodukt (in Preisen von 1962). Anteile am BIP in vH

Ausgehend von der These, daß für die Analyse der Entstehungsseite des Bruttoinlandsprodukts die *Realreihen* von primärer Bedeutung sind, zeichnen sich im Berichtszeitraum folgende Grundtendenzen ab:

- Bis Mitte der sechziger Jahre zeigt sich ein eindeutiger und von Konjunkturschwankungen kaum beeinflußbarer *Trend zum Sekundärsektor*, insbesondere getragen von dem Verarbeitenden Gewerbe - und innerhalb diesem von einigen wenigen typischen Wachstumsbranchen, die sogar rückläufige Anteile im verbrauchsnäheren Bereich überkompensierten.

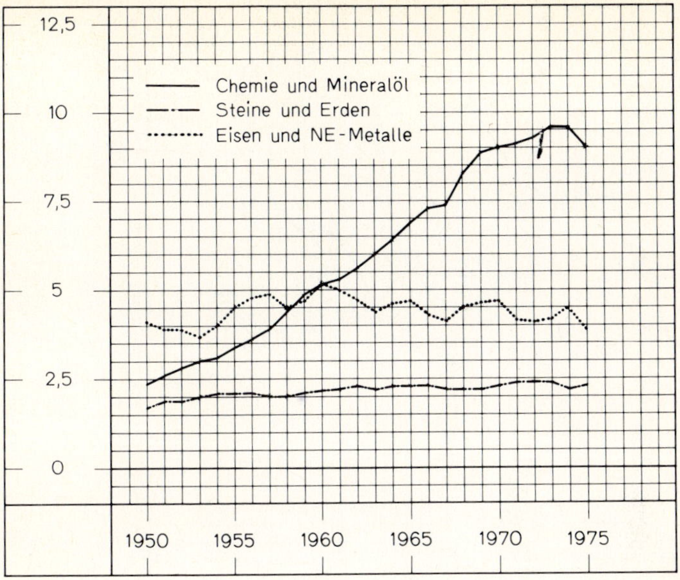

Schaubild 14. Beiträge zum Bruttoinlandsprodukt (in Preisen von 1962). Anteile am BIP in vH

- Die erste Nachkriegsrezession (1967) brachte in diesen Strukturwandlungsprozeß nur eine Zäsur, keine Korrektur. Im Gegenteil: Der nachfolgende dynamische Aufschwung überkompensierte diese Zäsur und setzte zunächst den Strukturwandel zugunsten des Sekundärsektors fort. Erst die siebziger Jahre brachten diesen Strukturwandel zum *Stillstand*; und die Rezession 1974/1975 führte zu einer zweiten Korrektur, worin sich nicht zuletzt auch das Bild des bereits einleitend aufgezeigten "Super-Zyklus" bestätigt.

Anknüpfend an diese beiden Grundtendenzen leiten sich zwei Fragestellungen ab: einmal nach den Ursachen dieser Entwicklung, zum zweiten nach ihrer Beurteilung. Wie zu zeigen sein wird, hängen beide Fragen eng miteinander zusammen.

17. Dabei ist die *Ursachenanalyse* relativ einfach durchzuführen: Konstitutionelle wie konzeptionelle *Rahmenbedingungen*[20)] wirkten in die gleiche Richtung: sie führten zu einer Begünstigung des sekundären Sektors. Die Rahmenbedingungen lagen auf zwei Ebenen:

Fußnote 20 s. S. 44

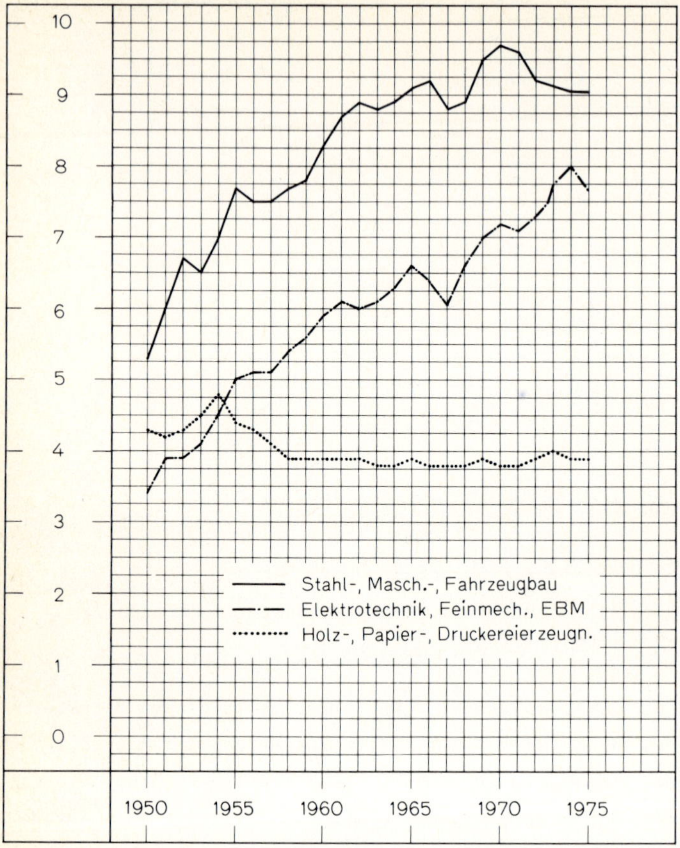

Schaubild 15. Beiträge zum Bruttoinlandsprodukt (in Preisen von 1962). Anteile am BIP in vH

---

20) Zur folgenden Argumentation vgl.: G. Fels, K.W. Schatz, Sektorale Entwicklung und Wachstumsaussichten der westdeutschen Wirtschaft bis 1980, in: Die Weltwirtschaft 1974/I, S. 52 ff. - G. Sohn, Strukturwandel und Produktivitätsfortschritt, in: Wirtschaftsdienst 1976/I. - E.J. Horn, Ist die BRD überindustrialisiert?, in: Wirtschaftsdienst, 1976/VII. - prognos-report Nr. 7, Die Bundesrepublik Deutschland 1980, 1985, 1990, Basel 1976. - W. Lamberts, Das Produktivitätspotential der westdeutschen Volkswirtschaft, in: Mitteilungen des Rheinisch-Westfälischen Instituts für Wirtschaftsforschung, Essen, 27. Jahrgang 1976, S. 1 ff. - D. Schröder, Strukturpolitische Probleme der nächsten Jahre, in: Wirtschaftsdienst 1976/VII.

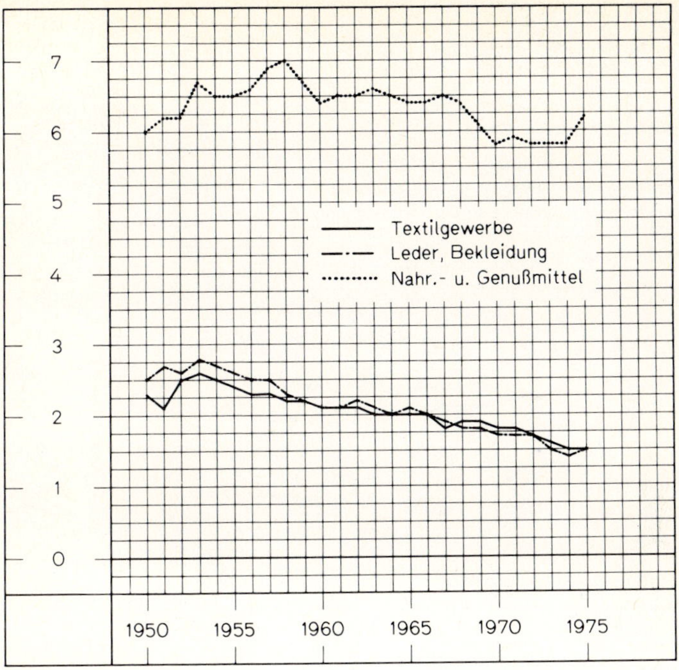

Schaubild 16. Beiträge zum Bruttoinlandsprodukt (in Preisen von 1962). Anteile am BIP in vH

- *binnenwirtschaftlich*: der hohe Nachholbedarf, ergänzt durch eine Bevölkerungszunahme, ermöglichte eine starke Produktionsausweitung und löste damit gleichzeitig einen "Wachstums-Fetischismus" aus, demgegenüber die sozialen Kosten (etwa: Umweltbelastung) ebensowenig ins Gewicht fielen wie das Problem der infrastrukturellen Absicherung bzw. Ergänzung (etwa: Bildung, Gesundheit, Verkehr);

- *außenwirtschaftlich*: die systematische Unterbewertung der D-Mark, billige Rohstoffimporte, günstige Standortlage, die dazu führte, daß einerseits die Bundesrepublik Deutschland mehr Kapital und hochwertige Technologien importierte als exportierte, und daß andererseits der westdeutsche Arbeitsmarkt sich dem Zustrom der ausländischen Arbeitskräfte öffnete, flankierten fast nahtlos die binnenwirtschaftlichen Rahmenbedingungen.

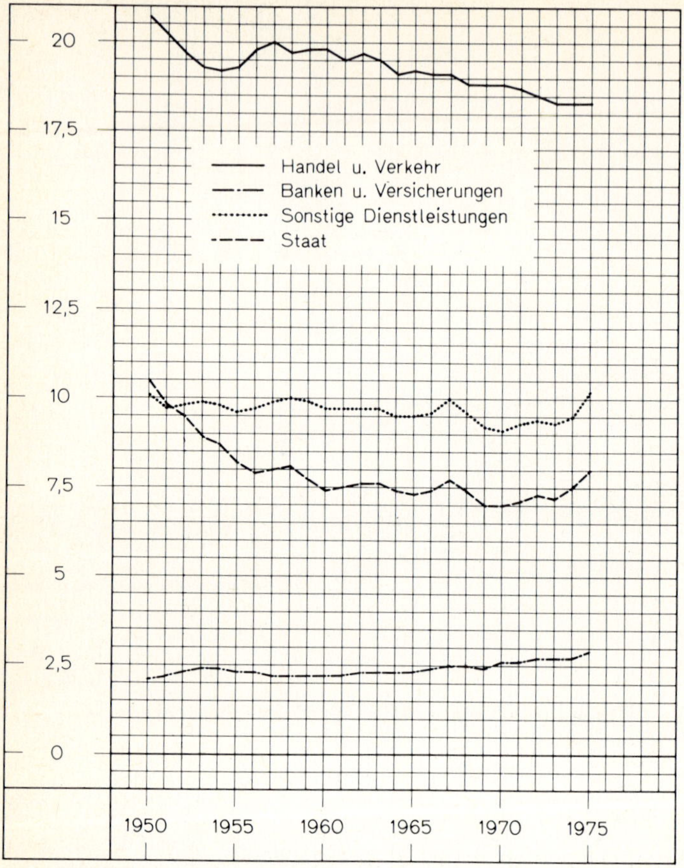

Schaubild 17. Beiträge zum Bruttoinlandsprodukt (in Preisen von 1962). Anteile am BIP in vH

Damit war der Strukturwandel zum Sekundärsektor mit innerer Folgerichtigkeit vorgezeichnet; und da diese Faktoren auch nach der Rezession 1967 zunächst anhielten, konnte die *Überkorrektur* der Zäsur nicht überraschen.

18. Schwieriger ist es, diesen Strukturwandelprozeß zu *bewerten*. Globale Begriffe, die vage Wertungen implizieren (wie etwa: Überindustrialisierung, Konsumgesellschaft etc.), helfen hier nicht viel weiter. Folgende Tatbestände müssen aber festgehalten werden:

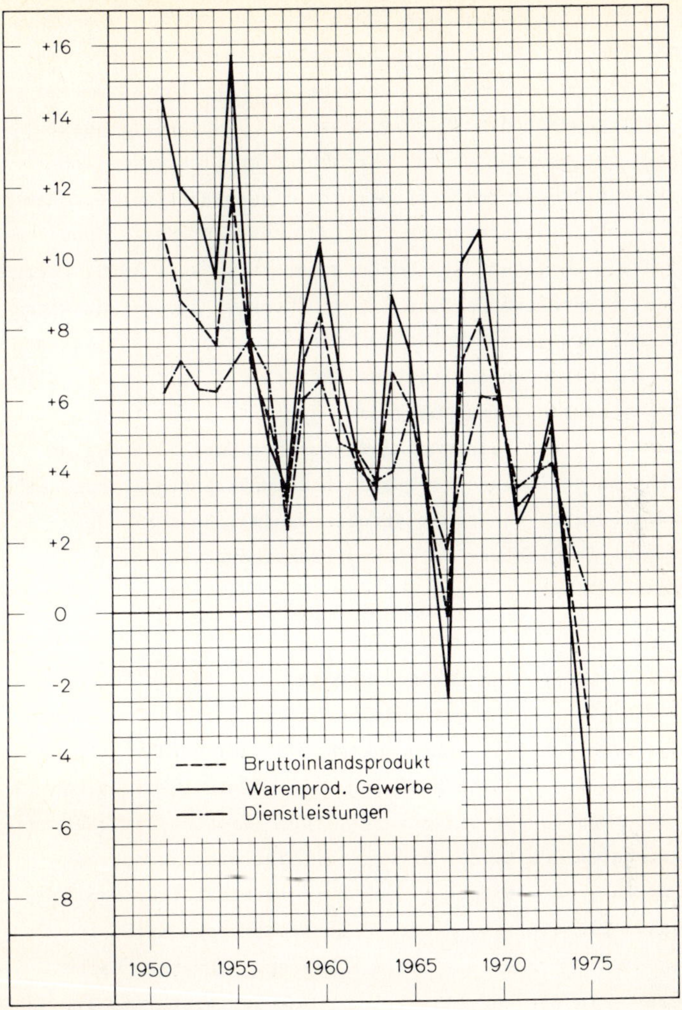

Schaubild 18. Beiträge zum Bruttoinlandsprodukt (in Preisen von 1962). Veränderung gegen Vorjahr in vH

- In der Bundesrepublik hat der Strukturwandel in Richtung Sekundärsektor in einem Zeitraum noch angehalten bzw. sich sogar verstärkt, als sich in den Industrienationen mit vergleichbarem Entwicklungsniveau bereits ein deutlicher *Strukturumbruch* zugunsten des Tertiärsektors vollzog. Dies rechtfertigte nun - isoliert gesehen - noch nicht unbedingt die These von der *Strukturverzerrung*. Hinzu kommt aber noch ein zweites Element. Alle den Sekundärsektor begünstigende *Rahmenbedingungen* haben sich in ihr Gegenteil verkehrt: Sättigungstendenzen, die neben dem Grundbedarf jetzt auch partiell bei höherwertigen Gebrauchsgütern festzustellen sind; eine stagnierende Bevölkerung, die diesen Sättigungsprozeß flankieren könnte; ein steigendes Gewicht sozialer Kosten und Indikatoren; die Beseitigung der DM-Unterbewertung seit 1969; Preisoffensive der Rohstoffländer und Exportoffensive anderer Entwicklungsländer mit steigender Substitutionskonkurrenz; Restriktionen gegenüber einem weiteren Zustrom ausländischer Arbeitnehmer. Alle diese Faktoren deuten darauf hin, daß, jenseits aller Ideologien der *Strukturwandel* zum Sachzwang geworden ist, weil die realen Wachstumschancen des Sekundärsektors in Zukunft geringer anzusetzen sind und überdies von einem Strukturwandel innerhalb des Sekundärsektors in Richtung wachstumsträchtiger Branchen (hoher Technologiestand) entscheidend abhängen.

- Es würde nun den gesetzten Rahmen sprengen, wollte man den Fragen nachgehen, wie dieser Strukturwandel herbeigeführt werden kann (Problem der strukturpolitischen *Konzeption*) und welche Sektoren (und damit verbunden: welche Regionen) mit welchem Gewicht von diesem Strukturwandel betroffen sein werden (Problem der sektoralen und regionalen *Prognose*). Sicher ist aber dies: Die Bundesrepublik hat zu einem Zeitpunkt noch auf die Stabilität von Rahmenbedingungen gesetzt, als diese abzubröckeln begannen. Als sie sich ins *Gegenteil* verkehrten, war die bislang schwerste Nachkriegsrezession in der Wurzel angelegt; man war strukturpolitisch darauf nicht vorbereitet. Dies ist gewiß nicht die einzige Ursache für die Rezession; andere Länder mit anderen Wertschöpfungsstrukturen waren ebenso davon betroffen. Aber es rechtfertigt die eingangs geäußerte Vermutung, daß Strukturprobleme eine zunehmende Rolle spielen (vgl. Ziff. 4).; und dies ist ein zentraler Punkt für die These, daß die Rezession ein erster - und gewiß sehr unangenehmer - Schritt in die richtige Richtung war: hin zur Korrektur bestehender Strukturtendenzen. Ein Expansionskurs im herkömmlichen Muster würde auf Rahmenbedingungen setzen, deren Labilität evident ist. Insofern muß es etwas nachdenklich stimmen, wenn erneut *Umkehrtendenzen* festzustellen sind. Der im Jahr 1976 zu verzeichnende reale Wachstumsprozeß war wieder weit überdurchschnittlich vom Warenproduzierenden Gewerbe (Zuwachs: + 7,4 vH) und unterdurchschnittlich vom Tertiärbereich (Zuwachs: + 3,8 vH) getragen, mit der Folge, daß sich die Anteilsquoten - sie lagen im Durchschnitt des Zeitraumes 1975/76 für das Warenproduzierende Gewerbe bei knapp 56 vH, für den Dienstleistungsbereich bei über 40 vH - bereits wieder in Richtung Sekundärsektor zu verschieben beginnen. Insofern ist die Gefahr nicht auszuschließen, daß die *Tragfähigkeit* eines so konzipierten Aufschwunges recht bald an Grenzen stößt. Letztlich wird hieraus deutlich, daß nicht nur die globale Kapazitäts- bzw. Auslastungsproblematik (Ziff. 11) sondern auch diese Strukturproblematik die *wirtschaftspolitische Konzeption* der Zukunft mit neuen Aufgaben konfrontiert. Es wird dann verstärkt die Frage zu stellen sein, ob die Globalsteuerung diese Aufgaben allein noch bewältigen kann, oder ob in Zukunft nicht ein *differenzierter* wirkendes wirtschaftspolitisches Instrumentarium entwickelt werden muß.

II. Die Beschäftigung

19. An diesem Punkt angelangt, wird freilich in der aktuellen Argumentation - gewiß stark beeinflußt durch die skeptischen Erwartungen für die nächste Zukunft - das *Arbeitsmarktproblem* in die Diskussion gebracht. Dahinter verbirgt sich die Hypothese, daß nur das wirtschaftliche Wachstum "Garant" für die Vollbeschäftigung sei. Dabei wird vorausgesetzt, daß beide Aggregate in einem direkten Zusammenhang stehen und in ihrer Entwicklung eng korreliert sind. Wir leiten damit zu der zweiten Fragestellung - der Konsequenz der Wertschöpfungsstruktur für die Beschäftigungsstruktur - über. Wie wichtig dieser Problemkomplex ist, zeigt gerade die jüngste Diskussion um die Frage, ob die gegenwärtige und in nächster Zukunft zu erwartende hohe *Arbeitslosigkeit* primär "konjunkturellen" oder primär "strukturellen" Charakter hat, worin sich eine Analogie zur generellen Krisendiskussion spiegelt (vgl. Ziff. 4/18). Die Meinungen hierüber gehen stark auseinander. Teils wird die strukturelle Komponente relativ gering

veranschlagt[21], teils wird ihr ein hohes Gewicht beigemessen.[22] Solche unterschiedlichen Beurteilungen hängen in einem hohen Maße ab von den *methodischen Prämissen*, die diesen Schätzungen zugrunde liegen. Sie an dieser Stelle zu diskutieren, hieße den gesetzten Rahmen sprengen. Festzuhalten ist aber in jedem Falle die Tatsache, daß die Zeit der durch Wachstum automatisch "garantierten" Vollbeschäftigung vorbei zu sein scheint. Diese These gilt es etwas näher zu beleuchten.

20. Zunächst lassen sich für den gesamten Berichtszeitraum einige grundlegende Tendenzen erkennen, die für die Beschäftigungsentwicklung zentrale *Rahmenbedingungen* abgeben (vgl. Tabellen 15, 16):

- Die *Wohnbevölkerung* stieg im gesamten Berichtszeitraum unvermindert an, wobei aber festzustellen ist, daß ihre Wachstumsrate sich seit Mitte der sechziger Jahre deutlich abgeschwächt hat: Erfolgte von 1950 (50 Millionen) bis 1970 (60,7 Millionen) ein Anstieg von über 10 Millionen Menschen, war das weitere Bevölkerungswachstum erheblich schwächer (1975: 61,8 Millionen).

- Aufgrund bestimmter demographischer Bedingungen (Zustrom von Heimatvertriebenen und entlassenen Kriegsgefangenen) stieg die *Erwerbsquote*, d.h. der Anteil von Erwerbspersonen an der Wohnbevölkerung, zunächst rasch an, erreichte aber bald den Höhepunkt (1957: 48,6 vH); seither ist ein systematischer Rückgang dieser Erwerbsquote zu verzeichnen (1975: 42,7 vH).

- Das Zusammenwirken der Veränderung von Wohnbevölkerung (steigend) und Erwerbsquote (sinkend) führte dazu, daß die Zahl der *Erwerbspersonen* (1950: knapp 23 Millionen) zunächst rasch anstieg, aber bereits Mitte der sechziger Jahre ihr höchstes Niveau erreichte (1965: 27 Millionen), das in den folgenden Jahren kurz absank,

---

21) U. Cramer, W. Klauder, D. Mertens, L. Reyher, E. Spitznagel, Zum Problem der strukturellen Arbeitslosigkeit, in: Mitteilungen aus der Arbeitsmarkt- und Berufsforschung, 1/1976: Hier wird der Strukturwandel auf etwa 12 vH der Arbeitslosen (= 125 000 Arbeitslose) geschätzt.

22) prognos-report, Nr. 7, a.a.O. - D. Schröder, a.a.O.: Hier wird mittelfristig mit einer strukturellen Arbeitslosigkeit von 2 bis 3 vH aller Erwerbstätigen (= 500 000 bis 700 000 Arbeitslose) gerechnet.

Tabelle 15

WOHNBEVÖLKERUNG/ERWERBSTÄTIGE

- Jahresdurchschnitte in 1000 -

Zeitraum / Aggregat	1950 bis 1954	1955 bis 1959	1960 bis 1964	1965 bis 1969	1970 bis 1974
Wohnbevölkerung	50.921	53.643	56.761	59.324	61.527
Erwerbspersonen	23.729	25.925	26.797	26.646	26.882
- (in vH der Wohnbev.)	(46,6)	(48,3)	(47,2)	(44,9)	(43,7)
Arbeitslose	1.585	810	192	254	287
- (in vH der abh. EP)	(9,1)	(4,1)	(0,9)	(1,2)	(1,3)
Erwerbstätige Inländer	22.145	25.115	26.605	26.392	26.595
davon:					
- Selbständige	6.364	6.141	5.652	4.890	4.233
(in vH der ET)	(28,7)	(24,5)	(21,2)	(18,5)	(15,9)
- Unselbständige	15.781	18.975	20.953	21.502	22.362
(in vH der ET)	(71,3)	(75,6)	(78,8)	(81,5)	(84,1)
Abhängige Erwerbspers.	17.365	19.784	21.145	21.756	22.649

sich Anfang der siebziger Jahre dann wieder bei knapp 27 Millionen stabilisierte und sich erst 1975 auf ein Niveau von 26,4 Millionen verminderte; im Durchschnitt des Jahres 1976 war ein weiterer Rückgang auf ca. 26 Millionen zu verzeichnen.

- Gleichzeitig wurde die *Arbeitslosigkeit* bis Mitte der sechziger Jahre zügig abgebaut, ja auch nach der ersten Nachkriegsrezession (1967: 460 000 Arbeitslose) wurde relativ rasch die Vollbeschäftigung wieder erreicht. Allerdings ist festzustellen, daß sich die Zahl der Arbeitslosen in den siebziger Jahren zunächst leicht, dann aber beschleunigt auf ca. 580 000 (1974) bzw. 1 070 000 (1975) erhöhte. Und im Durchschnitt des Jahres 1976 lag - trotz des gleichzeitig zu verzeichnenden realen Wachstumsprozesses - die Zahl der Arbeitslosen immer noch über 1 Million.

Tabelle 16

WOHNBEVÖLKERUNG/ERWERBSTÄTIGE
- durchschnittliche jährliche Veränderung in vH -

Zeitraum / Aggregat	1950 bis 1954	1955 bis 1959	1960 bis 1964	1965 bis 1969	1970 bis 1974
Wohnbevölkerung	+ 0,9	+ 1,2	+ 1,1	+ 0,6	+ 0,7
Erwerbspersonen	+ 1,8	+ 1,4	+ 0,5	- 0,5	+ 0,2
Arbeitslose	- 6,2	-15,2	-18,5	+11,1	+25,8
Erwerbstätige Inländer	+ 2,4	+ 2,1	+ 0,7	- 0,6	- 0,1
davon:					
- Selbständige	- 1,2	- 0,4	- 2,9	- 2,6	- 2,4
- Unselbständige	+ 3,9	+ 2,9	+ 1,7	- 0,2	+ 0,4
Abhängige Erwerbspers.	+ 2,9	+ 2,0	+ 1,4	- 0,0	+ 0,7

- Das Zusammenwirken von Erwerbspersonen- und Arbeitslosigkeitsentwicklung hatte zur Konsequenz, daß die Zahl der *Erwerbstätigen* (1950: 21 Millionen) sprunghaft nach oben schnellte, aber ebenfalls Mitte der sechziger Jahre ihr höchstes Niveau erreichte (1965: knapp 27 Millionen). Die weitere Entwicklung folgte dann tendenziell dem Rhythmus der Erwerbspersonen, wobei aber doch bemerkenswert erscheint, wie stark sich in den siebziger Jahren die Zahl der Erwerbstätigen verminderte (von 26,7 Millionen im Jahre 1970 auf 25,3 Millionen im Jahre 1975 und auf ca. 25 Millionen im Durchschnitt des Jahres 1976).

- Schließlich ist festzuhalten, daß sich innerhalb der Zahl der Erwerbstätigen ein klarer *Strukturwandel* vollzog: ein systematischer Rückgang des Anteils der Selbständigen (einschließlich der mithel-

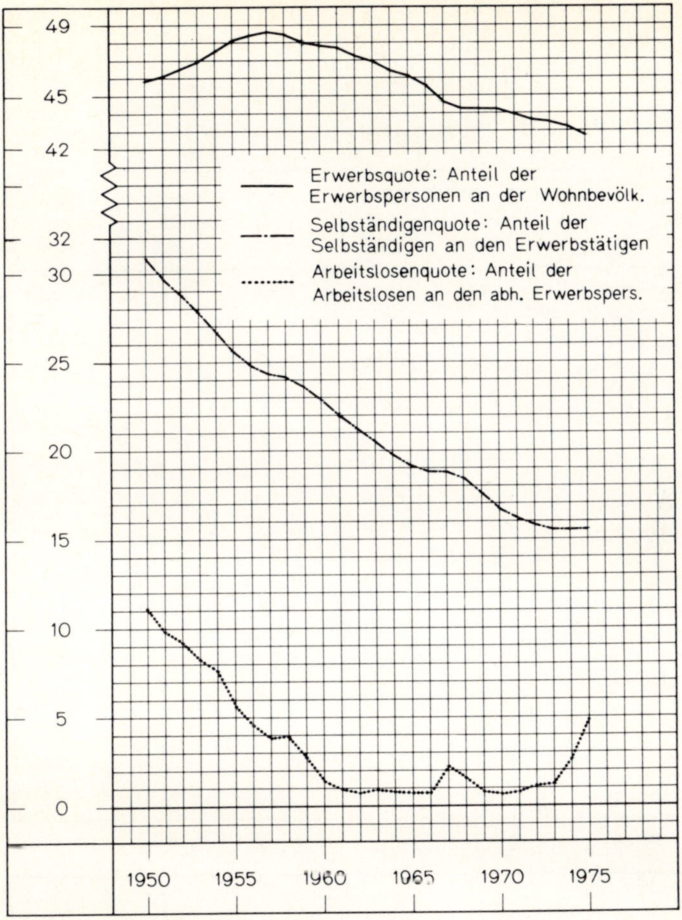

Schaubild 19. Quotenanteile in vH

fenden Familienangehörigen), deren Zahl 1975 erstmals die Viermillionengrenze unterschritt, zugunsten eines Anstiegs der Unselbständigen. Ihre Zahl stieg bis in die siebziger Jahre an (1950: 14,5 Millionen, 1973: 22,5 Millionen), ging inzwischen aber deutlich zurück (1975: auf 21,4 Millionen, 1976: auf 21,2 Millionen).

Ein abschließender Blick auf den jährlichen Quotenverlauf (vgl. Schaubild 19) zeigt überdies einen sehr stabilen Verlauf bei der

Tabelle 17

ERWERBSTÄTIGE IM INLAND NACH SEKTOREN

- Jahresdurchschnitte in 1000 -

Aggregat \ Zeitraum	1950 bis 1954	1955 bis 1959	1960 bis 1964	1965 bis 1969	1970 bis 1974
Land- und Forstwirtschaft	4.571	4.004	3.297	2.644	2.056
Warenproduzierendes Gewerbe	9.783	11.847	12.825	12.686	12.744
davon:					
- Energie, Bergbau	844	866	702	578	508
- Baugewerbe	1.527	1.886	2.186	2.214	2.126
- Verarb. Gewerbe	7.412	9.095	9.937	9.894	10.110
Dienstleistungen	7.763	9.180	10.344	10.951	11.729
davon:					
- Handel, Verkehr	3.538	4.332	4.810	4.749	4.835
- Banken, Versicher.	218	323	429	532	645
- Sonstige	1.362	1.750	2.059	2.254	2.371
- Staat	1.789	1.927	2.343	2.766	3.223
- Priv. Haushalte	856	849	703	650	655
Insgesamt	22.116	25.031	26.466	26.282	26.529

Erwerbs- und Selbständigenquote, während die Arbeitslosenquote eher eine deutliche Konjunkturreagibilität verrät, wobei sich erneut das Phänomen eines Superzyklus (1967 bis 1975) bestätigt. Bemerkenswert ist schließlich, daß der tendenzielle Anstieg der Arbeitslosenquote zu einem Zeitpunkt einsetzte, als die Entlastungseffekte am Arbeitsmarkt - stagnierende Wohnbevölkerung bei gleichzeitig sinkender Erwerbsquote - unvermindert anhielten. Diese globalen Entwicklungstendenzen bedürfen nun noch einer differenzierenderen Betrachtung.

Tabelle 18

ERWERBSTÄTIGE IM INLAND NACH SEKTOREN

- Erwerbstätige = 100 -

Aggregat \ Zeitraum	1950 bis 1954	1955 bis 1959	1960 bis 1964	1965 bis 1969	1970 bis 1974
Land- und Forstwirtschaft	20,7	16,0	12,5	10,1	7,8
Warenproduzierendes Gewerbe	44,2	47,3	48,5	48,3	48,0
davon:					
- Energie, Bergbau	3,8	3,5	2,7	2,2	1,9
- Baugewerbe	6,9	7,5	8,3	8,4	8,0
- Verarb. Gewerbe	33,5	36,3	37,6	37,7	38,1
Dienstleistungen	35,1	36,7	39,1	41,7	44,2
davon:					
- Handel, Verkehr	16,0	17,3	18,2	18,1	18,2
- Banken, Versicher.	1,0	1,3	1,6	2,0	2,4
- Sonstige	6,2	7,0	7,8	8,6	8,9
- Staat	8,1	7,7	8,9	10,5	12,2
- Priv. Haushalte	3,9	3,4	2,7	2,5	2,5
Insgesamt	100,0	100,0	100,0	100,0	100,0

21. Untersuchen wir zunächst die *Struktur der Erwerbstätigen* im Inland[23], so lassen sich folgende Grundtendenzen klar erkennen (vgl. Tabellen 17, 18, 19 in Verbindung mit den Schaubildern 20, 21, 22):

23) Auch in diesem Zusammenhang muß auf die methodische Trennung in Inländer- und Inlandskonzept aufmerksam gemacht werden (vgl. Fußnote 17). Die bislang ausgewiesenen Erwerbstätigenzahlen entsprechen dem Inländerkonzept (maßgebend sind die Erwerbstätigen mit Wohnsitz im Inland) und korrespondieren mit dem Bruttosozialproduktkonzept. Die jetzt bei der Strukturbetrachtung ausgewiesenen Zahlen entsprechen dem Inlandskonzept (maßgeben ist der Arbeitsplatz und damit ihr Beitrag zur inländischen Wertschöpfung) und korrespondieren mit dem Bruttoinlandsproduktkonzept.

Tabelle 19

ERWERBSTÄTIGE IM INLAND NACH SEKTOREN
- durchschnittliche jährliche Veränderung in vH -

Zeitraum / Aggregat	1950 bis 1954	1955 bis 1959	1960 bis 1964	1965 bis 1969	1970 bis 1974
Land- und Forstwirtschaft	- 3,0	- 2,5	- 4,4	- 4,4	- 4,7
Warenproduzierendes Gewerbe	+ 4,2	+ 2,6	+ 1,3	- 1,0	- 0,7
davon:					
- Energie, Bergbau	+ 2,4	- 0,8	- 4,4	- 4,9	- 1,9
- Baugewerbe	+ 5,5	+ 2,1	+ 3,6	- 2,1	- 1,2
- Verarb. Gewerbe	+ 4,1	+ 3,0	+ 1,2	- 0,6	- 0,5
Dienstleistungen	+ 3,5	+ 3,2	+ 1,8	+ 0,9	+ 1,5
davon:					
- Handel, Verkehr	+ 4,3	+ 3,9	+ 0,8	- 0,5	+ 0,5
- Banken, Versicher.	+10,3	+ 6,1	+ 5,5	+ 4,3	+ 3,6
- Sonstige	+ 4,8	+ 5,0	+ 2,1	+ 1,7	+ 0,5
- Staat	+ 0,8	+ 1,9	+ 5,0	+ 2,3	+ 3,8
- Priv. Haushalte	+ 1,8	- 2,0	- 3,8	- 0,3	+ 0,6
Insgesamt	+ 2,4	+ 1,9	+ 0,7	- 0,6	- 0,0

- In der Globalbetrachtung ergibt sich ein systematischer und von der Konjunkturentwicklung weitgehend unabhängiger Rückgang des Erwerbstätigenanteils in der *Land- und Forstwirtschaft* bei einem gleichzeitigen Anstieg des Erwerbstätigenanteils im *Dienstleistungsbereich*. Im *Warenproduzierenden* Gewerbe zeigt sich zunächst ein Anstieg bis Mitte der sechziger Jahre; seither ist der Anteil tendenziell sinkend, und auch der Wiederaufschwung der Jahre 1968/69 konnte nur noch den Rückgang der Erwerbstätigen kompensieren, das aber einmal erreichte Spitzenniveau nicht mehr erreichen. Im Durchschnitt der Jahre 1965 bis 1974 ist hier sogar ein Rück-

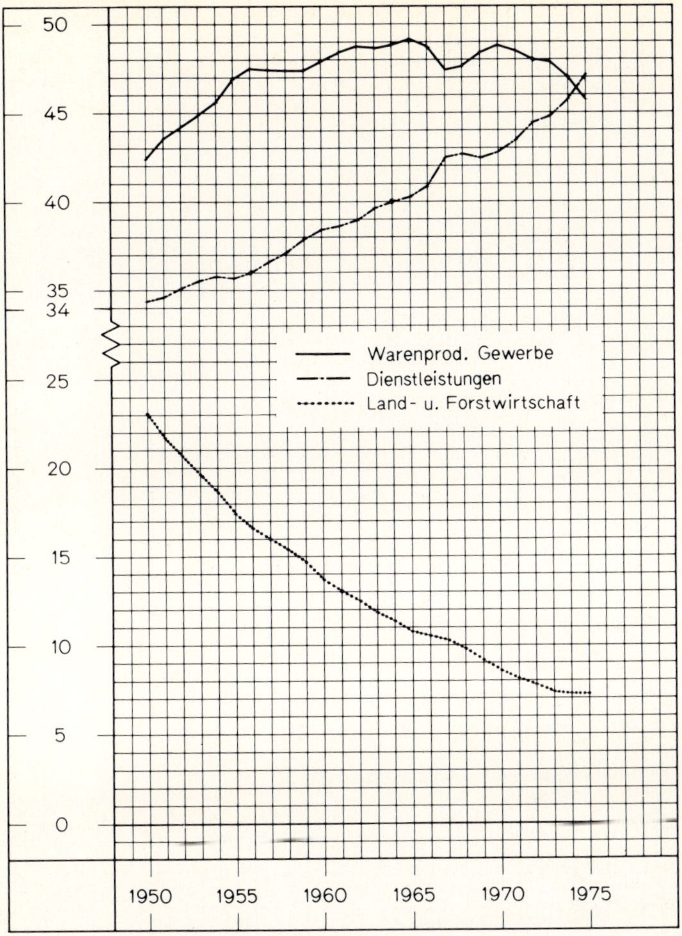

Schaubild 20. Anteil an den gesamten Erwerbstätigen in vH

gang zu registrieren, der sich dann 1975 mit einem Rückgang von 6 vH massiv fortsetzte.

- In der differenzierenden Betrachtung wird deutlich, daß innerhalb des Warenproduzierenden Gewerbes die eigentliche Absorption der Erwerbstätigen bis etwa 1970 durch das *Verarbeitende Gewerbe* erfolgte, während in der *Energiewirtschaft* seit Mitte der fünfziger Jahre, im *Baugewerbe* seit Mitte der sechziger Jahre Erwerbstätige

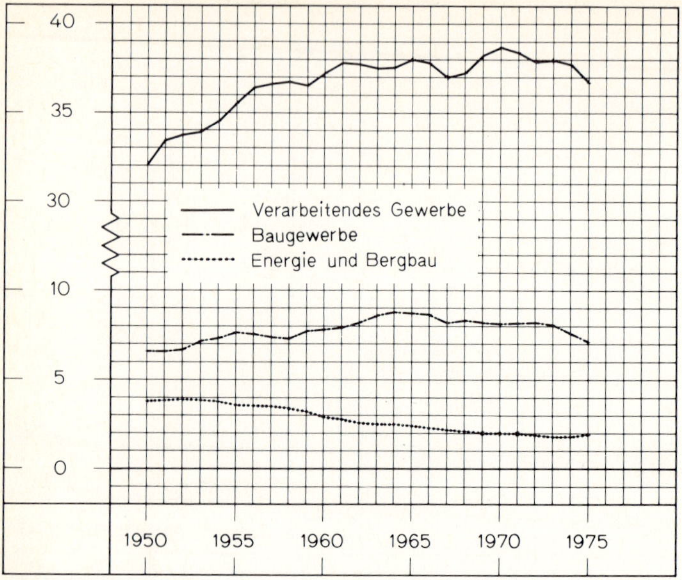

Schaubild 21. Anteil an den gesamten Erwerbstätigen in vH

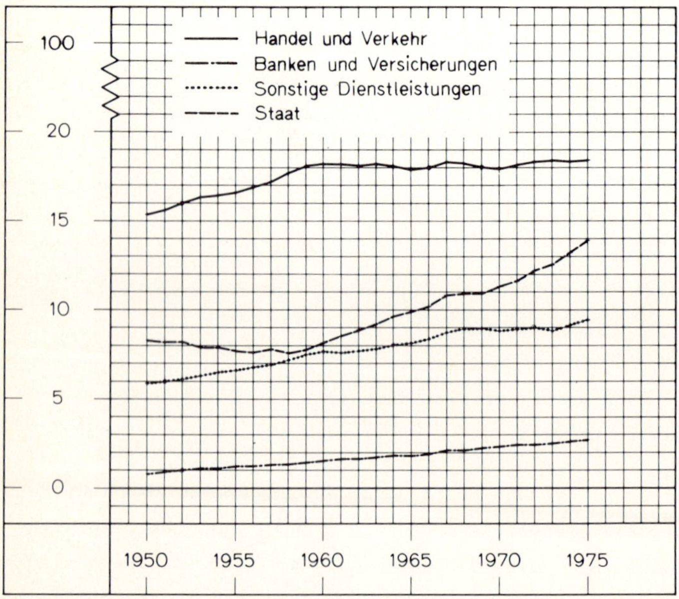

Schaubild 22. Anteil an den gesamten Erwerbstätigen in vH

Tabelle 20

SELBSTÄNDIGE IM INLAND NACH SEKTOREN
- Jahresdurchschnitte in 1000 -

Aggregat \ Zeitraum	1950 bis 1954	1955 bis 1959	1960 bis 1964	1965 bis 1969	1970 bis 1974
Land- und Forstwirtschaft	3.643	3.324	2.865	2.314	1.786
Warenproduzierendes Gewerbe	1.094	1.017	930	824	753
davon:					
- Energie, Bergbau	1	1	1	1	1
- Baugewerbe	201	205	207	203	197
- Verarb. Gewerbe	891	812	722	620	555
Dienstleistungen	1.627	1.799	1.858	1.752	1.694
davon:					
- Handel, Verkehr	1.005	1.088	1.096	983	911
- Banken, Versicher.	1	1	1	1	1
- Sonstige	621	710	761	768	782
- Staat	0	0	0	0	0
- Priv. Haushalte	0	0	0	0	0
Insgesamt	6.364	6.141	5.652	4.890	4.233

freigesetzt wurden. Trotz einer nochmaligen deutlichen Niveausteigerung im Wiederaufschwung 1968/69 wird sichtbar, daß - gemessen am Quotenverlauf: in den siebziger Jahren; gemessen an der mehrjährigen durchschnittlichen Veränderung: sogar schon seit Mitte der sechziger Jahre - sich das Niveau der Erwerbstätigen auch im Verarbeitenden Gewerbe vermindert. Im Dienstleistungsbereich zeigt sich, daß die Absorption der Erwerbstätigen primär durch den *Staat* und etwas schwächer im Bereich der *sonstigen Dienstleistungen* erfolgt (auf niedrigerem Niveau auch bei den Banken und Versicherungen), während das Niveau der Erwerbstätigen bei *Handel und Verkehr* seit Anfang der sechziger Jahre nahezu stagniert.

Tabelle 21

SELBSTÄNDIGE IM INLAND NACH SEKTOREN

- Selbständige = 100 -

Aggregat \ Zeitraum	1950 bis 1954	1955 bis 1959	1960 bis 1964	1965 bis 1969	1970 bis 1974
Land- und Forstwirtschaft	57,2	54,1	50,7	47,3	42,2
Warenproduzierendes Gewerbe	17,2	16,6	16,5	16,8	17,8
davon:					
- Energie, Bergbau	0,0	0,0	0,0	0,0	0,0
- Baugewerbe	3,2	3,3	3,7	4,1	4,7
- Verarb. Gewerbe	14,0	13,2	12,8	12,7	13,1
Dienstleistungen	25,6	29,3	32,9	35,8	40,0
davon:					
- Handel, Verkehr	15,8	17,7	19,4	20,1	21,5
- Banken, Versicher.	0,0	0,0	0,0	0,0	0,0
- Sonstige	9,8	11,6	13,5	15,7	18,5
- Staat	0,0	0,0	0,0	0,0	0,0
- Priv. Haushalte	0,0	0,0	0,0	0,0	0,0
Insgesamt	100,0	100,0	100,0	100,0	100,0

22. Das Bild der Beschäftigungsstruktur wird erheblich modifiziert, wenn wir die Entwicklung bei den Selbständigen und Unselbständigen getrennt untersuchen. Bei der Entwicklung der *Selbständigen* (vgl. Tabellen 20, 21, 22) zeigt sich im Rahmen einer generellen Niveauminderung bei relativ konstantem Anteil des Warenproduzierenden Gewerbes ein deutlicher Strukturwandel vom primären zum tertiären Sektor, wobei am relativen Anstieg des letzteren Handel und Verkehr sowie die sonstigen Dienstleistungsbereiche nahezu gleichmäßig partizipierten. Bemerkenswerter erscheinen indessen die Entwicklungstendenzen in der Beschäftigungsstruktur der *unselbständig Beschäftigten* (vgl. die Tabellen 23, 24, 25 in Verbindung mit den Schaubildern 23, 24, 25):

Tabelle 22

SELBSTÄNDIGE IM INLAND NACH SEKTOREN
- durchschnittliche jährliche Veränderung in vH -

Aggregat \ Zeitraum	1950 bis 1954	1955 bis 1959	1960 bis 1964	1965 bis 1969	1970 bis 1974
Land- und Forstwirtschaft	- 2,5	- 1,5	- 4,0	- 4,2	- 4,8
Warenproduzierendes Gewerbe	- 1,4	- 1,3	- 2,7	- 1,9	- 1,1
davon:					
- Energie, Bergbau	± 0,0	± 0,0	± 0,0	± 0,0	± 0,0
- Baugewerbe	+ 0,7	+ 0,1	- 0,3	+ 0,2	- 1,3
- Verarb. Gewerbe	- 1,9	- 1,6	- 3,3	- 2,5	- 1,0
Dienstleistungen	+ 2,0	+ 2,1	- 1,1	- 0,7	- 0,2
davon:					
- Handel, Verkehr	+ 1,5	+ 1,7	- 1,9	- 1,7	- 0,7
- Banken, Versicher.	± 0,0	± 0,0	± 0,0	± 0,0	± 0,0
- Sonstige	+ 2,7	+ 2,7	- 0,1	+ 0,8	+ 0,4
- Staat	x	x	x	x	x
- Priv. Haushalte	x	x	x	x	x
Insgesamt	- 1,2	- 0,4	- 2,9	- 2,6	- 2,4

- In der Globalbetrachtung ergibt sich auch hier ein systematischer Rückgang des Beschäftigungsanteils in der *Land- und Forstwirtschaft* bei gleichzeitigem Anstieg des Beschäftigungsanteils im *Dienstleistungsbereich*. Beim *Warenproduzierenden Gewerbe* fällt indessen auf, daß - gemessen am jährlichen Quotenverlauf - der Anteil der Unselbständigen bereits seit Mitte der fünfziger Jahre stagniert und seit Anfang der sechziger Jahre deutlich rückläufig ist; auch der dynamische Wiederaufschwung der Jahre 1968/69 konnte diese Tendenz nur kurzfristig und keineswegs kompensierend korrigieren. Gemessen an den durchschnittlichen jährlichen Veränderungen ist seit Mitte der sechziger Jahre eine deutliche *Freisetzungsten-*

Tabelle 23

UNSELBSTÄNDIGE IM INLAND NACH SEKTOREN

- Jahresdurchschnitte in 1000 -

Aggregat \ Zeitraum	1950 bis 1954	1955 bis 1959	1960 bis 1964	1965 bis 1969	1970 bis 1974
Land- und Forstwirtschaft	927	680	432	330	270
Warenproduzierendes Gewerbe	8.689	10.829	11.895	11.862	11.991
davon:					
- Energie, Bergbau	843	865	701	577	507
- Baugewerbe	1.325	1.681	1.979	2.011	1.929
- Verarb. Gewerbe	6.521	8.283	9.216	9.274	9.555
Dienstleistungen	6.136	7.381	8.486	9.199	10.035
davon:					
- Handel, Verkehr	2.533	3.244	3.714	3.766	3.924
- Banken, Versicher.	217	322	428	531	644
- Sonstige	741	1.040	1.298	1.486	1.589
- Staat	1.789	1.927	2.343	2.766	3.223
- Priv. Haushalte	856	849	703	650	655
Insgesamt	15.752	18.890	20.813	21.391	22.297

denz von unselbständig Beschäftigten im *Warenproduzierenden Gewerbe* unverkennbar; daß dies auf die Gesamtentwicklung noch nicht durchschlug, lag primär an der bis 1974 zu registrierenden *Kompensationsfunktion* des *Tertiärsektors*.

- In der differenzierenden Betrachtung wird sichtbar, daß in der *Energiewirtschaft* seit Mitte der fünfziger Jahre, im *Baugewerbe* und im *Verarbeitenden Gewerbe* seit Mitte der sechziger Jahre unselbständige Arbeitskräfte freigesetzt wurden. Anteilsmäßig erreichte das Verarbeitende Gewerbe schon seit Anfang der sechziger Jahre seinen Niveauhöhepunkt; seither sinkt der Anteil - von den

Tabelle 24

UNSELBSTÄNDIGE IM INLAND NACH SEKTOREN

- Unselbständige = 100 -

Aggregat \ Zeitraum	1950 bis 1954	1955 bis 1959	1960 bis 1964	1965 bis 1969	1970 bis 1974
Land- und Forstwirtschaft	5,9	3,6	2,1	1,5	1,2
Warenproduzierendes Gewerbe	55,2	57,3	57,2	55,5	53,8
davon:					
- Energie, Bergbau	5,4	4,6	3,4	2,7	2,3
- Baugewerbe	8,4	8,9	9,5	9,4	8,7
- Verarb. Gewerbe	41,4	43,9	44,3	43,4	42,9
Dienstleistungen	39,0	39,1	40,8	43,0	45,0
davon:					
- Handel, Verkehr	16,1	17,2	17,9	17,6	17,6
- Banken, Versicher.	1,4	1,7	2,1	2,5	2,9
- Sonstige	4,7	5,5	6,2	6,9	7,1
- Staat	11,4	10,2	11,3	12,9	14,5
- Priv. Haushalte	5,4	4,5	3,4	3,0	2,9
Insgesamt	100,0	100,0	100,0	100,0	100,0

jeweiligen Konjunkturaufschwüngen nicht mehr hinreichend kompensierbar. Im Dienstleistungsbereich bestätigt sich bei den Unselbständigen das gleiche Bild wie bei den Erwerbstätigen insgesamt: Primär der *Staat* und etwas abgeschwächt die Banken und Versicherungen sowie die sonstigen Dienstleistungsbereiche üben die entscheidende Absorptionsfunktion aus, während der Anteil der Unselbständigen bei Handel und Verkehr seit den sechziger Jahren stagniert.

23. Versuchen wir - in gewisser Analogie zur Analyse der Wertschöpfungsstruktur - die Entwicklungstendenzen in der Beschäftigungsstruk-

Tabelle 25

UNSELBSTÄNDIGE IM INLAND NACH SEKTOREN
- durchschnittliche jährliche Veränderung in vH -

Aggregat \ Zeitraum	1950 bis 1954	1955 bis 1959	1960 bis 1964	1965 bis 1969	1970 bis 1974
Land- und Forstwirtschaft	- 5,2	- 7,5	- 6,7	- 5,7	- 2,9
Warenproduzierendes Gewerbe	+ 4,9	+ 3,0	+ 1,6	- 1,0	- 0,6
davon:					
- Energie, Bergbau	+ 2,4	- 0,8	- 4,4	- 4,9	- 1,9
- Baugewerbe	+ 6,2	+ 2,4	+ 4,0	- 2,4	- 1,2
- Verarb. Gewerbe	+ 5,0	+ 3,5	+ 1,6	- 0,4	- 0,4
Dienstleistungen	+ 3,9	+ 3,4	+ 2,5	+ 1,2	+ 1,9
davon:					
- Handel, Verkehr	+ 5,5	+ 4,6	+ 1,5	- 0,2	+ 0,7
- Banken, Versicher.	+10,2	+ 6,2	+ 5,5	+ 4,3	+ 3,6
- Sonstige	+ 6,6	+ 6,6	+ 3,4	+ 2,2	+ 0,6
- Staat	+ 0,8	+ 1,9	+ 5,0	+ 2,3	+ 3,8
- Priv. Haushalte	+ 1,8	- 2,0	- 3,8	- 0,3	+ 0,6
Insgesamt	+ 3,9	+ 2,7	+ 1,8	- 0,1	+ 0,4

tur auf einen Nenner zu bringen, so zeichnet sich folgendes ab: Zwischen der realen Wertschöpfungsstruktur und der Beschäftigungsstruktur klafft eine deutliche Lücke. Im ersten Falle zeigt sich im Berichtszeitraum eine deutliche Tendenz zum *Sekundärsektor*, im zweiten Falle zum *Tertiärsektor*. Die Konsequenzen sind dreifach zu sehen:

- Die sektoralen Verschiebungen in der Wertschöpfungsstruktur sind offensichtlich *arbeitskräftesparend* erfolgt, d.h. der Anstieg des Beitrags des Warenproduzierenden Gewerbes (und hierbei insbesondere des Verarbeitenden Gewerbes) erfolgte nicht mit einem Mehr-

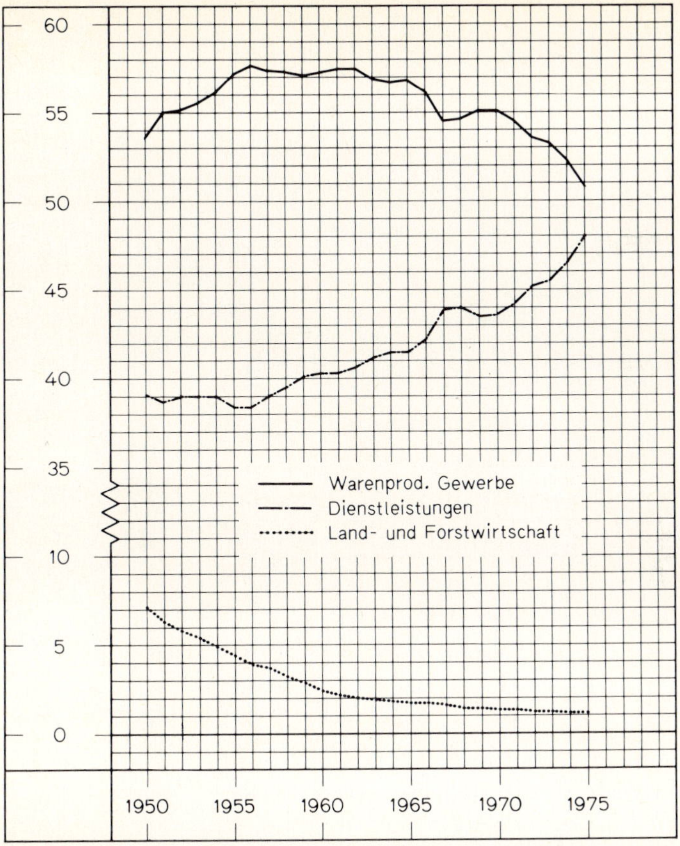

Schaubild 23. Anteil an den gesamten unselbständig Beschäftigten in vH

einsatz von Erwerbstätigen. Berechnungen zeigen[24], daß im Zeitraum 1960 bis 1974 von den rund 3 Millionen intersektoral umgesetzten Arbeitsplätzen nur etwa 600 000 in produktivitätsstarken Sektoren eingesetzt wurden.

- Es wird deutlich, daß die arbeitsmarktpolitisch bedeutsame *Kompensationsfunktion* allein der Dienstleistungssektor besitzt, während dem Sektor des Warenproduzierenden Gewerbes voraussichtlich nur noch eine *Erhaltungsfunktion* - i.S. einer Sicherung des be-

24) W. Lamberts, a.a.O., S. 12 f.

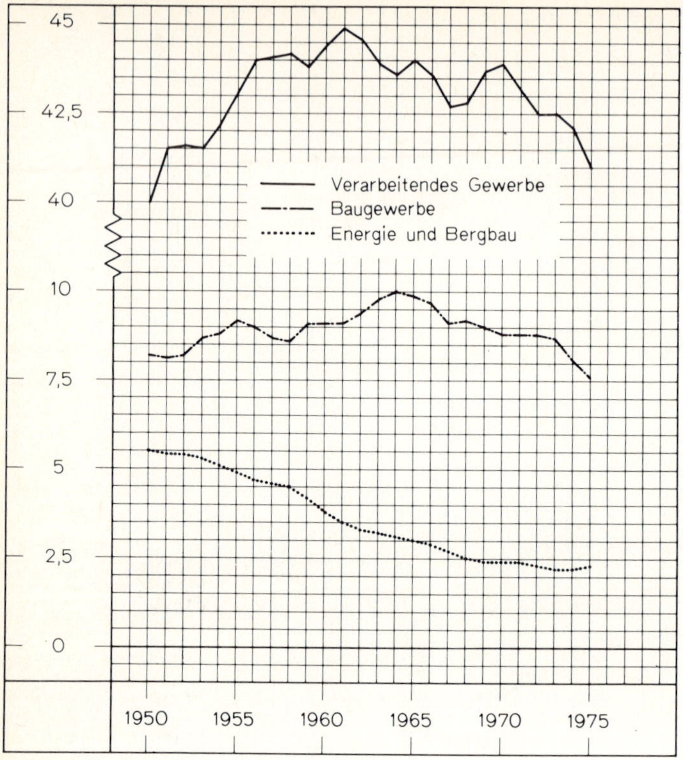

Schaubild 24. Anteil an den gesamten unselbständig Beschäftigten in vH

stehenden Gesamtvolumens der Arbeitsplätze bei interner struktureller Verschiebung - zukommt. Der Dienstleistungssektor hat dabei arbeitsmarktpolitisch nicht nur eine Kompensationsfunktion, sondern auch eine *Stabilisierungsfunktion*; denn die Beschäftigung im Warenproduzierenden Gewerbe ist ganz offensichtlich viel konjunkturreagibler.

- Übernimmt der Dienstleistungssektor diese Stabilisierungsfunktion nicht mehr - und damit auch nicht mehr seine Kompensationsfunktion, weil er selbst Arbeitskräfte freisetzt (wie erstmals 1975) -, erscheint der Weg in das arbeitsmarktpolitische Dilemma unvermeidlich; die Entwicklung seit 1970 macht das deutlich. Und dies wird

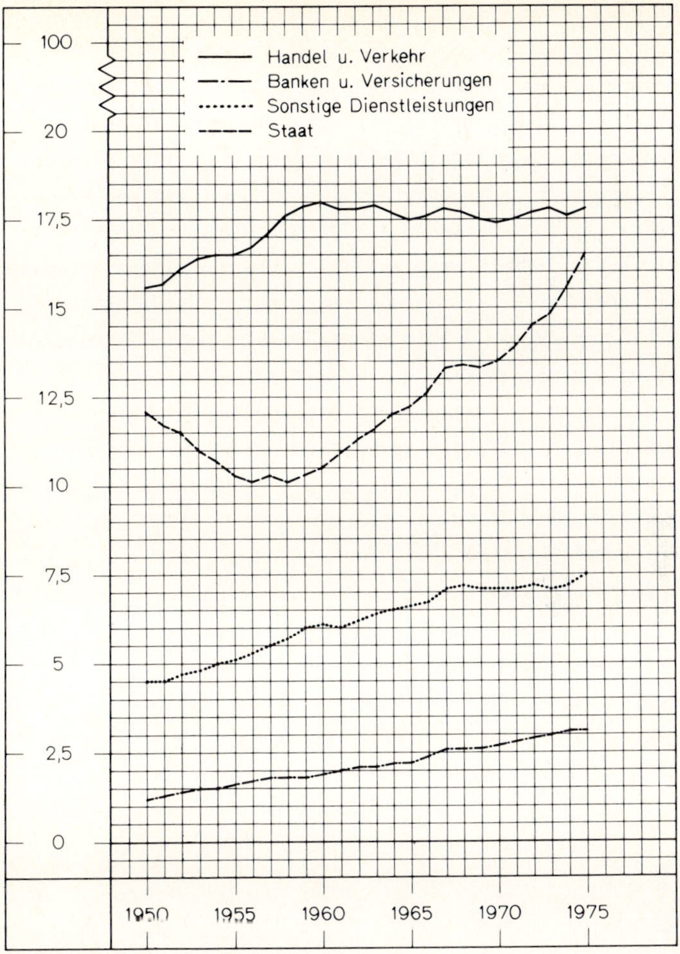

Schaubild 25. Anteil an den gesamten unselbständig Beschäftigten in vH

auch dann vor allem für die Zukunft relevant, wenn - wie Schätzungen zeigen[25] - nicht mehr von einer sinkenden Erwerbsquote arbeitsmarktrelevante *Entlastungseffekte*, sondern von einer demographisch bedingt steigenden Erwerbsquote in nächster Zukunft *Belastungseffekte* zu erwarten sind.

25) prognos-report, a.a.O.

III. Die Wachstumsdeterminanten

24. In der Verknüpfung der Wertschöpfungsstruktur (I.) mit der Beschäftigungsstruktur (II.) erhalten wir schließlich das Problem der *Wachstumsdeterminanten*. Die letzte im Zusammenhang mit der Entstehung des realen Bruttoinlandsprodukts somit zu beantwortende Frage ist die nach den Bestimmungsgründen des wirtschaftlichen Wachstums. Diese Frage ist insofern schwierig zu beantworten, weil ein entscheidender Bestimmungsfaktor - der *technische Fortschritt* - nicht meßbar bzw. den Produktionsfaktoren Arbeit und Kapital nicht exakt zuzuordnen ist. Klammern wir diesen Faktor aus, so bleiben verschiedene Wachstumsdeterminanten des realen Bruttoinlandsprodukts (BIP): die Zahl der Erwerbstätigen (ET); die Arbeitszeit je Erwerbstätigen (AZ), wobei das Produkt aus Erwerbstätige und Arbeitszeit das Arbeitsvolumen (AV) ergibt; die Produktivität je Erwerbstätigen, d.h. Bruttoinlandsprodukt dividiert durch Erwerbstätigen (BIP : ET); die Produktivität je Erwerbstätigenstunde, d.h. Bruttoinlandsprodukt dividiert durch das Arbeitsvolumen (BIP : AV); der Kapitalstock (KS); die Produktivität je Kapitaleinheit, d.h. Bruttoinlandsprodukt dividiert durch Kapitalstock (BIP : KS) und die Kapitalintensität (KI) je Erwerbstätigen, d.h. Kapitalstock dividiert durch Erwerbstätigen (KS : ET). Die *Kombination* dieser Determinanten ist vierfach möglich:

- *erwerbstätigenorientiert:*

$$\text{BIP} = \frac{\text{BIP}}{\text{ET}} \times \text{ET}$$

- *arbeitsvolumenorientiert:*

$$\text{BIP} = \frac{\text{BIP}}{\text{AV}} \times \text{ET} \times \text{AZ}$$

- *kapitalorientiert:*

$$\text{BIP} = \frac{\text{BIP}}{\text{KS}} \times \text{KS}$$

- *kapitalintensitätsorientiert:*

$$\text{BIP} = \frac{\text{BIP}}{\text{KS}} \times \text{KI} \times \text{ET}$$

Tabelle 26

WACHSTUMSDETERMINANTEN

- durchschnittliche jährliche Veränderung in vH -

Zeitraum / Aggregat	1950 bis 1954	1955 bis 1959	1960 bis 1964	1965 bis 1969	1970 bis 1974
<u>arbeitsorientiert</u>					
Erwerbstätige	+ 2,4	+ 1,9	+ 0,7	- 0,6	- 0,0
Produkt./Erwerbst.	+ 6,2	+ 4,4	+ 4,5	+ 4,8	+ 3,7
Erwerbstätige	+ 2,4	+ 1,9	+ 0,7	- 0,6	- 0,0
Arbeitszeit	- 0,8	- 1,5	- 1,1	- 0,6	- 0,4
Produkt./EtStunde	+ 7,0	+ 5,9	+ 5,7	+ 5,4	+ 4,1
<u>kapitalorientiert</u>					
Kapitalstock	+ 3,8	+ 5,8	+ 6,5	+ 5,6	+ 5,4
Kapitalproduktivität	+ 4,7	+ 0,5	- 1,2	- 1,4	- 1,7
Erwerbstätige	+ 2,4	+ 1,9	+ 0,7	- 0,6	- 0,0
Kapitalintensität	+ 1,4	+ 3,8	+ 5,7	+ 6,3	+ 5,5
Kapitalproduktivität	+ 4,7	+ 0,5	- 1,2	- 1,4	- 1,7
Bruttoinlandsprodukt	+ 8,7	+ 6,4	+ 5,2	+ 4,2	+ 3,6

Hinsichtlich der globalen Entwicklung lassen sich folgende vier Grundtendenzen feststellen (vgl. Tabelle 26 in Verbindung mit den Schaubildern 26, 27, 28):

- Die entscheidenden Wachstumsdeterminanten waren im Beobachtungszeitraum die *Erwerbstätigenproduktivität* bzw. die *Stundenproduktivität*, der *Kapitalstock* und die *Kapitalintensität*, wobei aber die Wachstumsdynamik aller vier Determinanten in den siebziger Jahren schwächer geworden ist.

- Die Zahl der *Erwerbstätigen* sowie die *Kapitalproduktivität* waren nur in der Wiederaufbauphase als Wachstumsträger relevant; erstere

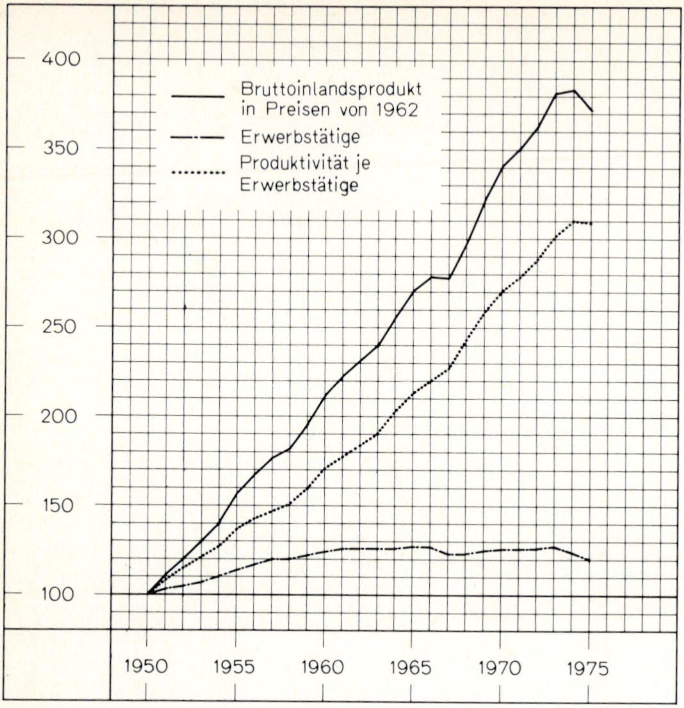

Schaubild 26. Wachstumsdeterminanten (1950 = 100)

hat diese Funktion seit Mitte der sechziger Jahre, letztere seit Anfang der sechziger Jahre verloren.

- Die *Arbeitszeit* je Erwerbstätigen zeigt im gesamten Berichtszeitraum rückläufige Tendenz, wobei aber zu registrieren ist, daß bereits seit Mitte der fünfziger Jahre das Tempo der Rückläufigkeit deutlich abnimmt.

- Bis Ende der fünfziger Jahre hat die (positive) Tendenz bei der Entwicklung der Zahl der Erwerbstätigen die (negative) Tendenz bei der Arbeitszeitentwicklung überkompensiert. Dann hat sich das Beziehungsverhältnis umgekehrt, so daß seither das *Arbeitsvolumen* tendenziell rückläufig ist. Der Aufschwung 1968/69 hat diese Entwicklung nur kurzfristig unterbrochen, aber ohne daß das Niveau des eingesetzten Arbeitsvolumens jenes, das um die Wende der sechziger Jahre bestand, noch einmal hätte erreichen können.

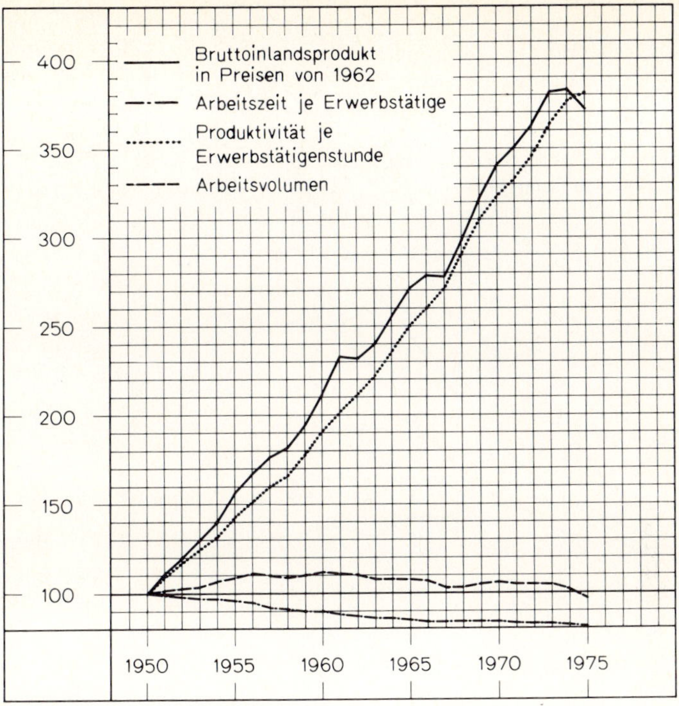

Schaubild 27. Wachstumsdeterminanten (1950 = 100)

25. Gemessen an den jährlichen Veränderungsraten zeigt der *Konjunkturverlauf* der Wachstumsdeterminanten (vgl. Schaubilder 29, 30, 31) bemerkenswerte Unterschiede in der Konjunkturreagibilität zwischen den einzelnen Wachstumsdeterminanten.

- Eine sehr deutliche positive Konjunkturreagibilität zeigen alle drei *Produktivitätsdeterminanten* (Erwerbstätigen-, Stunden- und Kapitalproduktivität). Dies rechtfertigt die Vermutung, daß in der Wirtschaft versucht wurde, einen großen Teil der Konjunkturschwankungen intern zu absorbieren, ohne diese Schwankungen auf die Variation der Produktionsfaktoren selbst durchschlagen zu lassen[26].

26) W. Lamberts, a.a.O., S. 3 f.

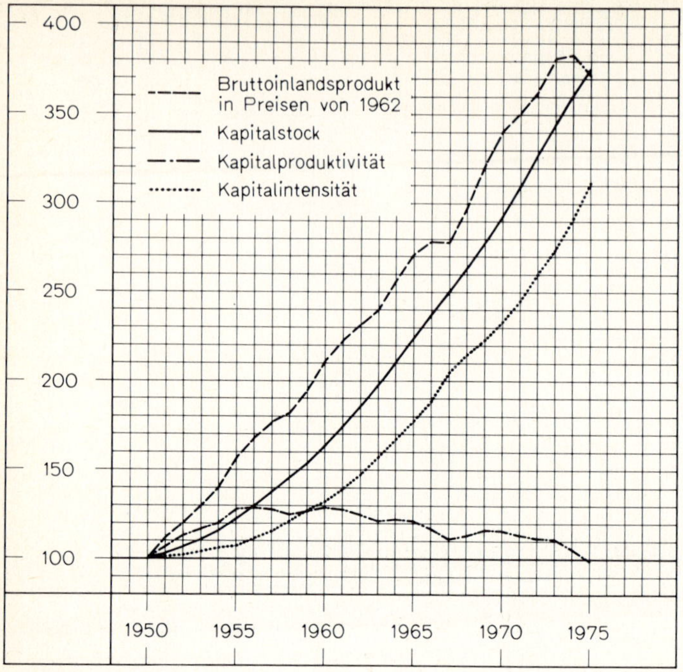

Schaubild 28. Wachstumsdeterminanten (1950 = 100)

- Jedoch scheint von einer bestimmten Schwankungsmarge an (besonders ausgeprägt in den beiden Rezessionen 1967 und 1975) die betriebsinterne Absorptionsfähigkeit bzw. die an der Sicherstellung einer bestimmten Produktivität orientierte Absoptionsbereitschaft nicht mehr gegeben zu sein. Denn die Entwicklung der Zahl der *Erwerbstätigen* zeigt ebenfalls eine - wenn auch etwas schwächere - Reagibilität.

- Demgegenüber scheint die Entwicklung der *Arbeitszeit* erheblich geringer konjunkturreagibel; hier dominiert der generelle Trend zur Arbeitszeitverkürzung. Da dieser Prozeß aber durch die konjunkturreagible Entwicklung bei der Zahl der Erwerbstätigen überkompensiert wird, schlägt dies auf die Entwicklung des *Arbeitsvolumens* durch, das demzufolge ebenfalls eine - wenn auch abgeschwächte - Konjunkturreagibilität zeigt.

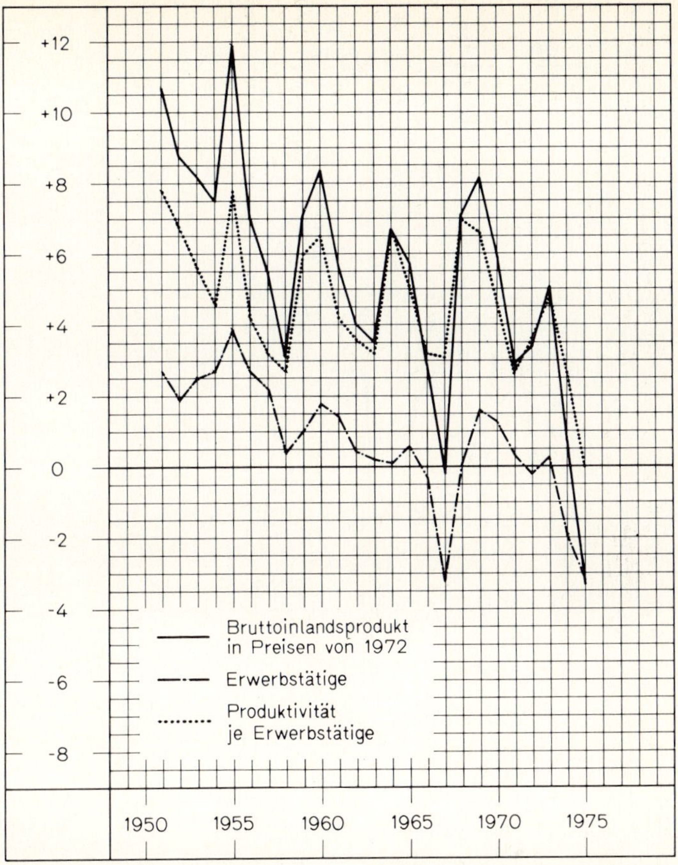

Schaubild 29. Wachstumsdeterminanten (Veränderung gegen Vorjahr in vH)

- Noch geringer - wenngleich durchaus registrierbar - ist die Konjunkturreagibilität bei der *Kapitalstockentwicklung*. Sie reagierte nur ausgeprägter auf die Rezessionen 1967 und 1975. Die Folge davon: die Entwicklung der *Kapitalintensität* zeigt eine deutlich "inverse" Konjunkturreagibilität; sie steigt bei Konjunkturschwäche an (bzw. umgekehrt). Die Variation des "Faktors" Arbeit ist also im Konjunkturverlauf weit stärker als jene des "Faktors" Kapital.

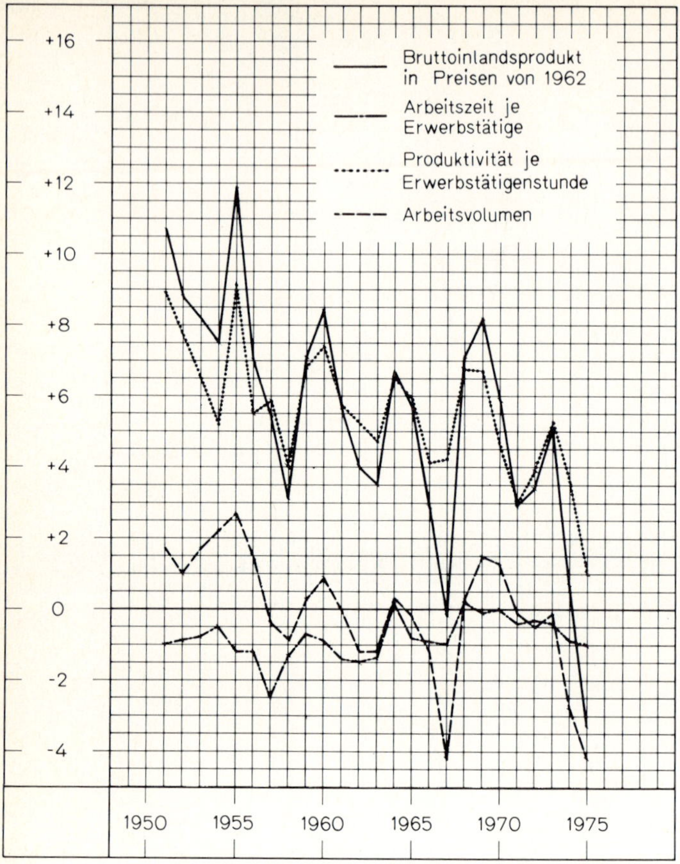

Schaubild 30. Wachstumsdeterminanten (Veränderung gegen Vorjahr in vH)

26. Betrachten wir die Produktivitätsentwicklung je Erwerbstätige differenziert nach *Sektoren* (vgl. Tabelle 27), so fällt zunächst auf, daß - von der Land- und Forstwirtschaft einmal abgesehen - das *Warenproduzierende Gewerbe* überdurchschnittliche und der *Dienstleistungssektor* unterdurchschnittliche Produktivitätssteigerungen aufweist. Daraus folgt zunächst einmal, daß ein Strukturwandel in Richtung Sekundärsektor (wie bis Beginn der siebziger Jahre) das Produktivitätswachstum begünstigte, während ein Strukturwandel in Richtung

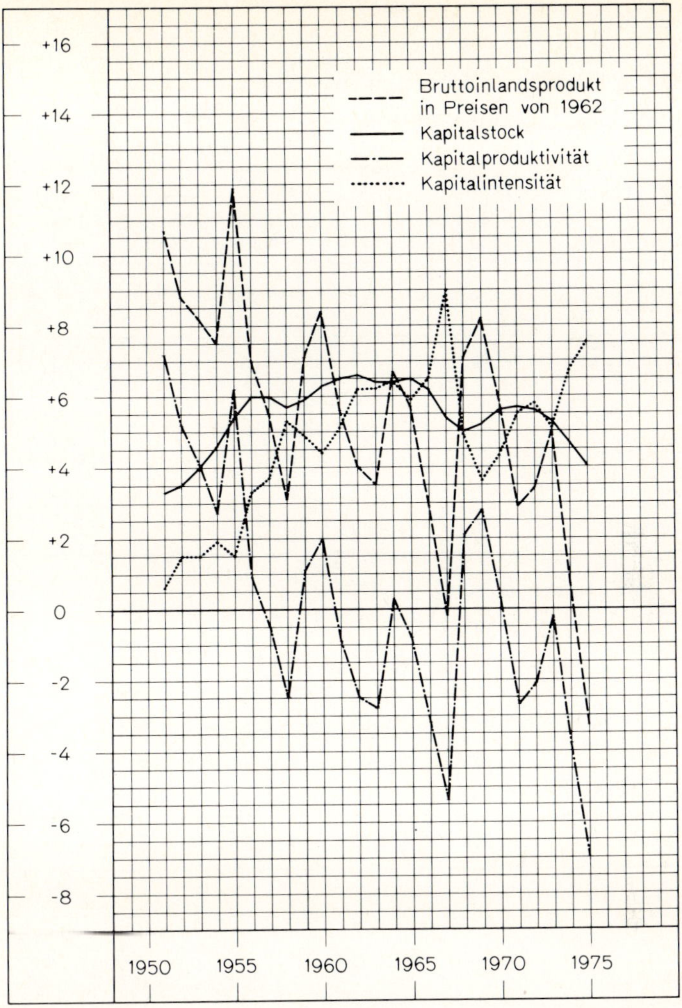

Schaubild 31. Wachstumsdeterminanten (Veränderung gegen Vorjahr in vH)

Tabelle 27

PRODUKTIVITÄT JE ERWERBSTÄTIGEN NACH SEKTOREN
- durchschnittliche jährliche Veränderung in vH -

Zeitraum / Aggregat	1950 bis 1954	1955 bis 1959	1960 bis 1964	1965 bis 1969	1970 bis 1974
Land- und Forstwirtschaft	+ 6,8	+ 5,0	+ 6,9	+ 6,6	+ 8,4
Warenproduzierendes Gewerbe	+ 7,3	+ 4,4	+ 4,8	+ 5,7	+ 4,2
davon:					
- Energie, Bergbau	+ 2,4	+ 5,0	+ 8,5	+ 7,0	+ 6,5
- Baugewerbe	+ 6,8	+ 3,1	+ 2,0	+ 4,7	+ 3,5
- Verarb. Gewerbe	+ 8,3	+ 4,7	+ 5,2	+ 5,8	+ 4,1
Dienstleistungen	+ 2,9	+ 2,9	+ 2,7	+ 2,9	+ 2,2
davon:					
- Handel, Verkehr	+ 2,2	+ 3,1	+ 3,9	+ 4,2	+ 2,5
- Banken, Versicher.	+ 1,8	- 1,4	+ 1,1	+ 1,6	+ 2,3
- Sonstige	+ 3,3	+ 2,0	+ 2,4	+ 2,1	+ 3,7
- Staat	+ 2,9	+ 2,5	- 0,2	+ 1,3	+ 1,1
- Priv. Haushalte	+ 1,9	+ 5,2	+ 3,3	+ 1,7	+ 1,7
Gesamtwirtschaft	+ 6,2	+ 4,4	+ 4,5	+ 4,8	+ 3,7

Tertiärsektor (wie in jüngster Zeit) den gesamtwirtschaftlichen Produktivitätsfortschritt verlangsamte[27)] - ohne daß dies auf spezifisch konjunkturelle Effekte zurückzuführen wäre. Hinzu kommt nun aber, daß wir in der Verbindung der *arbeitsmarktrelevanten Wachstumsdeterminanten* bei einem Vergleich des Entwicklungsniveaus einen grundlegenden Unterschied zwischen Sekundär- und Tertiärsektor feststellten können:

27) G. Sohn, a.a.O.

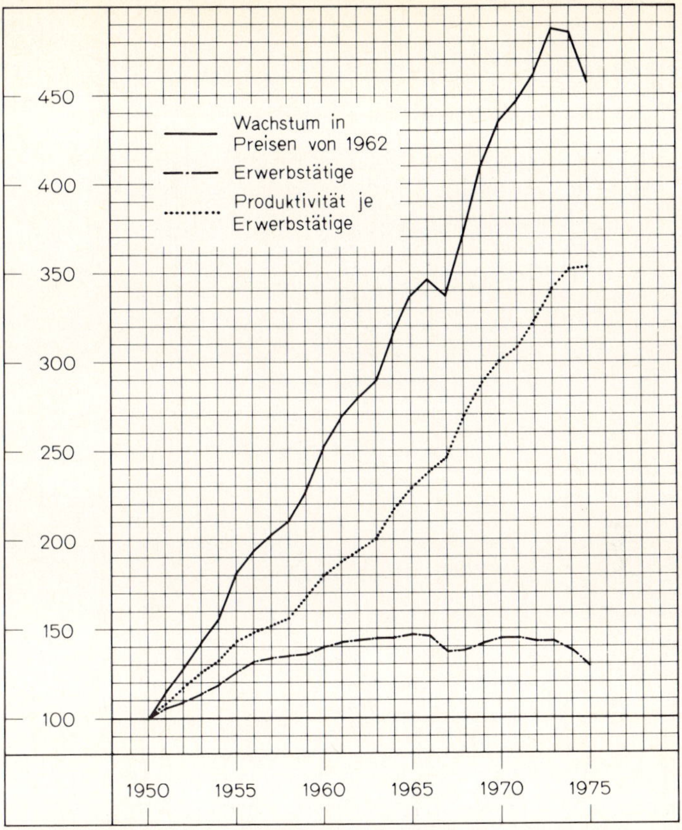

Schaubild 32. Warenproduzierendes Gewerbe (1950 = 100)

- Im *Sekundärsektor* (vgl. die Schaubilder 32, 33, 34, 35) ist deutlich festzustellen, daß seit Mitte der sechziger Jahre - im Energiebereich schon erheblich früher - der Wachstumsprozeß ausschließlich vom *Produktivitätsfortschritt* getragen wurde.

- Im *Tertiärbereich* (vgl. die Schaubilder 36, 37, 38, 39, 40) gilt dies nur für den Sektor Handel und Verkehr, während in den übrigen Bereichen - besonders ausgeprägt bei Banken und Versicherungen sowie beim Staat - der Wachstumsprozeß eher vom Mehreinsatz an *Erwerbstätigen* getragen wurde.

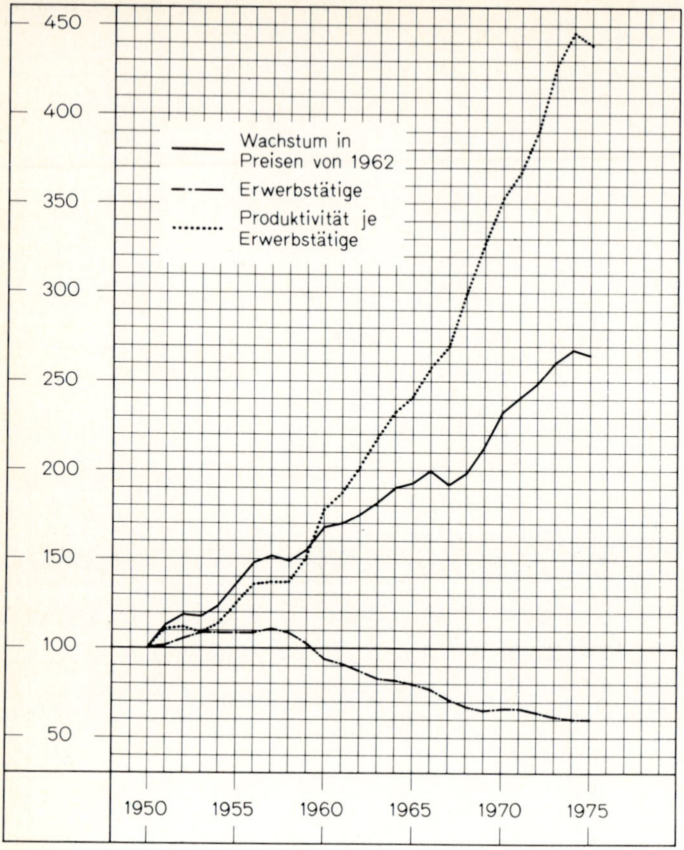

Schaubild 33. Energie und Bergbau (1950 = 100)

27. Ein abschließender *industrieinterner* Vergleich von Produktion (vgl. Tabelle 28), Beschäftigung (vgl. Tabelle 29), Arbeitszeit (vgl. Tabelle 30), Beschäftigtenproduktivität (vgl. Tabelle 31) und Beschäftigtenstundenproduktivität (vgl. Tabelle 32) macht deutlich,

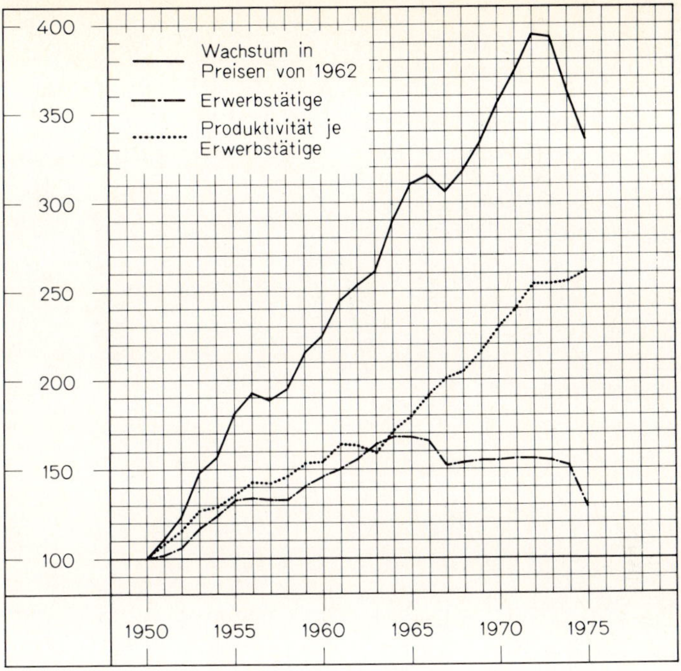

Schaubild 34. Baugewerbe (1950 = 100)

daß die zu verzeichnende Verlangsamung des *Produktionswachstums* immer offenkundiger zu einem schwächer werdenden Mehreinsatz von Beschäftigten führte, bis dies zuletzt in eine Freisetzung von Beschäftigten umschlug, so daß das Produktionswachstum mit Ausnahme des Investitionsgüterbereichs letztlich nur noch von der *Produktivitätsentwicklung je Beschäftigten* bzw. - unter Berücksichtigung rückläufiger Arbeitszeitentwicklung - von der *Produktivität je Beschäftigtenstunde* getragen wurde. Die Konsequenzen dieses Befundes müssen sehr nüchtern gesehen werden. Die aktuelle Diskussion wird ganz von der Forderung beherrscht, daß - über zusätzliche Investitionen - der *Kapitalstock*

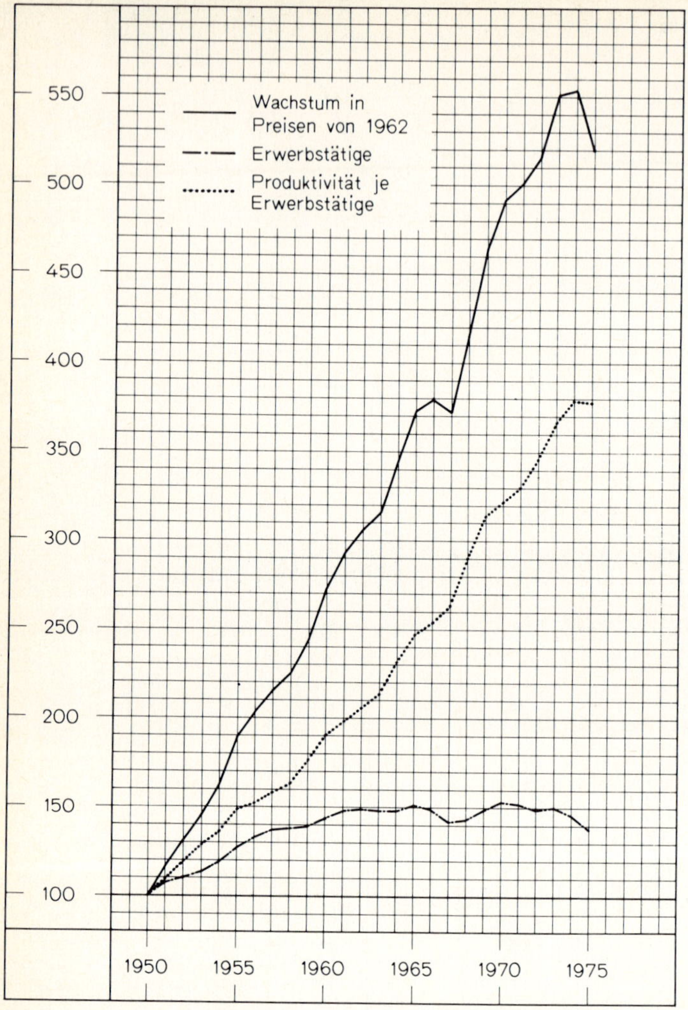

Schaubild 35. Verarbeitendes Gewerbe (1950 = 100)

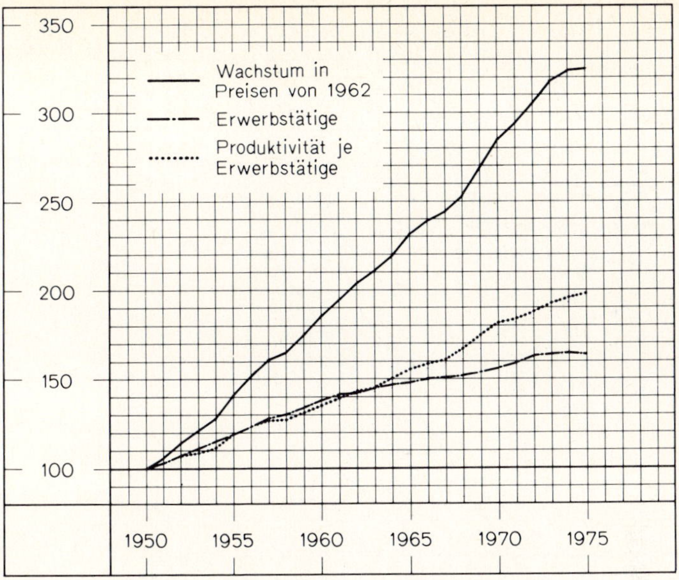

Schaubild 36. Dienstleistungen (1950 = 100)

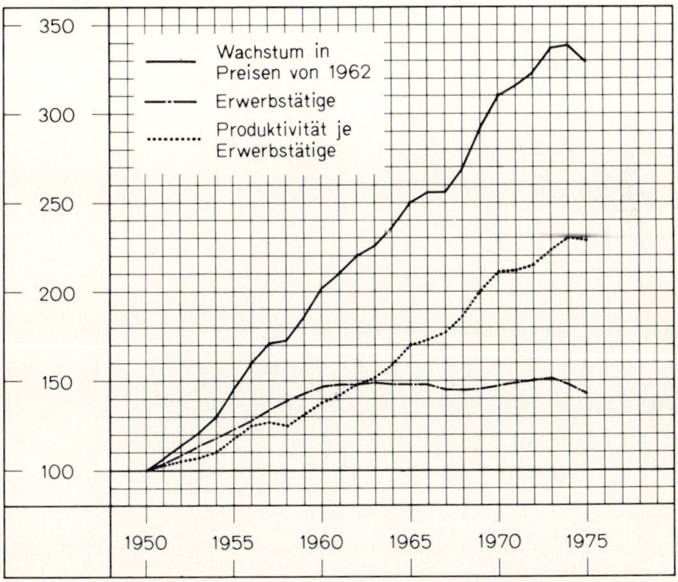

Schaubild 37. Handel und Verkehr (1950 = 100)

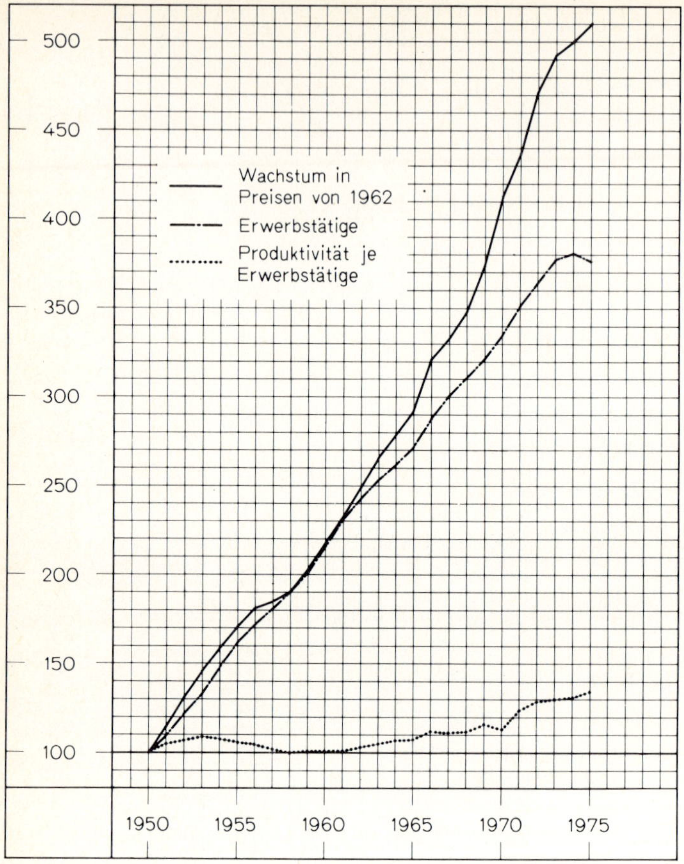

Schaubild 38. Banken und Versicherungen (1950 = 100)

wieder mehr als bislang ansteigen müsse. Man erhofft sich davon neue wachstums- und beschäftigungspolitische Impulse. Dazu ist aber zweierlei zu sagen:

- Der erhoffte wachstumspolitische Impuls unterstellt, daß vom Kapitalstock positive Impulse auf die Erwerbstätigenproduktivität (via Kapitalintensität) oder auf den Mehreinsatz von Erwerbstätigen ausgehen. Dies setzt aber vorab in jedem Falle eine deutliche *Mehrauslastung* der vorhandenen Kapazitäten voraus, was Konsequen-

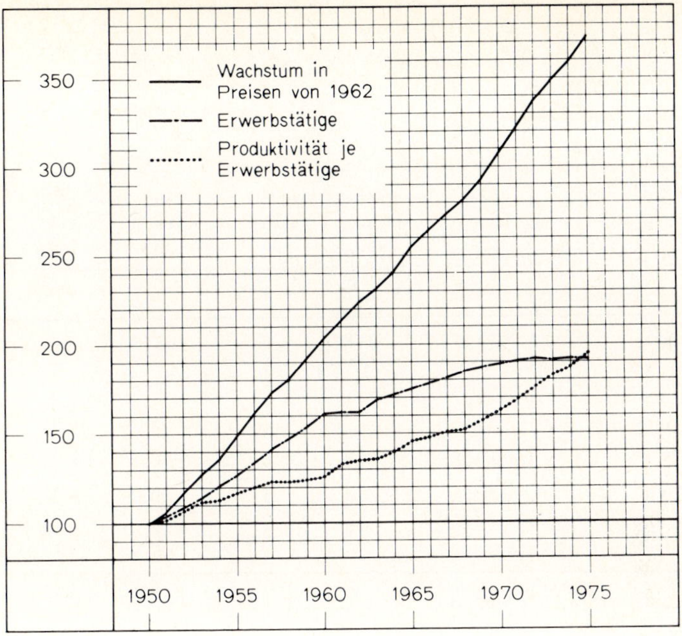

Schaubild 39. Sonstige Dienstleistungen (1950 = 100)

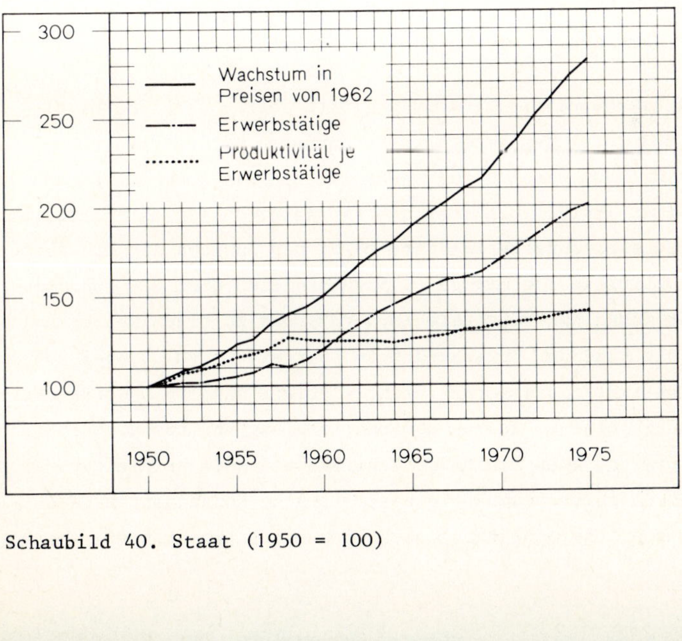

Schaubild 40. Staat (1950 = 100)

Tabelle 28

INDUSTRIELLE PRODUKTION
- durchschnittliche jährliche Veränderung in vH -

Aggregat \ Zeitraum	1950 bis 1954	1955 bis 1959	1960 bis 1964	1965 bis 1969	1970 bis 1974
Bergbau	+ 4,6	+ 1,2	+ 1,5	- 1,7	- 1,2
Verarbeitende Industrie	+11,1	+ 7,8	+ 6,3	+ 5,3	+ 3,7
- Grundstoff- und Produktionsgüter	+ 9,7	+ 7,1	+ 7,1	+ 7,2	+ 4,9
- Investitionsgüter	+13,5	+ 8,8	+ 6,3	+ 4,3	+ 3,2
- Verbrauchsgüter	+10,4	+ 7,0	+ 5,5	+ 5,0	+ 2,8
- Nahrungs- u. Genußmittel	+ 9,5	+ 7,9	+ 5,7	+ 3,9	+ 3,0
Industrie, gesamt (ohne Energie- und Bauwirtschaft)	+10,2	+ 7,2	+ 6,0	+ 4,9	+ 3,5

zen für eine expansive Nachfragesteuerung hat. Eine Erhöhung des Kapitalstocks bei bestehender Unterauslastung löste keine Probleme, sondern programmierte nur die nächste Krise.

- Dieser wachstumspolitische Impuls dürfte aber - wenn überhaupt erfolgreich - nach den gemachten Erfahrungen der letzten zehn Jahre primär über die *Kapitalintensität* und die *Erwerbstätigenproduktivität* (evtl. auch über die Kapitalproduktivität) erfolgen. Dies zeigte sich bereits im Jahre 1976: Der Zuwachs der Erwerbstätigenproduktivität lag mit ca. 6,5 vH deutlich über der gesamtwirtschaftlichen Wachstumsrate (5,5 vH), was zu einem weiteren Rückgang der Zahl der Erwerbstätigen führte (- 1 vH). Dabei sollte eine Produktivitätssteigerung nicht a priori negativ bewertet werden, wenn sie eine Folge von Rationalisierung und technischem Fortschritt ist. Aber man muß sehen, daß ein so konzipierter Wachstumsprozeß positive beschäftigungspolitische Konsequenzen (Neuschaffung von Arbeitsplätzen) nicht unbedingt einschließt.

Tabelle 29

BESCHÄFTIGTE

- durchschnittliche jährliche Veränderung in vH -

Aggregat \ Zeitraum	1950 bis 1954	1955 bis 1959	1960 bis 1964	1965 bis 1969	1970 bis 1974
Bergbau	+ 3,2	- 0,4	- 5,8	- 9,3	- 4,8
Verarbeitende Industrie	+ 5,9	+ 4,1	+ 1,7	- 0,3	- 0,4
- Grundstoff- und Produktionsgüter	+ 4,1	+ 3,3	+ 1,2	- 0,9	- 0,7
- Investitionsgüter	+ 7,9	+ 6,4	+ 2,9	+ 0,3	+ 0,4
- Verbrauchsgüter	+ 5,4	+ 2,0	+ 0,5	- 0,9	- 1,9
- Nahrungs- u. Genußmittel	+ 4,4	+ 3,2	+ 1,0	- 0,7	- 0,8
Industrie, gesamt (ohne Energie- u. Bauwirtschaft)	+ 5,6	+ 3,7	+ 1,2	- 0,8	- 0,6

Tabelle 30

ARBEITSZEIT JE BESCHÄFTIGTEN

- durchschnittliche jährliche Veränderung in vH -

Aggregat \ Zeitraum	1950 bis 1954	1955 bis 1959	1960 bis 1964	1965 bis 1969	1970 bis 1974
Bergbau	- 2,0	- 2,5	- 0,2	- 0,6	- 1,2
Verarbeitende Industrie	- 0,1	- 2,1	- 1,5	- 0,3	- 1,3
- Grundstoff- u. Produktionsgüter	+ 0,2	- 2,4	- 1,3	- 0,6	- 1,3
- Investitionsgüter	- 0,1	- 2,5	- 1,5	- 0,3	- 1,5
- Verbrauchsgüter	- 0,4	- 1,5	- 1,7	- 0,1	- 1,2
- Nahrungs- u. Genußmittel	- 0,7	- 1,4	- 1,1	- 0,3	- 0,6
Industrie, gesamt (ohne Energie- u. Bauwirtschaft)	- 0,4	- 2,1	- 1,3	- 0,3	- 1,3

Tabelle 31

PRODUKTIVITÄT JE BESCHÄFTIGTEN

- durchschnittliche jährliche Veränderung in vH -

Aggregat \ Zeitraum	1950 bis 1954	1955 bis 1959	1960 bis 1964	1965 bis 1969	1970 bis 1974
Bergbau	+ 1,4	+ 1,7	+ 7,8	+ 8,3	+ 3,8
Verarbeitende Industrie	+ 4,9	+ 3,5	+ 4,5	+ 5,6	+ 4,1
- Grundstoff- u. Produktionsgüter	+ 5,4	+ 3,7	+ 5,8	+ 8,2	+ 5,6
- Investitionsgüter	+ 5,2	+ 2,3	+ 3,4	+ 4,0	+ 2,8
- Verbrauchsgüter	+ 4,7	+ 4,9	+ 5,0	+ 5,9	+ 4,8
- Nahrungs- u. Genußmittel	+ 4,8	+ 4,6	+ 4,6	+ 4,5	+ 3,8
Industrie, gesamt (ohne Energie- u. Bauwirtschaft)	+ 4,4	+ 3,4	+ 4,8	+ 5,8	+ 4,1

Tabelle 32

PRODUKTIVITÄT JE BESCHÄFTIGTENSTUNDE

- durchschnittliche jährliche Veränderung in vH -

Aggregat \ Zeitraum	1950 bis 1954	1955 bis 1959	1960 bis 1964	1965 bis 1969	1970 bis 1974
Bergbau	+ 3,4	+ 4,2	+ 8,0	+ 8,9	+ 5,0
Verarbeitende Industrie	+ 5,0	+ 5,7	+ 6,1	+ 6,0	+ 5,5
- Grundstoff- u. Produktionsgüter	+ 5,1	+ 6,2	+ 7,2	+ 8,8	+ 6,9
- Investitionsgüter	+ 5,3	+ 4,9	+ 5,0	+ 4,3	+ 4,4
- Verbrauchsgüter	+ 5,1	+ 6,5	+ 6,7	+ 6,0	+ 6,0
- Nahrungs- u. Genußmittel	+ 5,6	+ 6,0	+ 5,8	+ 4,8	+ 4,5
Industrie, gesamt (ohne Energie- u. Bauwirtschaft)	+ 4,8	+ 5,6	+ 6,2	+ 6,1	+ 5,5

Aus alledem folgt: Der *Beschäftigungseffekt* dürfte in Zukunft nicht mehr allein und quasi automatisch an den *Wachstumseffekt* gebunden werden können - schon gar nicht, wenn dieser primär erneut vom Warenproduzierenden Gewerbe getragen würde. Eher ist ein Umkehrschluß naheliegend. Gehen wir einerseits von einem hohen *Arbeitslosenstand* aus (und Schätzungen ergeben, daß trotz eines unterstellten Wachstumsprozesses beschäftigungsrelevante Entlastungseffekte in nächster Zukunft nicht zu erwarten sind), und gehen wir andererseits von einem demographisch bedingt steigenden *Erwerbspotential* aus (was die Arbeitsmarktsituation noch zusätzlich verschärft), so leiten sich aus dem empirischen Befund zwei zentrale Konsequenzen ab:

- Die Entwicklung der *Beschäftigungsstruktur* hat deutlich gezeigt, daß dem Tertiärsektor die eigentliche Kompensationsfunktion zukommt, während der Sekundärsektor bestenfalls noch interne Strukturverschiebungen ausgleichen kann. Daraus folgt: Die Lösung des Arbeitsmarktproblems hängt einmal entscheidend davon ab, ob der *Tertiärsektor* diese Kompensationsfunktion fortsetzt. Dies ist freilich von den privaten Dienstleistungsbereichen kaum zu erwarten, da hier ebenfalls inzwischen Rationalisierungsinvestitionen eine zunehmmende Rolle spielen, was sich insbesondere in dem hohen Anteil der arbeitslosen Angestellten an der gesamten Zahl der Arbeitslosen widerspiegelt. Daraus folgt, daß die Kompensationsfunktion in erster Linie von der öffentlichen Hand erwartet werden muß.

- Die Entwicklung des *arbeitsmarktrelevanten Wachstumsdeterminanten* hat deutlich gezeigt, daß die relativ schwächere Konjunkturreagibilität beim Einsatz von Erwerbstätigen nur deshalb gegeben war, weil nach Abschluß der Wiederaufbauphase sie durch eine entsprechende (negative) Arbeitszeitentwicklung und (sinkende) Erwerbsquotenentwicklung gemildert wurde. M.a.W.: Ohne diese Entwicklungen hätte sich das Arbeitslosenproblem viel früher und viel ausgeprägter gezeigt. Daraus folgt: Die Lösung des Arbeitsmarktproblems hängt zum zweiten davon ab, inwieweit es gelingt, den Anstieg der *Erwerbsquote* in Grenzen zu halten und den negativen Trend bei der *Arbeitszeit* fortzusetzen.

Teil C
Verwendung des Bruttosozialprodukts

I. Die globale Verwendungsstruktur

28. Mit der zuletzt getroffenen Feststellung, daß die Forderung, der Kapitalstock - und damit die Investitionen - müsse wieder verstärkt ansteigen, zumindest in ihrer undifferenzierten Aussage zu problematisisieren ist, leiten wir über zur *Verwendung des Bruttosozialprodukts*[28]. Grundsätzlich ist diese Verwendung zweifach möglich.

- Das Bruttosozialprodukt wird *konsumiert*, sei es von den privaten Haushalten, vom Staat oder - per Saldo aus Gesamtausfuhr abzüglich Gesamteinfuhr - vom Ausland; in jedem Fall steht dieser Teil dem weiteren Kapazitätsausbau nicht mehr zur Verfügung.

- Das Bruttosozialprodukt wird *investiert*, sei es für Ausrüstungsinvestitionen, Bauinvestitionen oder Vorratsaufbau; in jedem Fall steht dieser Teil der zukünftigen Verwendung zur Verfügung, unabhängig davon, ob damit ein unmittelbarer Kapazitätsausbau verbunden ist.

Diese Unterscheidung ist *wachstumspolitisch* nicht unproblematisch. So sind Teile des Gesamtverbrauchs unter Umständen von großer Bedeutung für die zukünftigen Wachstumschancen (z.B. Folgelasten im Infrastrukturbereich, wie etwa Bildungs- und Gesundheitsausgaben); umgekehrt sind Teile der Gesamtinvestitionen ohne wachstumspolitische Relevanz (z.B. Prestigeinvestitionen, Wohnungs- und Verwaltungsbauten). Trotz dieser grundsätzlichen Problematik halten wir für den Einstieg in die zentrale Problematik der globalen Verwendungsstruktur an dieser Zweiteilung fest. Dabei beschränken wir uns zunächst auf die Präsentation des empirischen Befundes, ohne an dieser Stelle bereits die Ursachen zu analysieren, wie sie sich in der Frage der Determinanten des Verbrauchs (Konsumfunktion) bzw. der Investitionen (Investitionsfunktion) konkretisieren (vgl. dazu noch später).

---

28) Zur Abgrenzung vom Bruttoinlandsprodukt vgl. Fußnote 17.

Tabelle 33

VERWENDUNG DES BRUTTOSOZIALPRODUKTES
- Mrd. DM -
(in jeweiligen Preisen)

Aggregat \ Zeitraum	1950 bis 1954	1955 bis 1959	1960 bis 1964	1965 bis 1969	1970 bis 1974
Gesamtverbrauch	543,9	869,8	1310,3	1918,0	3115,0
davon:					
- Privater Verbrauch	428,3	683,2	1019,8	1456,7	2259,1
- Staatsverbrauch	103,1	154,1	262,8	407,1	753,3
- Außenbeitrag	+12,4	+32,5	+27,7	+54,2	+102,6
Gesamtinvestition	158,1	287,3	489,6	673,8	1090,9
davon:					
- Ausrüstungsinvestition	65,2	118,6	203,0	272,4	457,7
- Bauinvestition	75,0	146,1	260,0	361,6	596,4
- Vorratsveränderung	+18,0	+22,5	+26,6	+39,8	+36,8
Bruttosozialprodukt	702,0	1157,1	1799,9	2591,8	4205,9

29. Die globale *Verwendungsstruktur in jeweiligen Preisen* - dargestellt nach absoluten Werten (vgl. Tabelle 33), Anteilsquoten (vgl. Tabelle 34) und durchschnittlichen jährlichen Veränderungsraten (vgl. Tabelle 35) - zeigt folgende Grundtendenzen:

- Das *Wachstumstempo* hat sich im Zeitraum 1950/69 von Periode zu Periode deutlich verlangsamt, in den siebziger Jahren aber eine erneute Steigerung erfahren. Dabei ist bis Mitte der sechziger Jahre der *Gesamtverbrauch* unterdurchschnittlich, die *Gesamtinvestition* überdurchschnittlich gewachsen. Von da an erfolgte eine zunächst nur geringfügige Rückbildung der Gesamtinvestitionsquote, die sich aber im Jahresdurchschnitt 1975/1976 auf ca. 21,5 vH erheblich beschleunigte.

Tabelle 34

VERWENDUNG DES BRUTTOSOZIALPRODUKTES
- Bruttosozialprodukt = 100 -
(in jeweiligen Preisen)

Aggregat \ Zeitraum	1950 bis 1954	1955 bis 1959	1960 bis 1964	1965 bis 1969	1970 bis 1974
Gesamtverbrauch	77,5	75,2	72,8	74,0	74,1
davon:					
- Privater Verbrauch	61,0	59,0	56,7	56,2	53,7
- Staatsverbrauch	14,7	13,3	14,6	15,7	17,9
- Außenbeitrag	1,8	2,8	1,5	2,1	2,4
Gesamtinvestition	22,5	24,8	27,2	26,0	25,9
davon:					
- Ausrüstungsinvestition	9,3	10,3	11,3	10,5	10,9
- Bauinvestition	10,7	12,6	14,4	14,0	14,2
- Vorratsveränderung	2,6	2,0	1,5	1,5	0,9
Bruttosozialprodukt	100,0	100,0	100,0	100,0	100,0

- Innerhalb des *Gesamtverbrauchs* zeigt sich - bei stark schwankenden Außenbeitragsquoten - ein tendenzieller Rückgang des Anteils des *Privaten Verbrauchs* bei tendenziellem Anstieg des Anteils des *Staatsverbrauchs*, d.h. die sinkende Gesamtverbrauchsquote ging ausschließlich zu Lasten des Privatverbrauchs. Besonders seit Anfang der sechziger Jahre zeigt der Staatsverbrauch im gesamtwirtschaftlichen Vergleich weit überdurchschnittliche Wachstumsraten.

- Innerhalb der *Gesamtinvestition* zeigt sich - bei tendenziell abnehmenden Anteilen der Vorratsinvestitionen -, daß der starke Anstieg der Gesamtinvestitionsquote bis Mitte der sechziger Jahre und die anschließende leichte Abschwächung sowohl bei den *Ausrüstungen* als auch bei den *Bauten* ihren Niederschlag gefunden haben,

Tabelle 35

VERWENDUNG DES BRUTTOSOZIALPRODUKTES
- durchschnittliche jährliche Veränderung in vH -
(in jeweiligen Preisen)

Zeitraum / Aggregat	1950 bis 1954	1955 bis 1959	1960 bis 1964	1965 bis 1969	1970 bis 1974
Gesamtverbrauch	+12,1	+ 9,5	+ 8,4	+ 7,7	+11,8
davon:					
- Privater Verbrauch	+10,6	+ 9,3	+ 8,2	+ 6,6	+10,0
- Staatsverbrauch	+11,4	+ 9,1	+11,7	+ 8,1	+15,7
- Außenbeitrag	x	x	x	x	x
Gesamtinvestition	+13,3	+10,1	+10,6	+ 4,4	+ 6,8
davon:					
- Ausrüstungsinvestition	+15,6	+ 8,8	+11,1	+ 5,0	+ 6,5
- Bauinvestition	+16,3	+11,9	+12,7	+ 2,5	+10,3
- Vorratsveränderung	x	x	x	x	x
Bruttosozialprodukt	+12,4	+ 9,7	+ 9,0	+ 6,8	+10,5

wobei die Anteilssteigerung bei den Bauten über den gesamten Berichtszeitraum hinweg ausgeprägter war.

30. Die globale *Verwendungsstruktur in Preisen von 1962* (also preisbereinigt) - ebenfalls dargestellt nach absoluten Werten (vgl. Tabelle 36), Anteilsquoten (vgl. Tabelle 37) und durchschnittlichen jährlichen Veränderungsraten (vgl. Tabelle 38) - zeigt gegenüber dem nominalen Verlauf teils Parallelen, teils aber auch deutliche Abweichungen:

- Ein entscheidender Unterschied gegenüber dem nominalen Bereich ergibt sich darin, daß sich die *Wachstumsabschwächung* auch in den siebziger Jahren fortgesetzt hat, so daß im realen Bereich eine

Tabelle 36

VERWENDUNG DES BRUTTOSOZIALPRODUKTES
- Mrd. DM -
(in Preisen von 1962)

Aggregat \ Zeitraum	1950 bis 1954	1955 bis 1959	1960 bis 1964	1965 bis 1969	1970 bis 1974
Gesamtverbrauch	704,4	1001,8	1310,9	1638,8	2066,5
davon:					
- Privater Verbrauch	515,3	760,5	1019,1	1273,4	1616,8
- Staatsverbrauch	152,3	186,9	260,8	311,5	383,7
- Außenbeitrag	+36,7	+54,5	+31,0	+53,9	+66,0
Gesamtinvestition	211,2	344,6	493,6	605,9	759,6
davon:					
- Ausrüstungsinvestition	76,9	130,2	205,4	252,8	363,0
- Bauinvestition	115,7	192,9	261,5	314,5	364,4
- Vorratsveränderung	+18,6	+21,5	+26,7	+38,6	+32,2
Bruttosozialprodukt	915,6	1346,5	1804,5	2244,7	2826,1

von Periode zu Periode systematische Verlangsamung des Wachstumstempos zu verzeichnen ist. Dies gilt ganz ausgeprägt für den *Investitionsbereich*, während der *Gesamtverbrauch* die realen Wachstumsraten im Schnitt seit Mitte der sechziger Jahre halten konnte. Ziehen wir in diesem Zusammenhang ergänzend den Entwicklungsverlauf der jährlichen Veränderungsraten hinzu (vgl. Schaubild 41), so fällt die gegenüber dem gesamtwirtschaftlichen Verlauf weit überdurchschnittliche *Konjunkturreagibilität* des Investitionsprozesses auf. Was den Quotenverlauf global angeht, so ist eine mit der nominalen Seite weitgehend identische Entwicklung zu registrieren: bis Mitte der sechziger Jahre ein deutlicher Anstieg der Gesamtinvestitionsquote, gefolgt von einer Zurückbildung, die aber erst 1975/76 mit 23,5 vH ausgeprägt war.

Tabelle 37

VERWENDUNG DES BRUTTOSOZIALPRODUKTES
- Bruttosozialprodukt = 100 -
(in Preisen von 1962)

Zeitraum / Aggregat	1950 bis 1954	1955 bis 1959	1960 bis 1964	1965 bis 1969	1970 bis 1974
Gesamtverbrauch	76,9	74,4	72,7	73,0	73,1
davon:					
- Privater Verbrauch	56,3	56,5	56,5	56,7	57,2
- Staatsverbrauch	16,6	13,9	14,5	13,9	13,6
- Außenbeitrag	4,0	4,0	1,7	2,4	2,3
Gesamtinvestition	23,1	25,6	27,4	27,0	26,9
davon:					
- Ausrüstungsinvestition	8,4	9,7	11,4	11,3	12,8
- Bauinvestition	12,6	14,3	14,5	14,0	12,9
- Vorratsveränderung	2,0	1,6	1,5	1,7	1,1
Bruttosozialprodukt	100,0	100,0	100,0	100,0	100,0

- Innerhalb des *Gesamtverbrauchs* zeigt sich - bei ebenfalls stark schwankenden Außenbeitragsquoten - eine vom nominalen Bereich völlig abweichende Entwicklung. Preisbereinigt konnte der *Private Verbrauch* seinen Anteil über den gesamten Zeitraum hinweg erhöhen, was sich 1975/76 mit einem Anteil von ca. 59,5 vH deutlich fortsetzte. Der Anstieg der Investitionsquote ging offensichtlich zu Lasten des *Staatsverbrauchs*, dessen Anteil erst 1975/76 sich wieder auf ca. 15 vH erhöhte.

- Innerhalb der *Gesamtinvestition* zeigt sich - bei tendenziell abnehmenden Anteilen der Vorratsinvestitionen - ebenfalls eine deutliche Abweichung vom nominalen Bereich. Hier ging nämlich die Abschwächung der Investitionsquote seit Mitte der sechziger Jahre ausschließlich zu Lasten der *Bauinvestitionen*, während die Quote

Tabelle 38

VERWENDUNG DES BRUTTOSOZIALPRODUKTES
- durchschnittliche jährliche Veränderung in vH -
(in Preisen von 1962)

Zeitraum / Aggregat	1950 bis 1954	1955 bis 1959	1960 bis 1964	1965 bis 1969	1970 bis 1974
Gesamtverbrauch	+ 8,5	+ 6,6	+ 4,9	+ 4,7	+ 4,8
davon:					
- Privater Verbrauch	+ 8,8	+ 7,1	+ 5,5	+ 4,0	+ 4,0
- Staatsverbrauch	+ 5,4	+ 5,2	+ 6,6	+ 2,7	+ 5,0
- Außenbeitrag	x	x	x	x	x
Gesamtinvestition	+ 9,3	+ 7,1	+ 6,4	+ 3,0	+ 0,3
davon:					
- Ausrüstungsinvestition	+10,6	+ 7,0	+ 8,8	+ 3,5	+ 2,6
- Bauinvestition	+11,6	+ 7,6	+ 6,3	+ 0,7	+ 1,9
- Vorratsveränderung	x	x	x	x	x
Bruttosozialprodukt	+ 8,7	+ 6,7	+ 5,3	+ 4,2	+ 3,6

der realen *Ausrüstungen* auch in den siebziger Jahren einen weiteren Anstieg erfuhr. Selbst im Durchschnitt der Jahre 1975/76 lag der Anteil der realen Ausrüstungsinvestitionen noch über 12 vH; nur der Anteil der Bauinvestitionen sank unter 11 vH. Unterstellen wir nun einmal, daß vor allem den Ausrüstungen der Charakter des "progress- und cyclus-makers" zukommt, so ergibt sich aus dieser Entwicklung folgender Sachverhalt: Vom Volumen- bzw. Quotenverlauf isoliert gesehen, ist die These von der sog. "Investitionslücke" gar nicht ableitbar. Die wachstumspolitische Problematik (Potentialentwicklung) sowie die arbeitsmarktpolitische Problematik (Schaffung von Arbeitsplätzen) ergibt sich erst in Verbindung mit der Entwicklung der Kapitalproduktivität bzw. -intensität (vgl. Tab. 26). Daraus folgt: Nicht das *Niveau* sondern die *Struktur* der Investitionen ist in Zukunft entscheidend.

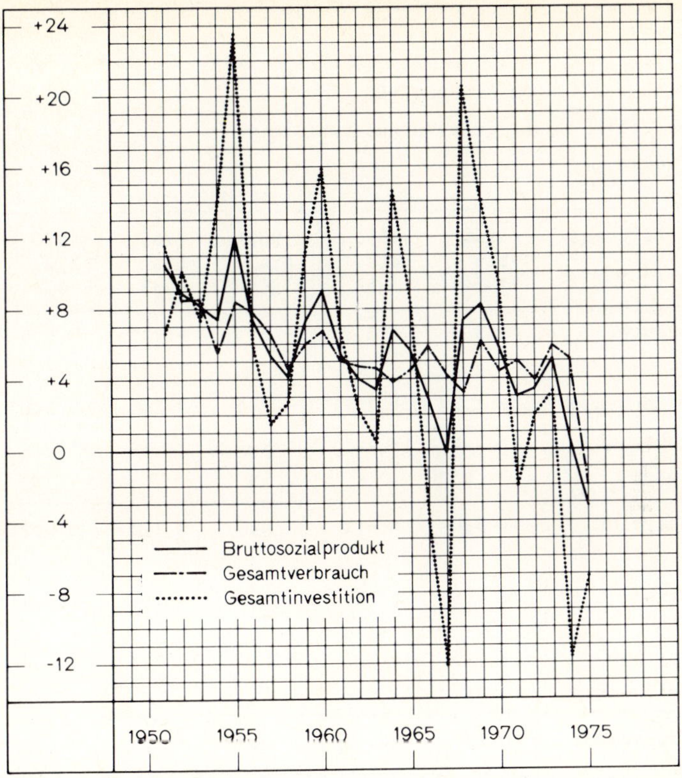

Schaubild 41. Verwendung des Bruttosozialprodukts (in Preisen von 1962). Veränderung gegen Vorjahr in vH

31. Bemerkenswerte Grundtendenzen lassen sich auch bei der Preisentwicklung dieser globalen Verwendungsstruktur ableiten:

- Gemessen an den *durchschnittlichen jährlichen Veränderungsraten* (vgl. Tabelle 39) ist zunächst festzuhalten, daß sich der Preisauftrieb in den siebziger Jahren deutlich beschleunigte, wobei der konsumtive wie der investive Bereich gleichermaßen betroffen sind. Dabei war bis Mitte der sechziger Jahre der Preisauftrieb im investiven Bereich leicht überdurchschnittlich, im konsumtiven Bereich leicht unterdurchschnittlich. In der zweiten Hälfte der sechziger Jahre hat sich das Beziehungsverhältnis umgekehrt. In-

Tabelle 39

VERWENDUNG DES BRUTTOSOZIALPRODUKTES
- durchschnittliche jährliche Veränderung in vH -
(Preisentwicklung)

Aggregat \ Zeitraum	1950 bis 1954	1955 bis 1959	1960 bis 1964	1965 bis 1969	1970 bis 1974
Gesamtverbrauch	+ 3,3	+ 2,8	+ 3,3	+ 2,9	+ 6,6
davon:					
- Privater Verbrauch	+ 1,7	+ 2,1	+ 2,6	+ 2,5	+ 5,8
- Staatsverbrauch	+ 5,8	+ 3,7	+ 4,8	+ 5,3	+10,2
- Außenbeitrag	x	x	x	x	x
Gesamtinvestition	+ 3,6	+ 2,9	+ 4,0	+ 1,3	+ 6,5
davon:					
- Ausrüstungs-investition	+ 4,5	+ 1,6	+ 2,1	+ 1,4	+ 3,9
- Bauinvestition	+ 4,3	+ 4,0	+ 6,0	+ 1,8	+ 8,3
- Vorratsveränderung	x	x	x	x	x
Bruttosozialprodukt	+ 3,4	+ 2,8	+ 3,5	+ 2,5	+ 6,6

nerhalb des *Verbrauchssektors* weist der Staatsverbrauch[29)], innerhalb des *Investitionssektors* weisen die Bauinvestitionen einen deutlich überdurchschnittlichen Preisauftrieb auf.

29) Auch hier ist auf die bedingte Aussagefähigkeit der Preisrate im Staatsbereich hinzuweisen. Der Staatsverbrauch enthält zu über 50 vH Lohn- und Gehaltszahlungen an öffentliche Bedienstete, der Rest sind Nettokäufe, unter denen die Verteidigungslasten und die Sachleistungen der Sozialversicherung einen bedeutenden Anteil haben. Gerade in diesen Bereichen ist aber das Problem der Produktivitätsmessung ungelöst. Sie beeinflußt jedoch entscheidend die Preisentwicklung.

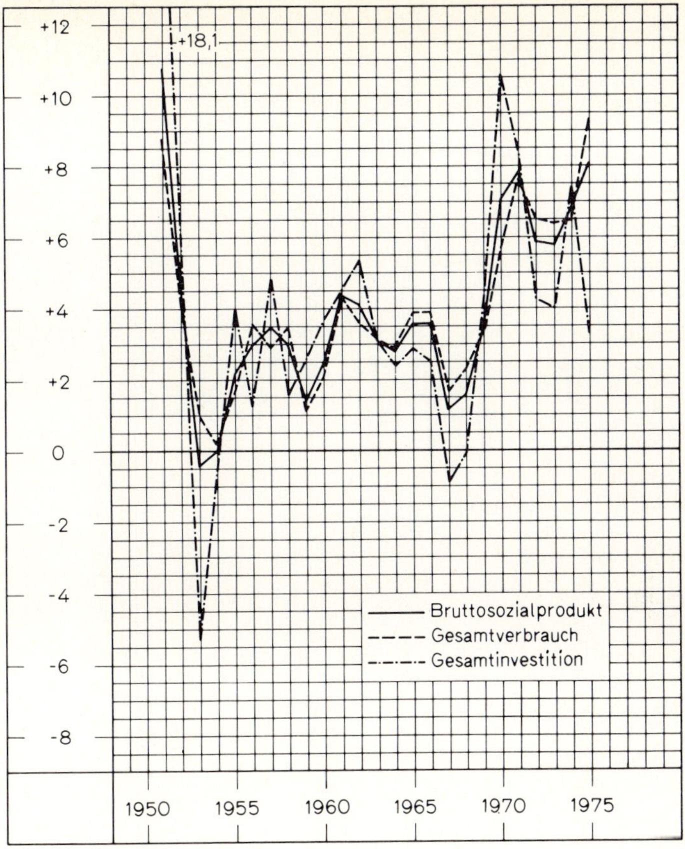

Schaubild 42. Verwendung des Bruttosozialprodukts (Preisentwicklung). Veränderung gegen Vorjahr in vH

- Ziehen wir ergänzend den Prozeß der *jährlichen Veränderungsraten* heran (vgl. Schaubild 42), so ist ein bemerkenswerter Verlauf festzuhalten. Von der Preisberuhigung nach dem Koreaboom (etwa 1953/54) spannt sich - von geringfügigen Schwankungen unterbrochen - ein weiter Bogen bis in die erste Nachkriegsrezession (1967). Von da an entwickelte sich - auf deutlich höherem Niveau - ein weiterer Bogen, dessen Ende, nach einem leichten Einbruch in den Jahren 1971/1972, sich erst in der jüngsten Gegenwart (zweites Halbjahr 1975 bzw. erstes Halbjahr 1976) abzeichnet.

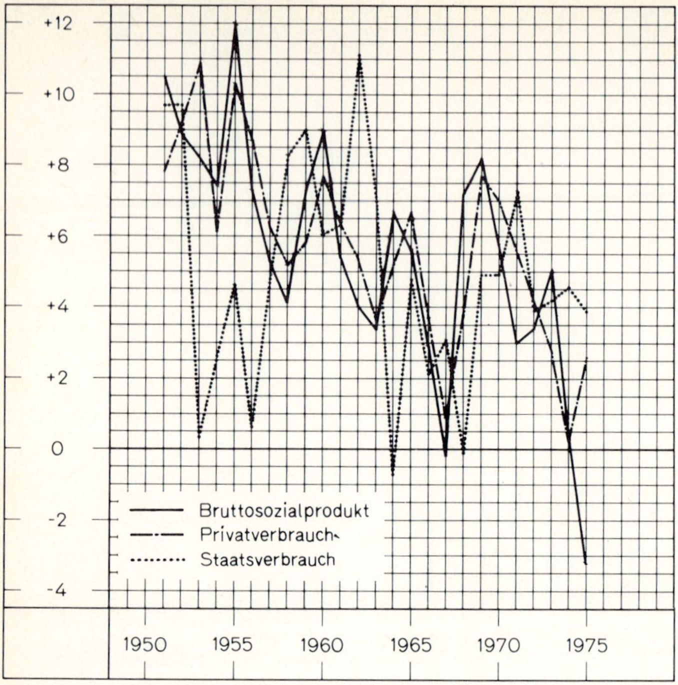

Schaubild 43. Verwendung des Bruttosozialprodukts (in Preisen von 1962). Veränderung gegen Vorjahr in vH

- Diese Entwicklungstendenzen bei den jährlichen Preissteigerungsraten zeigen überdies im Investitionsgüterbereich noch eine erheblich ausgeprägtere *Konjunkturreagibilität* als im Verbrauchsbereich, was sich nicht nur im gesamten Zeitraum sondern auch in der aktuellen Situation zeigt: So ist die Preissteigerung beim Privatverbrauch erheblich weniger rückläufig (1974: + 7,3 vH, 1975: + 6,1 vH, 1976: + 4,5 vH) als bei den Anlageinvestitionen (1974: + 6,5 vH, 1975: + 3,0 vH, 1976: + 2,5 vH).

Insoweit lassen diese Tendenzen die Vermutung nicht unberechtigt erscheinen, daß die Stabilitätspolitik zunehmend den Preis einer Rezession einkalkulieren muß, wenn sie Druck auf die Steigerungsraten ausüben will; der *Niveauanstieg* besteht dann aber dennoch.

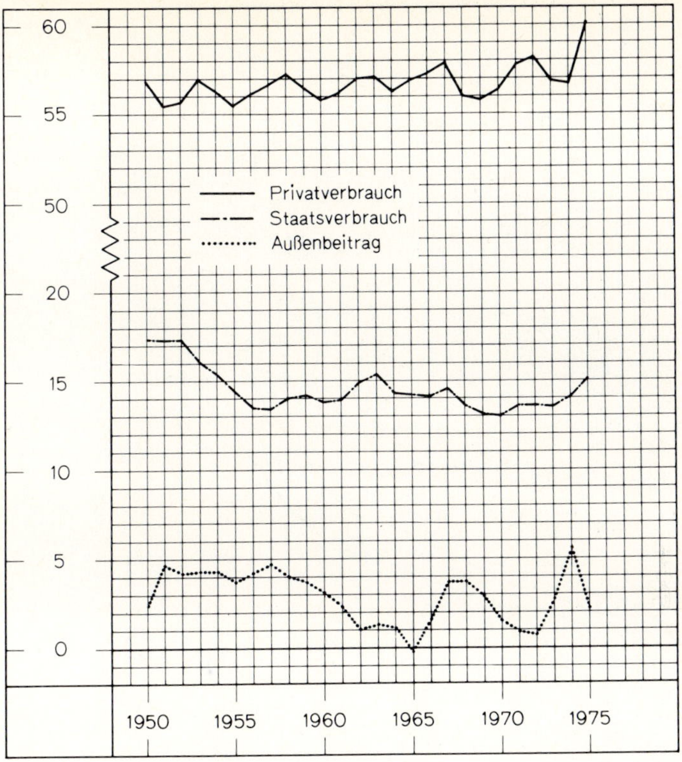

Schaubild 44. Verwendung des Bruttosozialprodukts (in Preisen von 1962). Anteile am BSP in vH

II. Der Verbrauch

32. Knüpfen wir zunächst noch einmal an die Entwicklung des Gesamtverbrauchs - differenziert nach privatem und staatlichem Verbrauch - an, so zeichnen sich folgende Grundtendenzen ab:

- Der jährliche Entwicklungsverlauf der realen *Veränderungsraten* (vgl. Schaubild 43) zeigt, daß sich die Entwicklung des *Privatverbrauchs* relativ eng der gesamtwirtschaftlichen Konjunkturentwicklung anpaßt, während beim *Staatsverbrauch* eher gegenläufige Entwicklungstendenzen erkennbar sind. Vor allem zeichnet sich beim

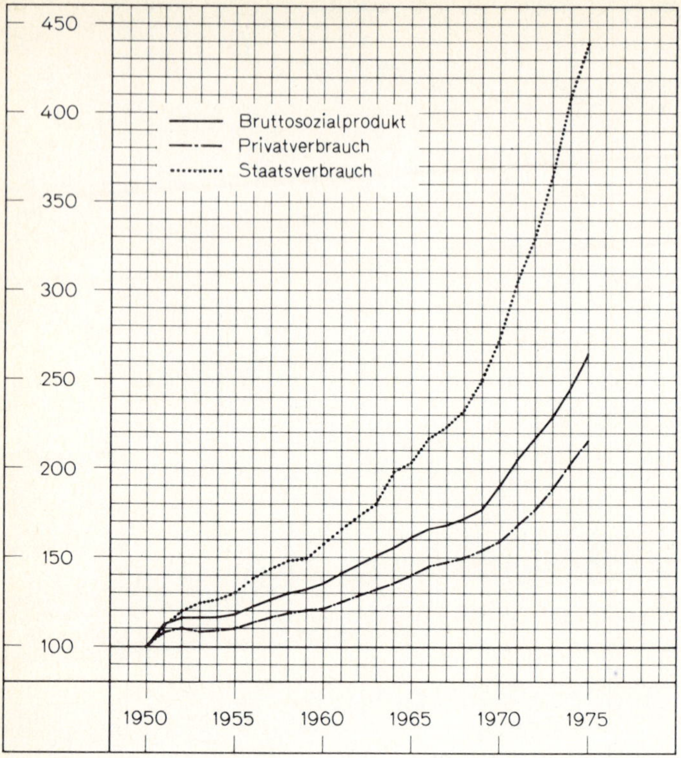

Schaubild 45. Verwendung des Bruttosozialprodukts (Preisentwicklung). 1950 = 100

Privatverbrauch auch sehr deutlich die Existenz eines Superzyklus ab, der von 1967 bis 1974 reicht.

- Der jährliche Entwicklungsverlauf der realen *Anteilsquoten* (vgl. Schaubild 44) zeigt für den *Privaten Verbrauch* ein deutliches Schwanken um einen leicht ansteigenden Trend. Dieses Schwanken erfolgt aber nicht willkürlich, sondern korrespondiert eng mit dem Konjunkturverlauf, wobei die höchsten Anteilsquoten jeweils in den gesamtwirtschaftlichen Rezessionsjahren zu verzeichnen sind und die niedrigsten Anteilsquoten in den Boomjahren. Dabei wird bei diesem Bild der Superzyklus deutlich unterbrochen. Bei der *Staatsverbrauchs-* und der *Außenbeitragsquote* ist diese Konjunkturreagibilität nicht erkennbar.

Tabelle 40

PRIVATER VERBRAUCH
- Mrd. DM -
(in jeweiligen Preisen)

Aggregat \ Zeitraum	1950 bis 1954	1955 bis 1959	1960 bis 1964	1965 bis 1969	1970 bis 1974
Nahrungs- und Genußmittel	179,2	271,3	365,3	466,8	644,5
Kleidung und Schuhe	62,5	89,7	127,8	173,5	252,5
Wohnungsmieten u.ä.	28,1	44,4	80,2	149,4	250,5
Elektr., Gas, Brennstoffe	14,4	25,2	36,0	52,4	93,2
Übrige Haush.-führung	55,0	93,0	138,7	191,3	302,5
Verkehr und Nachrichten	25,3	49,4	97,8	161,3	274,2
Körper- und Gesundheitspflege	13,8	25,1	40,4	60,6	95,9
Bildung und Unterhaltung	27,6	47,1	69,5	99,8	161,9
Persönliche Ausstattung	15,9	28,2	50,8	83,5	153,6
Eigenverbrauch	6,4	9,8	13,6	18,3	30,4
Privater Verbrauch	428,3	683,2	1019,8	1456,7	2259,1

- Der jährliche Entwicklungsverlauf des *Preisniveaus* (vgl. Schaubild 45) zeigt schließlich nicht nur einen - gemessen am gesamtwirtschaftlichen Preisanstieg - überdurchschnittlichen Niveauanstieg des *Staatsverbrauchs*, während dieser Niveauanstieg beim *Privatverbrauch* unterdurchschnittlich ist. Bemerkenswert erscheint vor allem aber der sowohl gesamtwirtschaftlich als auch in beiden Verbrauchsbereichen klar erkennbare *Trendumbruch* seit Ende der sechziger Jahre, der eine deutliche Beschleunigung des Preisniveauanstiegs signalisiert.

Tabelle 41

PRIVATER VERBRAUCH

- Privater Verbrauch = 100 -

(in jeweiligen Preisen)

Aggregat \ Zeitraum	1950 bis 1954	1955 bis 1959	1960 bis 1964	1965 bis 1969	1970 bis 1974
Nahrungs- und Genußmittel	41,8	39,7	35,8	32,0	28,5
Kleidung und Schuhe	14,6	13,1	12,5	11,9	11,2
Wohnungsmieten u.ä.	6,6	6,5	7,9	10,3	11,1
Elektr., Gas, Brennstoffe	3,4	3,7	3,5	3,6	4,1
Übrige Haush.-führung	12,8	13,6	13,6	13,1	13,4
Verkehr und Nachrichten	5,9	7,2	9,6	11,1	12,1
Körper- u. Gesundheitspflege	3,2	3,7	4,0	4,2	4,2
Bildung und Unterhaltung	6,4	6,9	6,8	6,9	7,2
Persönliche Ausstattung	3,7	4,1	5,0	5,7	6,8
Eigenverbrauch	1,5	1,4	1,3	1,3	1,3
Privater Verbrauch	100,0	100,0	100,0	100,0	100,0

Nach diesen globalen Entwicklungstendenzen beschränken wir uns im folgenden auf die Struktur des Privaten Verbrauchs.[30)]

30) Wir beschränken uns dabei auf die Ergebnisse der Volkswirtschaftlichen Gesamtrechnung. Erwähnenswert erscheint aber, daß die vom Statistischen Bundesamt 1963, 1969 und 1973 vorgenommenen Einkommen- und Verbrauchsstichproben eine erhebliche Erweiterung der primärstatistischen Informationen über das private Verbrauchsverhalten darstellen. Eine Analyse und Interpretation dieser Ergebnisse würde hier aber den gesetzten Rahmen sprengen. Zur Auswertung vgl.: DIW - Deutsches Institut für Wirtschaftsforschung, Berlin, Wochenbericht 19/76 (43. Jahrgang).

Tabelle 42

PRIVATER VERBRAUCH
- durchschnittliche jährliche Veränderung in vH -
(in jeweiligen Preisen)

Zeitraum / Aggregat	1950 bis 1954	1955 bis 1959	1960 bis 1964	1965 bis 1969	1970 bis 1974
Nahrungs- und Genußmittel	+10,0	+ 8,0	+ 5,6	+ 4,0	+ 8,2
Kleidung und Schuhe	+ 7,5	+ 7,1	+ 8,0	+ 4,8	+ 8,9
Wohnungsmieten u.ä.	+ 8,1	+ 9,8	+13,5	+13,7	+ 9,9
Elektr., Gas, Brennstoffe	+16,0	+ 8,1	+11,0	+ 7,9	+15,3
Übrige Haush.-führung	+13,1	+10,0	+ 7,9	+ 5,3	+10,3
Verkehr und Nachrichten	+14,1	+15,2	+13,4	+ 8,9	+10,3
Körper- u. Gesundheitspflege	+12,7	+12,6	+ 8,7	+ 7,5	+11,0
Bildung und Unterhaltung	+11,7	+11,0	+ 7,4	+ 7,0	+10,8
Persönliche Ausstattung	+12,1	+12,4	+11,4	+ 9,7	+14,5
Eigenverbrauch	+14,1	+ 6,3	+ 7,6	+ 7,8	+ 7,8
Privater Verbrauch	+10,6	+ 9,3	+ 8,2	+ 6,6	+10,0

33. Die Struktur des *Privaten Verbrauchs* in *jeweiligen Preisen* - dargestellt in absoluten Werten (vgl. Tabelle 40), Anteilsquoten (vgl. Tabelle 41) und durchschnittlichen jährlichen Veränderungsraten (vgl. Tabelle 42) - zeigt folgende Tendenzen:

- Zu den Bereichen mit unterdurchschnittlichem Wachstum und insofern deutlich rückläufigen Anteilsquoten gehört der *Grundbedarf*: insbesondere Nahrungs- und Genußmittel sowie Kleidung und Schuhe.

- Ein stark überdurchschnittliches Wachstum verzeichnen die Ausgaben für *Wohnungsmieten* (einschließlich Mietwert der Eigentumswoh-

Tabelle 43

PRIVATER VERBRAUCH
- Mrd. DM -
(in Preisen von 1962)

Zeitraum / Aggregat	1950 bis 1954	1955 bis 1959	1960 bis 1964	1965 bis 1969	1970 bis 1974
Nahrungs- und Genußmittel	207,8	291,4	364,6	415,9	487,6
Kleidung und Schuhe	67,1	98,3	127,8	159,5	195,2
Wohnungsmieten u.ä.	41,5	57,6	78,9	105,6	133,1
Elektr., Gas, Brennstoffe	17,4	25,7	36,2	49,1	70,9
Übrige Haush.-führung	67,5	106,4	140,2	176,5	234,9
Verkehr und Nachrichten	29,1	53,3	96,9	145,1	201,3
Körper- u. Gesundheitspflege	18,0	28,5	40,3	50,0	60,8
Bildung und Unterhaltung	33,5	52,2	69,8	89,1	121,8
Persönliche Ausstattung	23,2	34,6	50,8	69,9	97,8
Eigenverbrauch	10,2	12,6	13,5	12,8	13,4
Privater Verbrauch	515,3	760,5	1019,1	1273,4	1616,8

nungen und Untermieten), *Verkehrszwecke* und *Nachrichtenübermittlung* (Kraftfahrzeug, Kraftstoffe, sonstige Ausgaben für eigene Kraftfahrzeuge sowie fremde Verkehrs- und Nachrichtenleistungen) sowie für *persönliche Ausstattung* (neben Uhren und Schmuck umfaßt dieser Posten fremde Dienstleistungen, wie Beherbergungs-, Bank- und Versicherungsleistungen).

- Ein leicht überdurchschnittliches Wachstum verzeichnen die Ausgaben für *Elektrizität, Gas, Brennstoffe, Körper- und Gesundheitspflege* sowie *Bildung und Unterhaltung* (Foto-, Rundfunk-, Fernseh-

Tabelle 44

PRIVATER VERBRAUCH
- Privater Verbrauch = 100 -
(in Preisen von 1962)

Zeitraum / Aggregat	1950 bis 1954	1955 bis 1959	1960 bis 1964	1965 bis 1969	1970 bis 1974
Nahrungs- und Genußmittel	40,3	38,3	35,8	32,7	30,2
Kleidung und Schuhe	13,0	12,9	12,5	12,5	12,1
Wohnungsmieten u.ä.	8,1	7,6	7,7	8,3	8,2
Elektr., Gas, Brennstoffe	3,4	3,4	3,6	3,9	4,4
Übrige Haush.-führung	13,1	14,0	13,8	13,9	14,5
Verkehr und Nachrichten	5,6	7,0	9,5	11,4	12,4
Körper- u. Gesundheitspflege	3,5	3,8	4,0	3,9	3,8
Bildung und Unterhaltung	6,5	6,9	6,9	7,0	7,5
Persönliche Ausstattung	4,5	4,6	5,0	5,5	6,1
Eigenverbrauch	2,0	1,7	1,3	1,0	0,8
Privater Verbrauch	100,0	100,0	100,0	100,0	100,0

geräte, Bücher, Ausgaben für Bildungsveranstaltungen), während die Ausgaben für die *übrige Haushaltsführung* (Möbel, Heimtextilien, Heiz- und Kochgeräte, Beleuchtungskörper, langlebige Haushaltsgeräte) seit Mitte der fünfziger Jahre auf hohem Niveau anteilsmäßig stagnieren.

Für alle Ausgabengruppen (mit Ausnahme der Wohnungsmieten) verlangsamt sich im Zeitraum 1950 bis 1969 von Periode zu Periode das Wachstumstempo, um dann in den siebziger Jahren sich wieder deutlich zu beschleunigen.

Tabelle 45

PRIVATER VERBRAUCH
- durchschnittliche jährliche Veränderung in vH -
(in Preisen von 1962)

Aggregat \ Zeitraum	1950 bis 1954	1955 bis 1959	1960 bis 1964	1965 bis 1969	1970 bis 1974
Nahrungs- und Genußmittel	+ 8,2	+ 6,1	+ 3,6	+ 2,4	+ 2,9
Kleidung und Schuhe	+10,3	+ 5,2	+ 5,9	+ 3,5	+ 2,9
Wohnungsmieten u.ä.	+ 5,5	+ 7,1	+ 6,1	+ 5,9	+ 4,4
Elektr., Gas, Brennstoffe	+ 8,4	+ 6,5	+ 9,7	+ 5,7	+ 8,2
Übrige Haush.-führung	+11,4	+ 7,4	+ 4,9	+ 3,9	+ 4,8
Verkehr und Nachrichten	+ 9,7	+13,5	+11,6	+ 6,4	+ 3,2
Körper- u. Gesundheitspflege	+ 8,5	+ 9,4	+ 5,6	+ 3,3	+ 3,9
Bildung und Unterhaltung	+ 9,0	+ 8,7	+ 4,7	+ 5,0	+ 5,8
Persönliche Ausstattung	+ 8,1	+ 8,1	+ 6,9	+ 6,0	+ 6,3
Eigenverbrauch	+ 6,6	+ 2,0	+ 1,1	+ 0,6	- 2,3
Privater Verbrauch	+ 8,8	+ 7,1	+ 5,5	+ 4,0	+ 4,0

34. Die Struktur des *Privaten Verbrauchs* in *Preisen von 1962* - ebenfalls dargestellt in absoluten Werten (vgl. Tabelle 43), Anteilsquoten (vgl. Tabelle 44) und durchschnittlichen jährlichen Veränderungsraten (vgl. Tabelle 45) - zeigt kaum Abweichungen vom nominalen Bereich. Wichtige Unterschiede ergeben sich für den Bereich *Kleidung und Schuhe* sowie *Wohnungsmieten* - sie stagnieren anteilsmäßig bei realer Betrachtung - und den Ausgaben für die *übrige Haushaltsführung*, die real einen leicht steigenden Trend zeigen. Zwar ist auch die reale Verbrauchsstruktur im Durchschnitt von einem schwächer werdenden Wachstumstempo im Zeitraum 1950 bis 1969 gekennzeichnet. In

Tabelle 46

PRIVATER VERBRAUCH
- durchschnittliche jährliche Veränderung in vH -
(Preisentwicklung)

Aggregat \ Zeitraum	1950 bis 1954	1955 bis 1959	1960 bis 1964	1965 bis 1969	1970 bis 1974
Nahrungs- und Genußmittel	+ 1,6	+ 1,8	+ 2,0	+ 1,6	+ 5,1
Kleidung und Schuhe	- 2,5	+ 1,8	+ 2,0	+ 1,3	+ 5,8
Wohnungsmieten u.ä.	+ 2,5	+ 2,6	+ 6,9	+ 7,4	+ 5,3
Elektr., Gas, Brennstoffe	+ 7,0	+ 1,6	+ 1,2	+ 2,0	+ 6,6
Übrige Haush.-führung	+ 1,5	+ 2,4	+ 2,8	+ 1,3	+ 5,3
Verkehr und Nachrichten	+ 4,0	+ 1,5	+ 1,6	+ 2,4	+ 6,8
Körper- u. Gesundheitspflege	+ 3,9	+ 2,9	+ 2,9	+ 4,1	+ 6,8
Bildung und Unterhaltung	+ 2,5	+ 2,1	+ 2,6	+ 2,0	+ 4,7
Persönliche Ausstattung	+ 3,8	+ 4,0	+ 4,2	+ 3,5	+ 7,8
Eigenverbrauch	+ 7,1	+ 4,2	+ 6,5	+ 7,2	+10,4
Privater Verbrauch	+ 1,7	+ 2,1	+ 2,6	+ 2,5	+ 5,8

den siebziger Jahren haben sich aber die Ausgabenstrukturen sehr unterschiedlich entwickelt. Teils ist eine Wachstumsbeschleunigung zu verzeichnen, teils aber auch eine anhaltende Wachstumsschwäche. Ergänzen wir diese Betrachtung noch durch den jährlichen Verlauf der Anteilsquoten (vgl. die Schaubilder 46, 47, 48), so zeigen im Grunde nur zwei Bereiche - *Nahrungs- und Genußmittel, Verkehr und Nachrichten* - signifikante Strukturwandlungsprozesse. Ansonsten erweist sich die Ausgabenstruktur als relativ stabil mit teils leicht sinkendem (Kleidung und Schuhe), etwa stagnierendem (Wohnungsmieten, Körper- und Gesundheitspflege) oder leicht steigendem (Elektrizität, Gas,

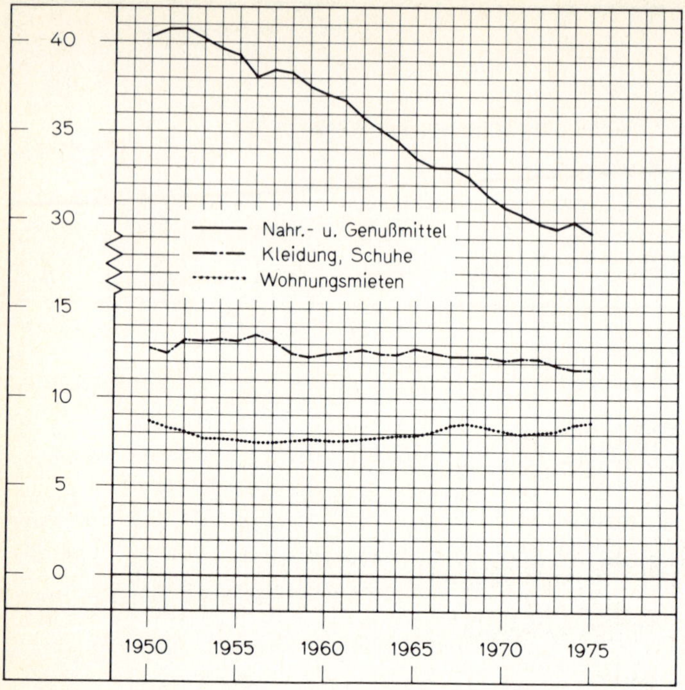

Schaubild 46. Privatverbrauch (in Preisen von 1962). Anteile am Privatverbrauch in vH

Brennstoffe, übrige Haushaltsführung, Bildung und Unterhaltung, persönliche Ausstattung) Trend der Anteilsquoten. Eine spezifische *Konjunkturreagibilität* im Quotenverlauf ist dabei nicht auszumachen.

35. Werfen wir abschließend einen Blick auf die *Preisentwicklung* - gemessen an den durchschnittlichen jährlichen Veränderungsraten (vgl. Tabelle 46) sowie am jährlichen Verlauf des Preisniveaus (vgl. Schaubilder 49, 50, 51) -, so zeigt sich, mit Ausnahme der *Wohnungsmieten*, deren Preisauftrieb sich schon seit Anfang der sechziger Jahre spürbar beschleunigte, eine eindeutige Tendenzwende Anfang der siebziger Jahre; von hier an nimmt der Preisauftrieb deutlich zu. Im Vergleich zwischen den einzelnen Verbrauchspositionen zeigen sich aber doch erhebliche Abweichungen. Den stärksten Preisauftrieb ver-

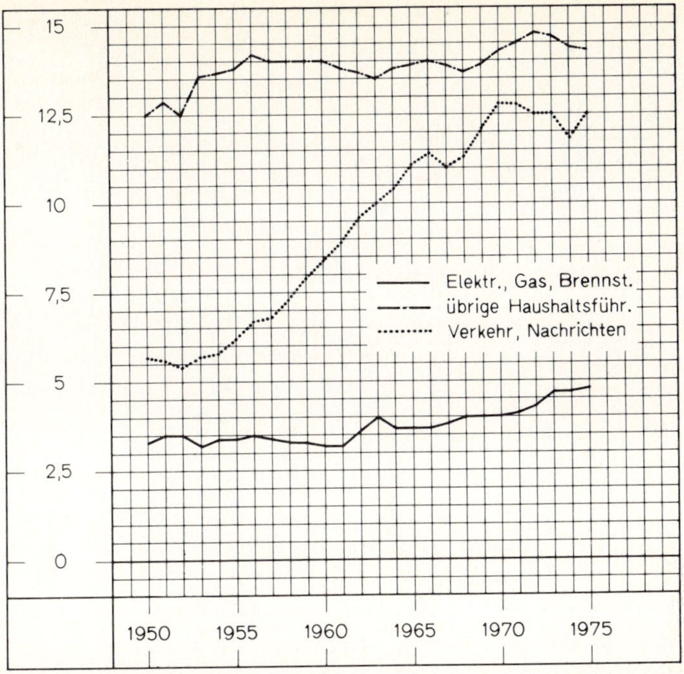

Schaubild 47. Privatverbrauch (in Preisen von 1962). Anteile am Privatverbrauch in vH

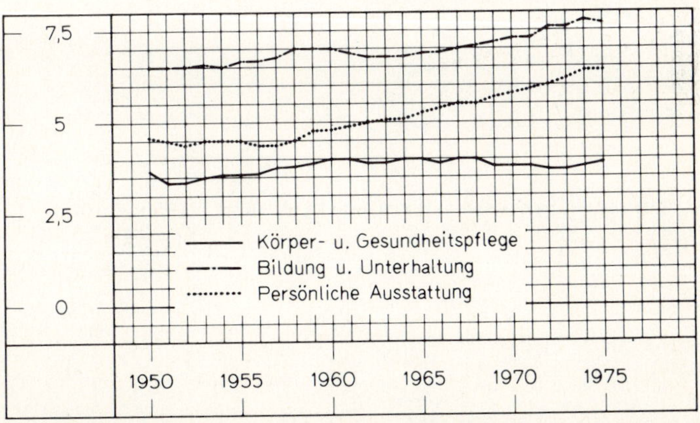

Schaubild 48. Privatverbrauch (in Preisen von 1962). Anteile am Privatverbrauch in vH

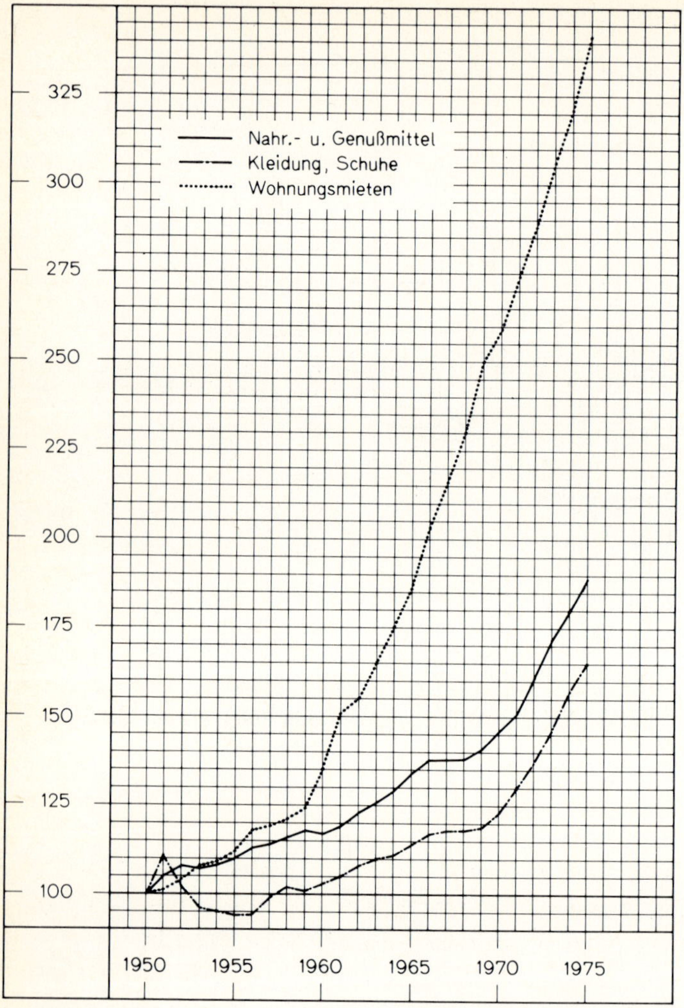

Schaubild 49. Privater Verbrauch (Preisentwicklung). 1950 = 100

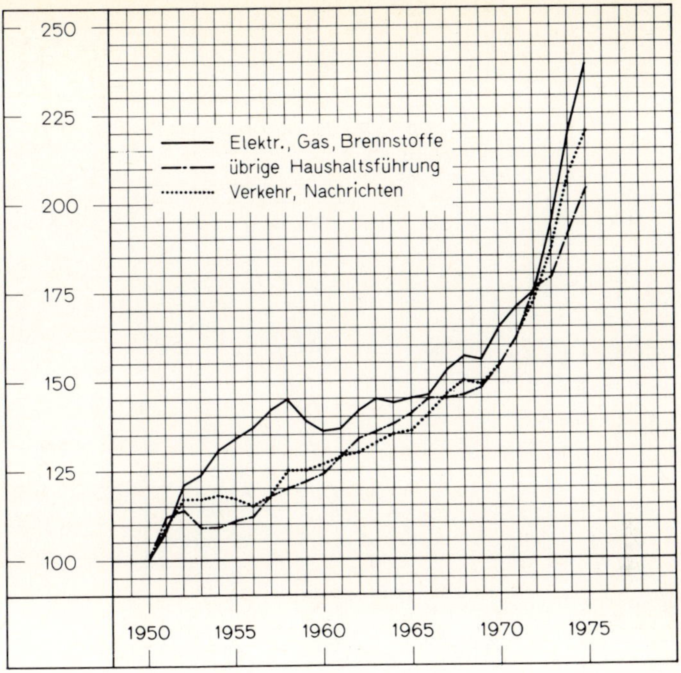

Schaubild 50. Privater Verbrauch (Preisentwicklung). 1950 = 100

zeichnen die Wohnungsmieten (Anstieg 1975 gegenüber 1950: ca. 240 vH), gefolgt von den Ausgaben für persönliche Ausstattung (ca. 220 vH), Körper- und Gesundheitspflege (ca. 190 vH), Elektrizität, Gas, Brennstoffe (ca. 140 vH), Verkehr und Nachrichten (ca. 120 vH), Bildung und Unterhaltung sowie übrige Haushaltsführung (ca. 100 vH), Nahrungs- und Genußmittel (ca. 90 vH), Kleidung und Schuhe (ca. 65 vH).

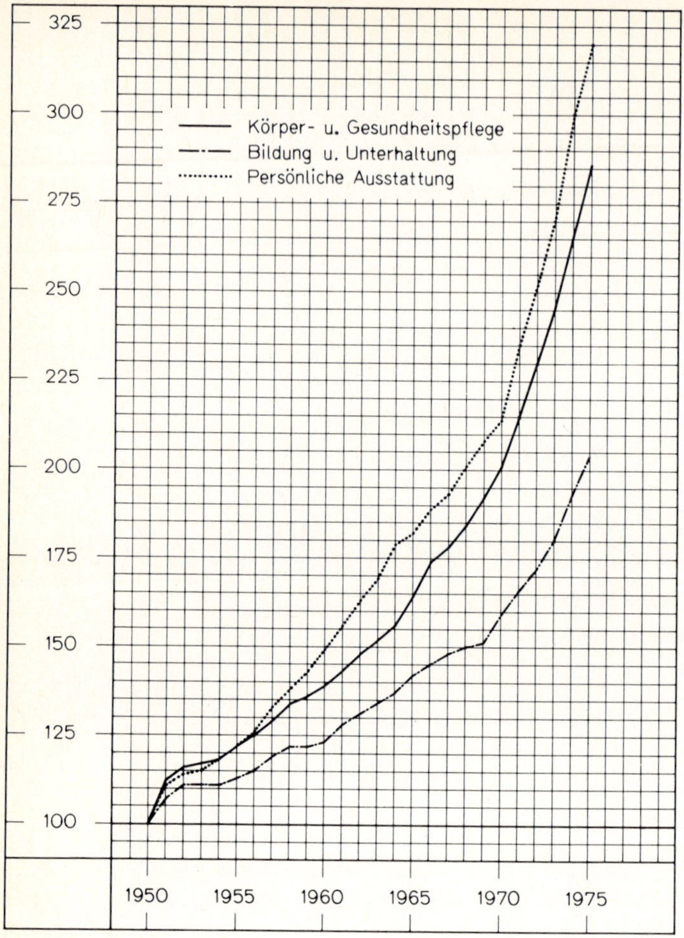

Schaubild 51. Privater Verbrauch (Preisentwicklung). 1950 = 100

III. Die Investitionen

36. Knüpfen wir auch hier zunächst noch einmal an die Entwicklung der Gesamtinvestitionen - differenziert nach Ausrüstungen und Bauten - an, so zeichnen sich folgende Grundtendenzen ab:

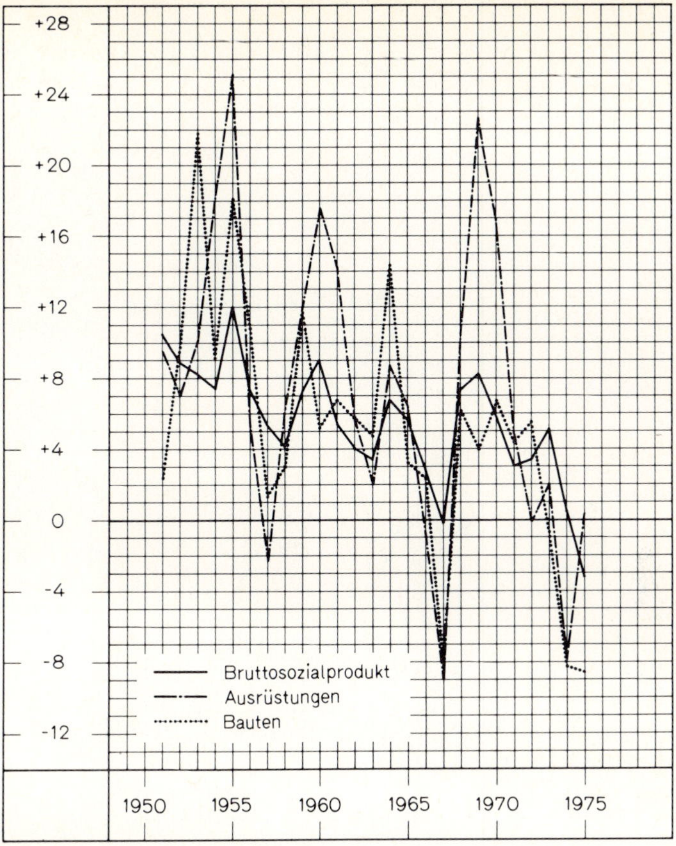

Schaubild 52. Verwendung des Bruttosozialprodukts (in Preisen von 1962). Veränderung gegen Vorjahr in vH

- Der jährliche Entwicklungsverlauf der realen *Veränderungsraten* (vgl. Schaubild 52) zeigt, daß zwar beide Investitionsaggregate mit dem gesamtwirtschaftlichen Konjunkturverlauf relativ eng verknüpft sind, daß aber dieser Zusammenhang bei den *Ausrüstungen* erheblich enger zu sein scheint. In den frühen fünfziger Jahren bricht die Baukonjunktur deutlich nach "oben" aus, während umgekehrt der Wiederaufschwung aus der ersten Nachkriegsrezession 1967 kaum noch von den Bauinvestitionen mitgetragen wurde.

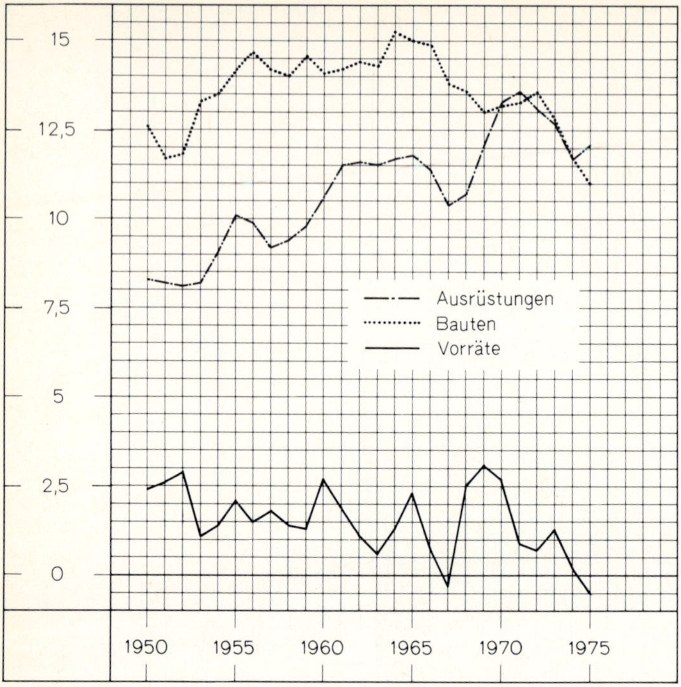

Schaubild 53. Verwendung des Bruttosozialprodukts (in Preisen von 1962). Anteile am BSP in vH

- Der jährliche Entwicklungsverlauf der realen *Anteilsquoten* am Bruttosozialprodukt (vgl. Schaubild 53) zeigt - anders als etwa beim privaten Verbrauch -, daß die Konjunkturreagibilität deutlich durch strukturelle Wandlungsprozesse überlagert ist. Einerseits zeigt sich ein unverkennbar ansteigender Trend beim Anteil der realen Ausrüstungen; weder der Anteilsrückgang 1966/67 noch der tendenzielle Anteilsrückgang von 1972 bis 1974 konnten an diesem Trendbild etwas ändern, zumal die Ausrüstungsinvestitionsquote schon 1975 wieder anstieg und insgesamt auch Mitte der siebziger Jahre noch deutlich über dem Durchschnitt der fünfziger und auch der sechziger Jahre liegt. Dieser Entwicklung steht andererseits ein nahezu kontinuierlicher Anteilsrückgang der Bauinvestitionen seit Mitte der sechziger Jahre gegenüber.

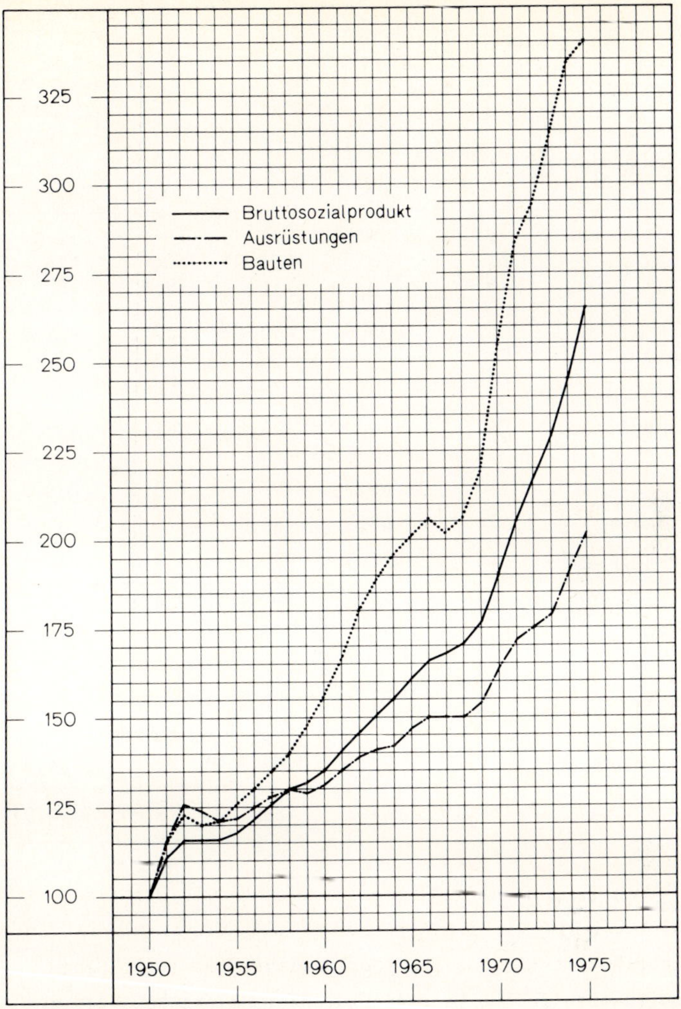

Schaubild 54. Verwendung des Bruttosozialprodukts (Preisentwicklung). 1950 = 100

Tabelle 47

GESAMTINVESTITIONEN NACH SEKTOREN
- Mrd. DM -
(in jeweiligen Preisen)

Zeitraum / Aggregat	1950 bis 1954	1955 bis 1959	1960 bis 1964	1965 bis 1969	1970 bis 1974
Private Investitionen	143,7	255,6	419,1	570,1	927,0
davon:					
- Ausrüstungsinvestitionen	62,4	114,0	195,3	261,5	438,6
- Wohnbauten	38,7	69,3	108,7	150,5	248,0
- Sonstige Bauten	24,7	49,8	88,6	118,4	203,6
- Vorratsveränderung	18,0	22,5	26,6	39,8	36,8
Staatliche Investitionen	14,4	31,7	70,5	103,6	163,9
davon:					
- Ausrüstungsinvestitionen	2,8	4,6	7,8	11,0	19,1
- Bauinvestitionen	11,6	27,1	62,7	92,7	144,8
Gesamtinvestitionen	158,1	287,3	489,6	673,8	1090,9

- Der jährliche Entwicklungsverlauf des *Preisniveaus* (vgl. Schaubild 54) zeigt eine deutliche Tendenzwende in Richtung einer erheblichen Beschleunigung, die bereits Ende der sechziger Jahre einsetzte. Dabei zeigen die Preise der *Bauinvestitionen* im gesamtwirtschaftlichen Vergleich einen deutlich überdurchschnittlichen Anstieg; unterdurchschnittlich entwickelte sich das Preisniveau der *Ausrüstungsinvestitionen*.

37. Untersuchen wir den Investitionsprozeß und seine Struktur noch etwas genauer - insbesondere im Rahmen einer ergänzenden Trennung in

Tabelle 48

GESAMTINVESTITIONEN NACH SEKTOREN

- Gesamtinvestitionen nach Sektoren = 100 -

(in jeweiligen Preisen)

Aggregat \ Zeitraum	1950 bis 1954	1955 bis 1959	1960 bis 1964	1965 bis 1969	1970 bis 1974
Private Investitionen	90,9	89,0	85,6	84,6	85,0
davon:					
- Ausrüstungsinvestitionen	39,4	39,7	39,9	38,8	40,2
- Wohnbauten	24,5	24,1	22,2	22,3	22,7
- Sonstige Bauten	15,6	17,3	18,1	17,6	18,7
- Vorratsveränderung	11,4	7,8	5,4	5,9	3,4
Staatliche Investitionen	9,1	11,0	14,4	15,4	15,0
davon:					
- Ausrüstungsinvestitionen	1,8	1,6	1,6	1,6	1,8
- Bauinvestitionen	7,3	9,4	12,8	13,8	13,3
Gesamtinvestitionen	100,0	100,0	100,0	100,0	100,0

private und *öffentliche Investitionen* -, so erhalten wir folgende bemerkenswerte Grundtendenzen[31]):

31) Im folgenden beschränken wir uns auf die Daten der Volkswirtschaftlichen Gesamtrechnung. Zu erwähnen ist jedoch, daß es noch weitergehende Berechnungen sowohl zum Anlagevermögen im Industriebereich (einschließlich Potentialberechnungen) als auch zum öffentlichen Anlagevermögen gibt:
- zum industriellen Anlagevermögen: DIW - Deutsches Institut für Wirtschaftsforschung, Berlin, Wochenbericht 45/75 (42. Jahrgang), Wochenbericht 18/76 (43. Jahrgang);
- zum öffentlichen Anlagevermögen: DIW - Deutsches Institut für Wirtschaftsforschung, Berlin, Wochenbericht 24/73 (40. Jahrgang), Wochenbericht 46/74 (41. Jahrgang).

Tabelle 49

GESAMTINVESTITIONEN NACH SEKTOREN
- durchschnittliche jährliche Veränderung in vH -
(in jeweiligen Preisen)

Aggregat \ Zeitraum	1950 bis 1954	1955 bis 1959	1960 bis 1964	1965 bis 1969	1970 bis 1974
Private Investitionen	x	x	x	x	x
davon:					
- Ausrüstungsinvestitionen	+15,7	+ 8,7	+11,0	+ 5,1	+ 6,2
- Wohnbauten	+17,3	+10,1	+10,2	+ 2,2	+12,6
- Sonstige Bauten	+15,0	+12,9	+11,0	+ 2,9	+ 9,3
- Vorratsveränderung	x	x	x	x	x
Staatliche Investitionen	x	x	x	x	x
davon:					
- Ausrüstungsinvestitionen	+13,4	+10,9	+12,7	+ 1,7	+14,2
- Bauinvestitionen	+15,8	+14,7	+20,0	+ 2,5	+ 7,9
Gesamtinvestitionen	+13,3	+10,1	+10,6	+ 4,4	+ 6,8

- In *jeweiligen Preisen* gerechnet (vgl. Tabellen 47, 48, 49) ergibt sich eine gewisse Verschiebung der Investitionsstruktur von den privaten zu den öffentlichen Investitionen. Differenzierter betrachtet zeigt sich, daß die Erhöhung des *staatlichen Investitionsanteils* sich ausschließlich bei den staatlichen *Bauinvestitionen* niederschlägt. Umgekehrt zeigt sich, daß diese Verschiebung der Investitionsstruktur bei den *privaten Investitionen* primär auf Kosten der Vorratsveränderung und geringfügig auf Kosten der Wohnbauten ging, während die *Ausrüstungen* und die *sonstigen Bauten* - also der eigentliche industrielle Investitionsprozeß - ihren Anteil halten bzw. sogar noch leicht erhöhen konnten. In allen Be-

Tabelle 50

GESAMTINVESTITIONEN NACH SEKTOREN

- Mrd. DM -

(in Preisen von 1962)

Aggregat / Zeitraum	1950 bis 1954	1955 bis 1959	1960 bis 1964	1965 bis 1969	1970 bis 1974
Private Investitionen	190,9	305,3	423,1	511,0	651,7
davon:					
- Ausrüstungsinvestitionen	73,6	125,3	197,6	243,0	350,1
- Wohnbauten	60,3	93,3	109,4	126,0	141,6
- Sonstige Bauten	38,3	65,2	89,4	103,4	127,8
- Vorratsveränderung	18,6	21,5	26,7	38,6	32,2
Staatliche Investitionen	20,3	39,4	70,5	94,9	107,9
davon:					
- Ausrüstungsinvestitionen	3,2	4,9	7,8	9,8	12,9
- Bauinvestitionen	17,1	34,4	62,7	85,2	95,0
Gesamtinvestitionen	211,2	344,6	493,6	605,9	759,6

reichen der privaten Investitionen ist darüber hinaus im Zeitraum 1950 bis 1969 ein von Periode zu Periode verlangsamtes Wachstumstempo festzustellen, das dann in den siebziger Jahren eine erneute Beschleunigung erfuhr. Demgegenüber zeigen die staatlichen Investitionen bis Mitte der sechziger Jahre anhaltend hohe Wachstumsraten, die sich in der zweiten Hälfte der sechziger Jahre rapide zurückbildeten, um in den siebziger Jahren wieder eine erneute Beschleunigung zu erfahren.

- In *realer Betrachtung* (vgl. Tabellen 50, 51, 52) bestätigt sich der gleiche Strukturwandel, wenngleich eine bemerkenswerte Ände-

Tabelle 51

GESAMTINVESTITIONEN NACH SEKTOREN
- Gesamtinvestitionen nach Sektoren = 100 -
(in Preisen von 1962)

Aggregat \ Zeitraum	1950 bis 1954	1955 bis 1959	1960 bis 1964	1965 bis 1969	1970 bis 1974
Private Investitionen	90,4	88,6	85,7	84,3	85,8
davon:					
- Ausrüstungsinvestitionen	34,9	36,4	40,0	40,1	46,1
- Wohnbauten	28,5	27,1	22,2	20,8	18,6
- Sonstige Bauten	18,1	18,9	18,1	17,1	16,8
- Vorratsveränderung	8,8	6,2	5,4	6,4	4,2
Staatliche Investitionen	9,6	11,4	14,3	15,7	14,2
davon:					
- Ausrüstungsinvestitionen	1,5	1,4	1,6	1,6	1,7
- Bauinvestitionen	8,1	10,0	12,7	14,1	12,5
Gesamtinvestitionen	100,0	100,0	100,0	100,0	100,0

rung zu registrieren ist. Die Strukturverschiebung auf Kosten des privaten Sektors hatte dort nicht verhindern können, daß sich der Anteil der *Ausrüstungsinvestitionen* erheblich erhöht hat, d.h. bei realer Betrachtung ging der anteilmäßige Rückgang der privaten Investitionen in erster Linie auf Kosten des *Wohnbautenanteils*, also auf Kosten jenes Teils, der nicht von unmittelbarer Wachstumsrelevanz ist, was die These von der "Investitionslücke" weiter relativiert. Insofern kann nicht überraschen, daß der jährliche Verlauf der Anteilsquoten (vgl. Schaubilder 55, 56) zwar eine gewisse Konjunkturreagibilität zeigt, aber dennoch ganz vom Strukturwandel dominiert wird. Festzuhalten ist aber, daß gerade beim

Tabelle 52

GESAMTINVESTITIONEN NACH SEKTOREN
- durchschnittliche jährliche Veränderung in vH -
(in Preisen von 1962)

Aggregat / Zeitraum	1950 bis 1954	1955 bis 1959	1960 bis 1964	1965 bis 1969	1970 bis 1974
Private Investitionen	x	x	x	x	x
davon:					
- Ausrüstungs-investitionen	+10,7	+ 6,9	+ 8,7	+ 3,7	+ 2,4
- Wohnbauten	+13,3	+ 5,8	+ 3,3	- 0,3	+ 3,4
- Sonstige Bauten	+ 9,4	+ 8,6	+ 4,9	+ 1,4	+ 1,5
- Vorratsveränderung	x	x	x	x	x
Staatliche Investitionen	x	x	x	x	x
davon:					
- Ausrüstungs-investitionen	+ 9,0	+ 9,4	+10,4	- 1,5	+ 7,6
- Bauinvestitionen	+10,4	+10,9	+14,3	+ 1,4	+ 0,1
Gesamtinvestitionen	+ 9,3	+ 7,1	+ 6,4	+ 3,0	+ 0,3

industriellen Investitionsprozeß - also den privaten Ausrüstungen und sonstigen Bauten - gemessen an den durchschnittlichen jährlichen Veränderungsraten über den gesamten Beobachtungszeitraum hinweg eine systematische Verlangsamung des realen Wachstumstempos zu verzeichnen ist.

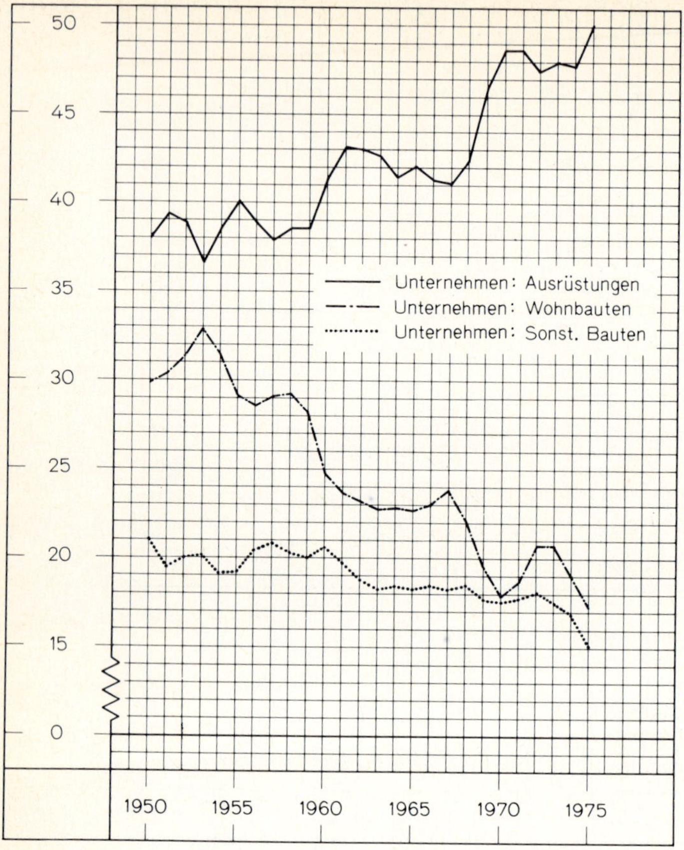

Schaubild 55. Gesamtinvestitionen (in Preisen von 1962). Anteile an den Gesamtinvestitionen in vH

38. Ein abschließender Blick auf die *Preisentwicklung* - gemessen an den durchschnittlichen jährlichen Veränderungsraten (vgl. Tabelle 53) sowie am jährlichen Verlauf des Preisniveaus (vgl. Schaubilder 57, 58) - zeigt zunächst in allen Investitionsbereichen, mit Ausnahme der staatlichen *Ausrüstungsinvestitionen*, unter dem Einfluß der

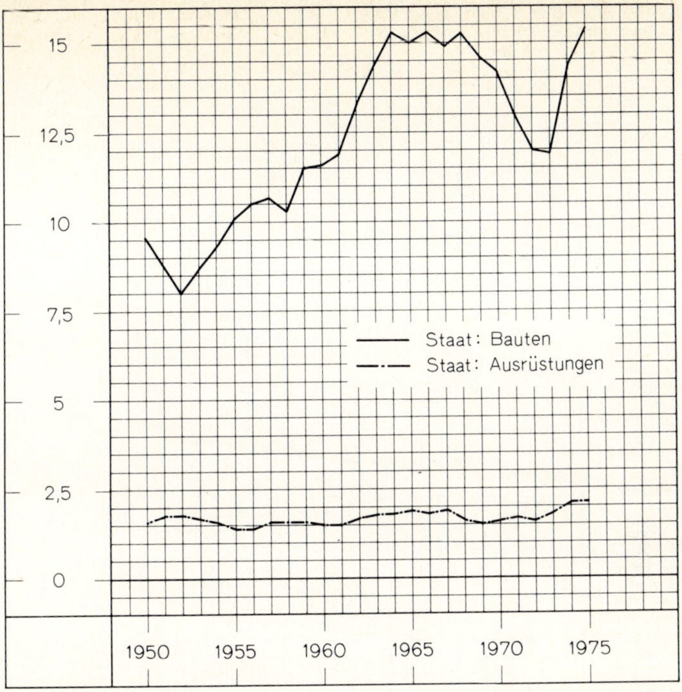

Schaubild 56. Gesamtinvestitionen (in Preisen von 1962). Anteile an den Gesamtinvestitionen in vH

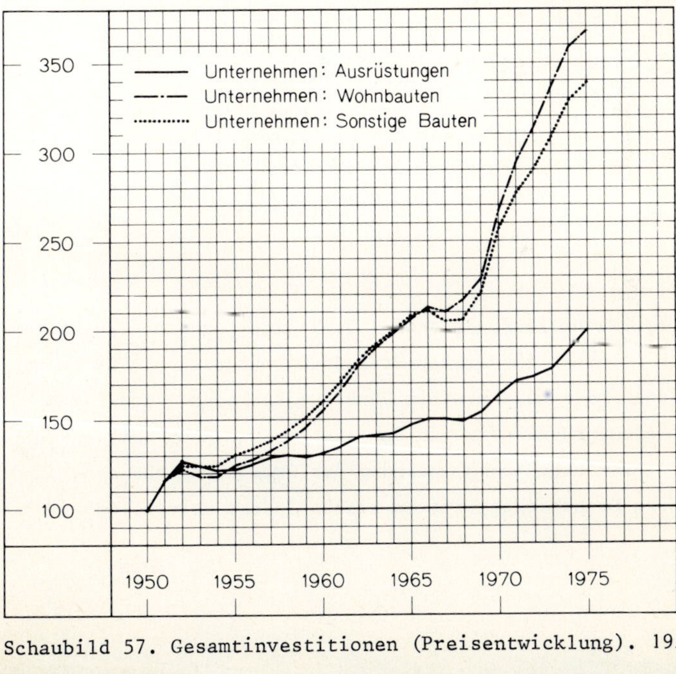

Schaubild 57. Gesamtinvestitionen (Preisentwicklung). 1950 = 100

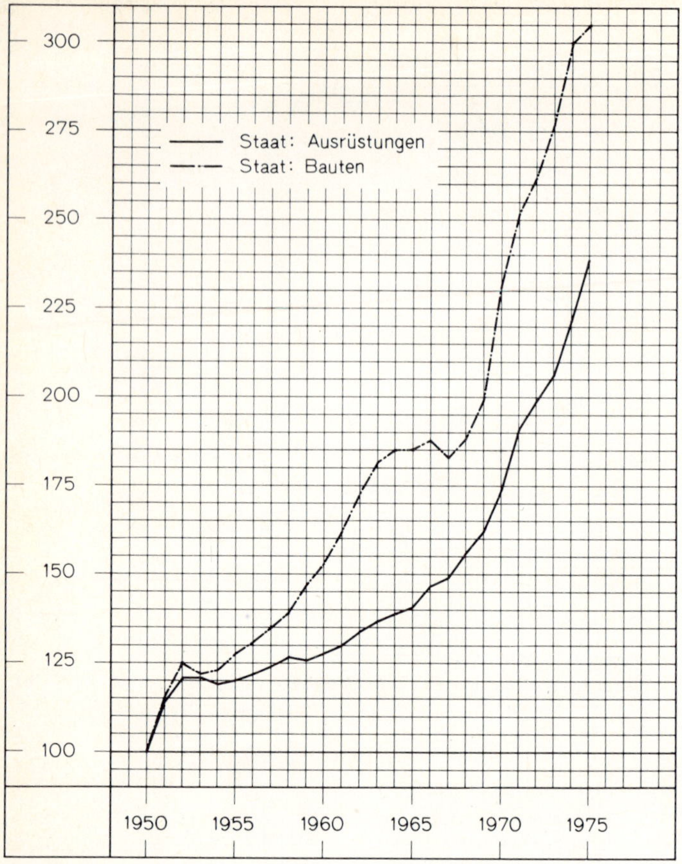

Schaubild 58. Gesamtinvestitionen (Preisentwicklung). 1950 = 100

ersten schweren Nachkriegsrezession (1967) eine deutliche Rückbildung der durchschnittlichen jährlichen Preissteigerungsraten. Für kurze Zeit war - ganz anders als etwa im Verbrauchsbereich - sogar das Preisniveau leicht rückläufig. In den siebziger Jahren setzte dann aber eine unverkennbare Beschleunigung des Preisauftriebs ein, an der auch die zweite Nachkriegsrezession nichts ändern konnte. Schließlich

Tabelle 53

GESAMTINVESTITIONEN NACH SEKTOREN
- durchschnittliche jährliche Veränderung in vH -
(Preisentwicklung)

Zeitraum / Aggregat	1950 bis 1954	1955 bis 1959	1960 bis 1964	1965 bis 1969	1970 bis 1974
Private Investitionen	x	x	x	x	x
davon:					
- Ausrüstungsinvestitionen	+ 4,5	+ 1,7	+ 2,1	+ 1,3	+ 3,7
- Wohnbauten	+ 3,5	+ 4,1	+ 6,7	+ 2,5	+ 9,0
- Sonstige Bauten	+ 5,1	+ 4,0	+ 5,9	+ 1,5	+ 7,6
- Vorratsveränderung	x	x	x	x	x
Staatliche Investitionen	x	x	x	x	x
davon:					
- Ausrüstungsinvestitionen	+ 4,1	+ 1,3	+ 2,1	+ 3,2	+ 6,2
- Bauinvestitionen	+ 4,9	+ 3,4	+ 5,1	+ 1,1	+ 7,9
Gesamtinvestitionen	+ 3,6	+ 2,9	+ 4,0	+ 1,3	+ 6,5

ist innerhalb der Investitionsbereiche ein unterschiedlicher Preisauftrieb zu registrieren. Er ist am ausgeprägtesten bei den privaten Wohnbauten (Anstieg 1975 gegenüber 1950: ca. 270 vH), gefolgt von den sonstigen privaten Bauten (ca. 250 vH), den staatlichen Bauten (ca. 200 vH), den staatlichen Ausrüstungen (ca. 140 vH) und schließlich den privaten Ausrüstungen (ca. 100 vH).

Teil D
Verteilung des Volkseinkommens

I. Die Globalverteilung

39. Nach Prüfung der Entstehung des Bruttoinlandsprodukts (Teil B) einerseits und der Verwendung des Bruttosozialprodukts (Teil C) andererseits stellt sich nun die gesellschaftspolitisch bedeutsame Frage nach der *Einkommensverteilung*. Die nachfolgende Behandlung dieses Problemkomplexes bedarf einer Vorbemerkung. Die vorgelegte Verteilungsrechnung stützt sich auf die Ergebnisse der Volkswirtschaftlichen Gesamtrechnung. Dies impliziert eine entscheidende Schwäche: Die Ergebnisse sind nur bedingt aussagefähig, weil die Gesamtrechnung auf dem *"funktionalen" Konzept* beruht, d.h. das Volkseinkommen nach den Faktoren Arbeit (Einkommen aus unselbständiger Arbeit) und Kapital (Einkommen aus Unternehmertätigkeit und Vermögen) aufteilt. Wichtiger wäre indessen das *"personale" Konzept*, das eine sozio-ökonomische Zuordnung der Einkommenskategorien ebenso einschließt wie die sog. Querverteilung der funktional errechneten Einkommensanteile (Vermögenseinkommen der Unselbständigen). Eine umfassende Information über diese personale Einkommensverteilung fehlt jedoch. Gewiß gibt es eine Reihe wichtiger Quellen der personalen Verteilungsrechnung: Lohnsteuer- und Einkommensteuerstatistik, Vermögenssteuer-, Erbschaftssteuer- und Umsatzsteuerstatistik, Einkommens- und Verbrauchsstichproben, Mikrozensus, Gehalts- und Lohnstrukturerhebungen. Das entscheidende Problem ist aber, diese Einzelstatistiken zu einer "integrierten" Verteilungsstatistik zusammenzufügen.[32)] Dies ist bislang zwar noch nicht gelungen; Versuche werden jedoch unternommen, wenigstens einzelne Aspekte schärfer zu durchleuchten. Es würde aber zu weit führen, die hier gewonnenen Ergebnisse[33)] im einzelnen zu analysieren und zu interpretieren.

Fußnoten 32 und 33 s.S. 127

Tabelle 54

VOLKSEINKOMMEN

- Mrd. DM -

Aggregat \ Zeitraum	1950 bis 1954	1955 bis 1959	1960 bis 1964	1965 bis 1969	1970 bis 1974
Bruttoinlandsprodukt	702,5	1159,5	1803,8	2597,2	4212,0
- Saldo zw. In- und Ausland	- 0,5	- 2,4	- 3,9	- 5,4	- 6,1
Bruttosozialprodukt	702,1	1157,1	1799,9	2591,8	4205,9
- Abschreibungen	57,9	94,0	166,8	272,0	472,3
(in vH d. BSP)	(8,3)	(8,1)	(9,3)	(10,5)	(11,2)
- Indirekte Steuern ./. Subventionen	101,2	161,1	241,9	333,9	498,5
(in vH d. BSP)	(14,4)	(13,9)	(13,4)	(12,9)	(11,9)
Volkseinkommen	542,9	902,1	1391,2	1985,8	3235,2
(in vH d. BSP)	(77,3)	(78,0)	(77,3)	(76,6)	(76,9)
nachrichtl.:					
- Indirekte Steuern	104,3	168,9	257,6	366,5	556,9
- Subventionen	3,1	7,8	15,7	32,6	58,4

---

32) Zu den methodisch-technischen Bedingungen einer solchen integrierten Verteilungsstatistik vgl. H.-J. Krupp, Möglichkeiten der Verbesserung der Einkommens- und Vermögensstatistik (Schriftenreihe der Kommission für wirtschaftlichen und sozialen Wandel, Band 50) Göttingen 1975.

33) Zu erwähnen sind insbesondere die Forschungsarbeiten des Deutschen Instituts für Wirtschaftsforschung, Berlin. Hier werden untersucht und teilweise jährlich aktualisiert: einmal die Einkommensverteilung, -schichtung und -kumulation der privaten Haushalte; vgl. dazu: DIW-Wochenbericht 25/73 (40. Jahrgang), DIW-Wochenbericht 34/73 (40. Jahrgang), DIW-Wochenbericht 7/74 (41. Jahrgang), DIW-Wochenbericht 30-31/76 (43. Jahrgang); zum zweiten die Vermögenseinkünfte der Privaten Haushalte; vgl. dazu: DIW-Wochenbericht 6/71 (38. Jahrgang), DIW-Wochenbericht 11/73 (40. Jahrgang), DIW-Wochenbericht 17/76 (43. Jahrgang).

Tabelle 55

VOLKSEINKOMMEN

- durchschnittliche jährliche Veränderung in vH -

Aggregat \ Zeitraum	1950 bis 1954	1955 bis 1959	1960 bis 1964	1965 bis 1969	1970 bis 1974
Bruttoinlandsprodukt	+12,5	+ 9,6	+ 9,0	+ 6,8	+10,5
Bruttosozialprodukt	+12,4	+ 9,7	+ 9,0	+ 6,8	+10,5
Abschreibungen	+10,6	+11,3	+12,8	+ 8,7	+12,2
Indirekte Steuern ./. Subventionen	+15,9	+ 7,6	+ 8,1	+ 6,6	+ 8,2
Volkseinkommen	+11,9	+ 9,9	+ 8,7	+ 6,6	+10,6
nachrichtl.: Indirekte Steuern	+14,9	+ 8,7	+ 8,5	+ 7,0	+ 8,7
Subventionen	-20,5	+56,4	+14,6	+11,9	+13,2

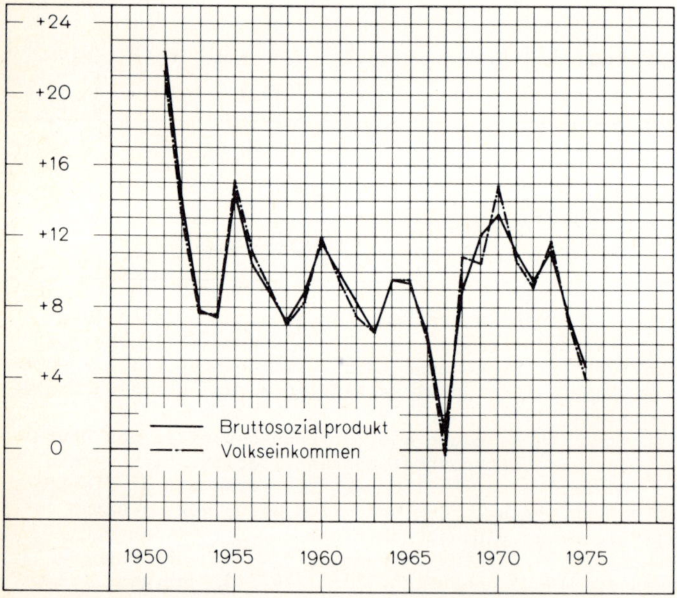

Schaubild 59. Volkseinkommen (in jeweiligen Preisen). Veränderung gegen Vorjahr in vH

Tabelle 56

BRUTTOEINKOMMENSVERTEILUNG

- Mrd. DM -

Aggregat \ Zeitraum	1950 bis 1954	1955 bis 1959	1960 bis 1964	1965 bis 1969	1970 bis 1974
Volkseinkommen	542,9	902,1	1391,2	1985,8	3235,2
Bruttoeink. aus uns. Arbeit	320,2	544,6	879,7	1291,9	2237,9
(in vH des VE)	(59,0)	(60,4)	(63,2)	(65,1)	(69,2)
- Saldo zw. In- und Ausland	+ 0,1	+ 2,1	+ 5,3	+ 5,7	+ 4,2
Im Inl. vert. Brutto-eink. aus uns. Arbeit	320,2	542,5	874,4	1286,2	2233,6
Bruttoeink. aus U'tät. u. Vermögen	222,7	357,5	511,5	693,9	997,3
(in vH des VE)	(41,0)	(39,6)	(36,8)	(34,9)	(30,8)
- Saldo zw. In- und Ausland	- 0,5	- 4,2	- 9,2	-11,1	-10,3
Im Inl. vert. Brutto-eink. aus U'tät. u. Vermögen	223,2	361,7	520,7	705,0	1007,6

40. Trotz dieser erheblichen *methodischen Einschränkungen* beschränken wir uns im folgenden dennoch auf die Verteilungsergebnisse, wie sie gegenwärtig im Rahmen der Volkswirtschaftlichen Gesamtrechnung präsentiert werden, um die *Kompatibilität* zur Entstehungs- und Verwendungsseite zu wahren. Dies ermöglicht es uns, bei der Ermittlung des - verteilbaren - Volkseinkommens unmittelbar am nominalen Bruttoinlandsprodukt bzw. (nach der Korrektur durch den Saldo der Erwerbs- und Vermögenseinkommen zwischen den Inländern und der übrigen Welt[34]) am nominalen Bruttosozialprodukt anzuknüpfen. Gehen wir nun davon aus, daß das Volkseinkommen sich ergibt, nachdem vom Bruttosozialprodukt die *volkswirtschaftlichen Abschreibungen* einerseits und

34) Vgl. Fußnote 17.

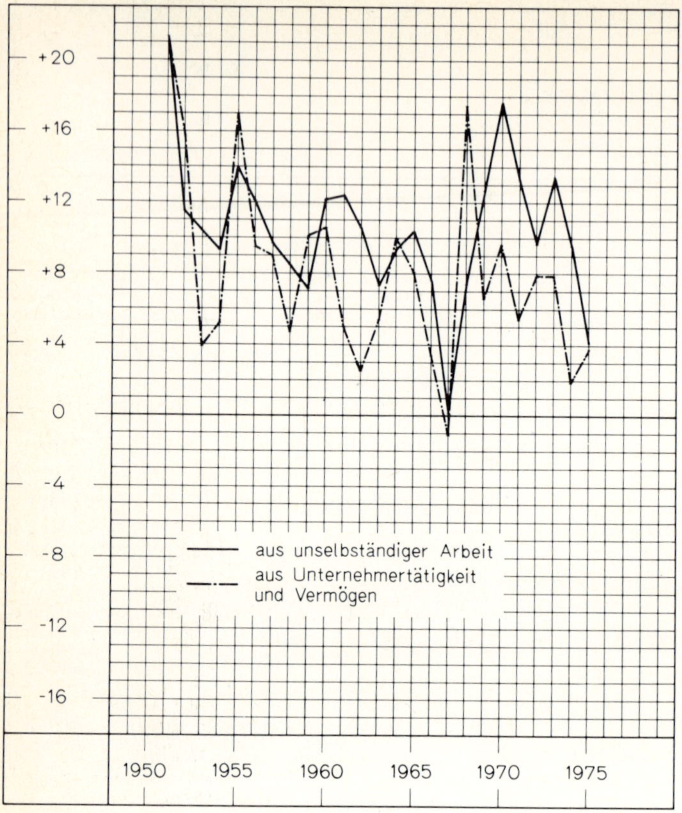

Schaubild 60. Bruttoeinkommen. Veränderung gegen Vorjahr in vH

der *Saldo aus indirekten Steuern abzüglich Subventionen* andererseits abgezogen werden, so erhalten wir zwei bemerkenswerte Grundtendenzen (vgl. Tabellen 54, 55 in Verbindung mit Schaubild 59):

- Einerseits zeigt sich im gesamten Beobachtungszeitraum, daß das *Volkseinkommen* nicht nur eine relativ stabile Anteilsquote am Bruttosozialprodukt aufweist, sondern daß auch - gemessen am Entwicklungsverlauf der jährlichen Veränderungsraten - beide Aggregate sehr eng miteinander korreliert sind. Erneut bestätigt sich auch der bereits mehrfach erwähnte Superzyklus von 1967 bis 1975.
- Andererseits verbergen sich hinter der relativ stabilen Anteilsquote des Volkseinkommens am Bruttosozialprodukt deutlich diver-

Tabelle 57

GEWINN-VERLUST-DETERMINANTEN

- Mrd. DM -

Aggregat \ Zeitraum	1950 bis 1954	1955 bis 1959	1960 bis 1964	1965 bis 1969	1970 bis 1974
Gewinndeterminanten					
Verbrauch	531,5	837,3	1282,6	1863,8	3012,4
Investitionen	158,1	287,3	489,6	673,8	1090,9
Ausfuhr	96,6	221,3	353,6	569,0	1049,1
Subventionen	3,1	7,8	15,7	32,6	58,4
Gewinndeterminanten	789,3	1353,7	2141,5	3139,2	5210,8
Verlustdeterminanten					
Eink. a. uns. Arbeit	320,2	544,6	879,7	1291,9	2237,9
Einfuhr	84,1	188,8	325,9	514,7	946,5
Indirekte Steuern	104,3	168,9	257,6	366,5	556,9
Abschreibungen	57,9	94,0	166,8	272,0	472,3
Verlustdeterminanten	566,5	996,3	1630,0	2445,1	4213,6
Bruttoeink. aus U'tät. u. Vermögen	222,7	357,5	511,5	693,9	997,3

gierende Entwicklungstendenzen: Die *volkswirtschaftlichen Abschreibungen* gewinnen anteilsmäßig zunehmend an Bedeutung: im Zeitraum 1975/76 erreichten sie eine Quote von 12 vH. Demgegenüber sinkt der Anteil des *Saldos aus indirekten Steuern und Subventionen*; im Zeitraum 1975/76 betrug er noch 11,5 vH.

41. Was nun die globale *Bruttoverteilung* angeht (vgl. Tabelle 56 in Verbindung mit Schaubild 60), so ist festzustellen - ohne daß dies als Indiz für das tatsächliche Verteilungsergebnis gewertet werden könnte (vgl. dazu noch später) -, daß die Bruttoeinkommen aus *unselbständiger Arbeit*, mit Ausnahme weniger konjunktureller Aufschwungs-

Tabelle 58

GEWINN-VERLUST-DETERMINANTEN

Aggregat \ Zeitraum	1950 bis 1954	1955 bis 1959	1960 bis 1964	1965 bis 1969	1970 bis 1974
<u>Gewinndeterminanten = 100</u>					
Verbrauch	67,3	61,9	59,9	59,4	57,8
Investitionen	20,0	21,2	22,9	21,5	21,0
Ausfuhr	12,2	16,3	16,5	18,1	20,1
Subventionen	0,4	0,6	0,7	1,0	1,1
<u>Verlustdeterminanten = 100</u>					
Eink. a. uns. Arbeit	56,5	54,7	54,0	52,8	53,1
Einfuhr	14,8	19,0	20,0	21,1	22,5
Indirekte Steuern	18,4	17,0	15,8	15,0	13,2
Abschreibungen	10,2	9,4	10,2	11,1	11,2

jahre, erheblich rascher wachsen als die Bruttoeinkommen aus *Unternehmertätigkeit und Vermögen*. Besonders auffällig ist die Diskrepanz im Wachstumstempo seit Ende der sechziger Jahre. Gehen wir nun einmal von der herkömmlichen These aus, daß die Gewinneinkommen ein vom "Markt" determiniertes *Residualeinkommen* darstellen - angesichts der in der Realität gegebenen konkreten Situation (Konzentrationstendenz) ist eine solche These immer mehr zu problematisieren, ohne daß dies hier erfolgen kann -, und definieren wir deshalb die Bruttoeinkommen aus Unternehmertätigkeit und Vermögen als "Restgröße", so läßt sich aus der Kreislaufbetrachtung unschwer nachweisen, daß auf diese Größe positive wie negative Faktoren einwirken. Wir verwenden folgende Symbole: Bruttosozialprodukt (BSP), Volkseinkommen (Y), Verbrauchsnachfrage (V), Investitionsnachfrage (I), Auslandsnachfrage (A), Einfuhr (E), Unselbständigeneinkommen (L), Gewinneinkommen (G), Subventionen (S), Indirekte Steuern (T), Abschreibungen (R). Dabei gelten folgende Grundbeziehungen:

Tabelle 59

NETTOEINKOMMEN AUS UNSELBSTÄNDIGER ARBEIT

- Mrd. DM -

Aggregat \ Zeitraum	1950 bis 1954	1955 bis 1959	1960 bis 1964	1965 bis 1969	1970 bis 1974
Bruttoeink. aus uns. Arbeit	320,2	544,6	879,7	1291,9	2237,9
- AG-Beiträge zur Sozialversicherung	30,1	57,4	95,3	142,3	293,6
- Zus. Sozialaufwendung d. Arbeitgeber	6,0	10,1	13,1	16,7	29,2
Bruttolohn- und -gehaltsumme	284,2	477,1	771,2	1132,8	1915,0
- AN-Beiträge zur Sozialversicherung	22,2	41,4	71,1	111,7	213,4
- Lohnsteuer	17,0	27,3	58,9	102,6	269,0
Nettolohn- u. -gehaltsumme	244,9	408,4	641,2	918,5	1432,7
Nettoeink. aus unselb. Arbeit	250,9	418,5	654,4	935,3	1461,9

(1) $BSP = V + I + A - E$

(2) $BSP = Y + T + R - S$

(3) $Y = L + G$

Die Gleichung (3) in die Gleichung (2) eingesetzt und diese dann in Gleichung (1) ergibt:

(4) $L + G + T + R - S = V + I + A - E$

oder umformuliert:

(5) $G = (V + I + A + S) - (E + L + T + R)$.

Wir erhalten somit jeweils vier Gewinn- und vier Verlustdeterminanten. Der empirische Befund über ihre Gewichtung zeigt dabei deutliche Strukturwandlungen (vgl. Tabellen 57, 58):

Tabelle 60

NETTOEINKOMMEN AUS UNSELBSTÄNDIGER ARBEIT
- Bruttoeinkommen aus unselbständiger Arbeit = 100 -

Zeitraum / Aggregat	1950 bis 1954	1955 bis 1959	1960 bis 1964	1965 bis 1969	1970 bis 1974
Bruttoeink. aus uns. Arbeit	100,0	100,0	100,0	100,0	100,0
- AG-Beiträge zur Sozialversicherung	9,4	10,5	10,8	11,0	13,1
- Zus. Sozialaufw. d. Arbeitgeber	1,9	1,9	1,5	1,3	1,3
Bruttolohn- und -gehaltsumme	88,7	87,6	87,7	87,7	85,6
- AN-Beiträge zur Sozialversicherung	6,9	7,6	8,1	8,7	9,5
- Lohnsteuer	5,3	5,0	6,7	7,9	12,0
Nettolohn- und -gehaltsumme	76,5	75,0	72,9	71,1	64,0
Nettoeink. aus uns. Arbeit	78,4	76,9	74,4	72,4	65,3

- Bei den *Gewinndeterminanten* dominiert zwar immer noch die Verbrauchsnachfrage; ihr Gewicht ist aber rückläufig. Demgegenüber hat das Gewicht der Auslandsnachfrage deutlich zugenommen und das Gewicht der Investitionsnachfrage - die ihren Anteil im Beobachtungszeitraum etwa hielt - nahezu erreicht.

- Bei den *Verlustdeterminanten* dominieren zwar immer noch die Unselbständigeneinkommen; ihr Gewicht ist leicht rückläufig wie auch jenes der indirekten Steuern. Während die Abschreibungen ihren Anteil in etwa gehalten haben, hat die Einfuhr an Bedeutung erheblich zugenommen.

42. Gehen wir nach dieser Bruttobetrachtung über zur *Nettoverteilung*, so ergeben sich sowohl für die Entwicklung der Unselbständigeneinkommen als auch der Gewinneinkommen einige grundlegende Tendenzen:

Tabelle 61

NETTOEINKOMMEN AUS UNSELBSTÄNDIGER ARBEIT
- durchschnittliche jährliche Veränderung in vH -

Zeitraum / Aggregat	1950 bis 1954	1955 bis 1959	1960 bis 1964	1965 bis 1969	1970 bis 1974
Bruttoeink. aus uns. Arbeit	+12,6	+10,2	+10,3	+ 6,7	+12,5
- AG-Beiträge zur Sozialversicherung	+12,9	+15,0	+ 9,0	+ 9,3	+16,8
- Zus. Sozialaufw. d. Arbeitgeber	+12,9	+ 8,4	+ 5,3	+ 5,9	+12,7
Bruttolohn- und -gehaltsumme	+12,6	+ 9,7	+10,6	+ 6,4	+11,9
- AN-Beiträge zur Sozialversicherung	+12,5	+14,7	+ 9,9	+ 9,6	+14,3
- Lohnsteuer	+19,4	+ 5,8	+20,9	+11,1	+21,3
Nettolohn- und -gehaltsumme	+12,2	+ 9,5	+ 9,8	+ 5,5	+10,0
Nettoeink. aus uns. Arbeit	+12,2	+ 9,4	+ 9,7	+ 5,5	+10,1

- Die Nettoeinkommen aus *unselbständiger Arbeit* setzen sich aus der Nettolohn- und -gehaltsumme und den zusätzlichen Sozialaufwendungen der Arbeitgeber zusammen. Die *Nettolohn- und -gehaltsumme* ergibt sich, wenn wir von den Bruttoeinkommen die Arbeitgeberbeiträge zur Sozialversicherung und die zusätzlichen Sozialaufwendungen der Arbeitgeber abziehen - wir erhalten dann die *Bruttolohn- und -gehaltsumme* - und dann von dieser die Arbeitnehmerbeiträge zur Sozialversicherung und die Lohnsteuer in Abzug bringen. Der empirische Befund (vgl. Tabellen 59,60, 61 in Verbindung mit Schaubild 61) macht deutlich, daß anteilsmäßig sowohl die Beiträge zur *Sozialversicherung* als auch die *Lohnsteuer* ständig an Bedeutung gewinnen.[35] Im Zeitraum 1975/76 sank der Anteil der Netto-

Fußnote 35 s.S. 136

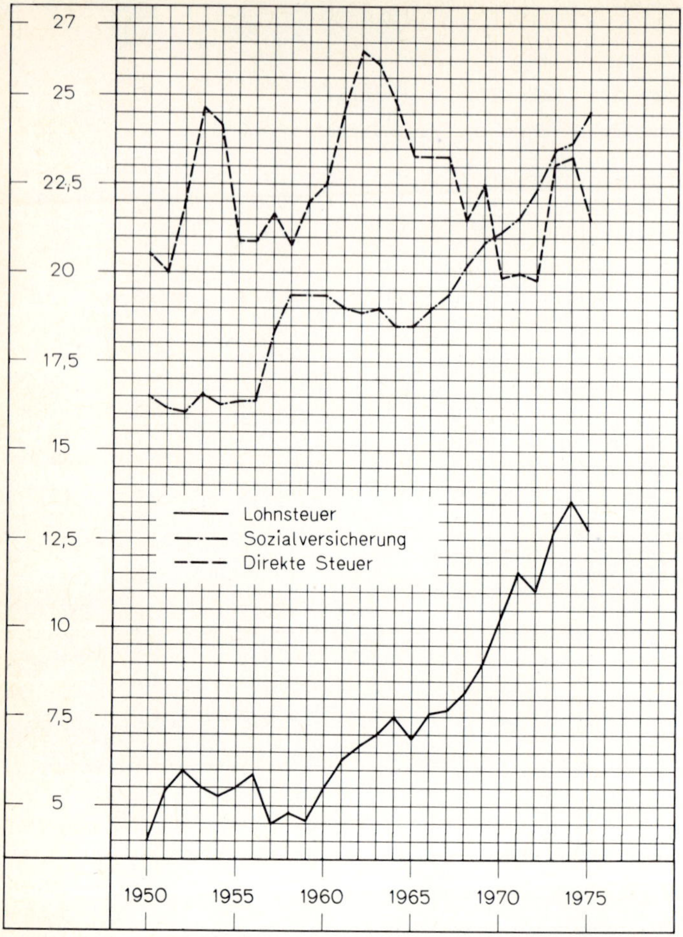

Schaubild 61. Anteile am jeweiligen Bruttoeinkommen in vH

lohn- und -gehaltsumme am Bruttoeinkommen sogar auf 60 vH. Dies hat schließlich zur Konsequenz, daß die durchschnittlichen jähr-

---

35) Vgl. dazu: J. Körner, Anstieg der Grenzbelastung von Löhnen und Gehältern mit öffentlichen Abgaben, in: Ifo-Schnelldienst, 28.7.1976. In diesem Beitrag wird unter anderem gezeigt, daß neben der Progressionswirkung der Steuer auch die geringer gewordene Möglichkeit, Sonderausgaben anzusetzen, die über die Höchstbeträge hinausgehen, sowie die Einführung von Stabilitätsangaben und die Zunahme der Grenzbelastung durch die Sozialversicherung eine wichtige Rolle spielen.

Tabelle 62

NETTOEINKOMMEN AUS UNTERNEHMERTÄTIGKEIT UND VERMÖGEN

- Mrd. DM -

Aggregat \ Zeitraum	1950 bis 1954	1955 bis 1959	1960 bis 1964	1965 bis 1969	1970 bis 1974
Bruttoeink. aus U'tät. und Vermögen	222,7	357,5	511,5	693,9	997,3
- direkte Steuern	50,3	76,1	127,3	157,7	212,7
Nettoeink. aus U'tät. und Vermögen	172,4	281,4	384,2	536,2	784,6
- Private Gewinnentn.	120,3	180,2	271,5	410,6	708,1
- Staatl. Gewinnentn.	6,1	12,2	17,5	18,3	17,9
- nichtentn. Gewinne	46,0	89,0	95,3	107,4	58,6

Tabelle 63

NETTOEINKOMMEN AUS UNTERNEHMERTÄTIGKEIT UND VERMÖGEN

- Bruttoeinkommen = 100 -

Aggregat \ Zeitraum	1950 bis 1954	1955 bis 1959	1960 bis 1964	1965 bis 1969	1970 bis 1974
Bruttoeink. aus U'tät. und Vermögen	100,0	100,0	100,0	100,0	100,0
- direkte Steuern	22,6	21,3	24,9	22,7	21,3
Nettoeink. aus U'tät. und Vermögen	77,4	78,7	75,1	77,3	78,7
- Private Gewinnentn.	54,0	50,4	53,1	59,2	71,0
- Staatl. Gewinnentn.	2,7	3,4	3,4	2,6	1,8
- nichtentn. Gewinne	20,7	24,9	18,6	15,5	5,9

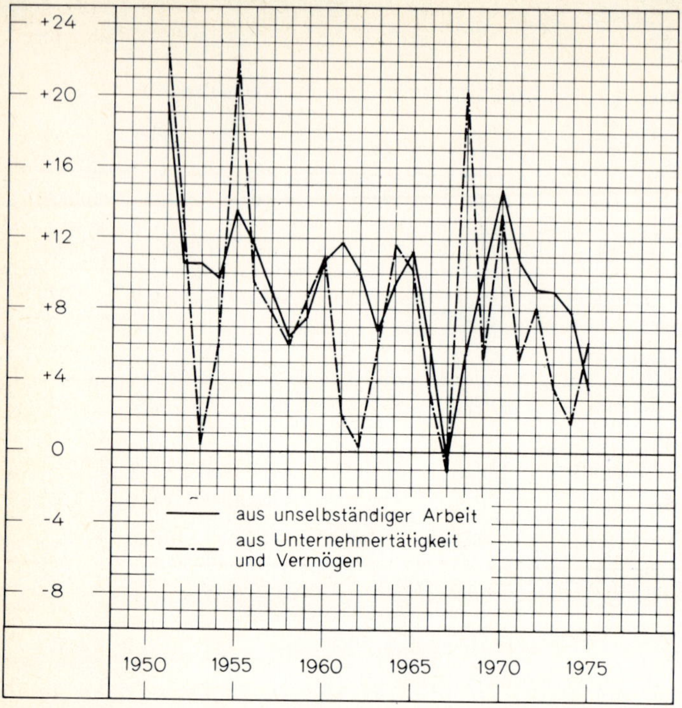

Schaubild 62. Nettoeinkommen. Veränderung gegen Vorjahr in vH

lichen Wachstumsraten der Nettoeinkommen in allen Perioden deutlich unter jenen der Bruttoeinkommen liegen.

- Die Nettoeinkommen aus *Unternehmertätigkeit und Vermögen* ergeben sich nach Abzug der direkten Steuern von den Bruttoeinkommen. Hier zeigt der empirische Befund nun deutlich (vgl. Tabellen 62, 63 in Verbindung mit Schaubild 61), daß - im Gegensatz zu den Unselbständigeneinkommen - die anteilsmäßige Belastung durch die *direkten Steuern* relativ konstant geblieben, seit Anfang der sechziger Jahre sogar gesunken ist. Auch dies erlaubt jedoch keine verteilungsanalytischen Schlüsse, da hierbei steuertechnische Aspekte - Rückzahlungen im Rahmen des Einkommen- bzw. Lohnsteuerjahresausgleichs an Arbeitnehmer - eine Rolle spielen. Bemerkenswert in diesem Zusammenhang ist aber noch ein anderer Aspekt: Von den verbleibenden Nettoeinkommen wird ein zunehmender Anteil der *privaten*

Tabelle 64

BRUTTOEINKOMMEN AUS UNSELBSTÄNDIGER ARBEIT

- Mrd. DM -

Zeitraum / Aggregat	1950 bis 1954	1955 bis 1959	1960 bis 1964	1965 bis 1969	1970 bis 1974
Land- und Forstwirtschaft	13,1	15,3	14,0	15,3	20,0
Warenproduzierendes Gewerbe	173,9	302,7	499,5	707,8	1200,5
davon:					
- Energie, Bergbau	23,1	32,4	36,2	40,1	.
- Baugewerbe	26,0	46,8	84,1	118,2	.
- Verarb. Gewerbe	124,9	223,6	379,2	549,5	.
Dienstleistungen	133,1	224,4	361,0	563,1	1013,2
davon:					
- Handel, Verkehr	54,3	91,5	144,8	217,5	368,5
- Banken, Versicher.	6,1	11,9	21,7	38,0	76,8
- Sonstige	10,7	21,1	37,7	56,2	91,8
- Staat	50,3	80,7	129,5	212,8	407,9
- Priv. Haushalte	11,7	19,2	27,2	38,7	68,2
Bruttoeinkommen	320,2	542,5	874,4	1286,2	2233,6

Gewinnentnahme zugeführt (im Zeitraum 1975/76 war das zusammengefaßte Volumen der privaten Gewinnentnahmen mit ca. 380 Mrd. DM faktisch identisch mit dem Volumen des Nettoeinkommens), mit der Folge, daß die für die Selbstfinanzierung zur Verfügung stehenden nichtentnommenen Gewinne eine immer geringere Bedeutung erlangen.

Angesichts dieser divergierenden Belastungen der Bruttoeinkommen kann nicht überraschen, daß sich der Verlauf der jährlichen Veränderungsraten der *Nettoeinkommen* (vgl. Schaubild 62) von jenem der Bruttoeinkommen insofern unterscheidet, als jetzt die Diskrepanzen zugunsten der Unselbständigeneinkommen nicht mehr so ausgeprägt sind.

Tabelle 65

BRUTTOEINKOMMEN AUS UNSELBSTÄNDIGER ARBEIT
- Bruttoeinkommen aus unselbständiger Arbeit = 100 -

Aggregat \ Zeitraum	1950 bis 1954	1955 bis 1959	1960 bis 1964	1965 bis 1969	1970 bis 1974
Land- und Forstwirtschaft	4,1	2,8	1,6	1,2	0,9
Warenproduzierendes Gewerbe	54,3	55,8	57,1	55,0	53,8
davon:					
- Energie, Bergbau	7,2	6,0	4,1	3,1	.
- Baugewerbe	8,1	8,6	9,6	9,2	.
- Verarb. Gewerbe	39,0	41,2	43,4	42,7	.
Dienstleistungen	41,6	41,4	41,3	43,8	45,4
davon:					
- Handel, Verkehr	17,0	16,9	16,6	16,9	16,5
- Banken, Versicher.	1,9	2,2	2,5	3,0	3,4
- Sonstige	3,4	3,9	4,3	4,4	4,1
- Staat	15,7	14,9	14,8	16,5	18,3
- Priv. Haushalte	3,7	3,5	3,1	3,0	3,1
Bruttoeinkommen	100,0	100,0	100,0	100,0	100,0

II. Die sektorale Verteilung

43. Die sektorale Einkommensverteilung bildet einen wichtigen Teilaspekt im Rahmen des Verteilungsproblems. Konzentrieren wir uns zunächst auf die sektorale Verteilung des *Bruttoeinkommens aus unselbständiger Arbeit* (vgl. Tabellen 64, 65, 66)[36], so läßt sich grund-

36) Da hier der Wertschöpfungsaspekt von zentraler Bedeutung ist, erfordert die folgende Betrachtung wieder den Übergang zum Inlandskonzept (vgl. Fußnote 17 in Verbindung mit Fußnote 23).

Tabelle 66

BRUTTOEINKOMMEN AUS UNSELBSTÄNDIGER ARBEIT
- durchschnittliche jährliche Veränderung in vH -

Aggregat \ Zeitraum	1950 bis 1954	1955 bis 1959	1960 bis 1964	1965 bis 1969	1970 bis 1974
Land- und Forstwirtschaft	+ 5,0	+ 1,6	+ 0,6	+ 1,4	+ 6,8
Warenproduzierendes Gewerbe	+13,0	+10,1	+10,5	+ 5,7	+11,4
davon:					
- Energie, Bergbau	+ 9,3	+ 5,5	+ 3,0	+ 0,4	.
- Baugewerbe	+15,3	+10,1	+13,3	+ 2,6	.
- Verarb. Gewerbe	+13,2	+10,9	+10,6	+ 6,8	.
Dienstleistungen	+12,9	+10,5	+10,7	+ 8,2	+14,1
davon:					
- Handel, Verkehr	+12,4	+10,8	+10,4	+ 6,6	+12,7
- Banken, Versicher.	+19,7	+12,0	+12,9	+11,9	+15,7
- Sonstige	+16,4	+13,5	+12,0	+ 6,6	+11,6
- Staat	+11,7	+ 9,5	+11,1	+ 9,6	+15,8
- Priv. Haushalte	+13,6	+ 9,0	+ 6,9	+ 8,0	+13,2
Bruttoeinkommen	+12,6	+10,0	+10,4	+ 6,7	+12,6

sätzlich feststellen, daß die sektorale Verteilung relativ eng korrespondiert mit der sektoralen Entwicklung der *unselbständig Beschäftigten* (vgl. Ziff. 22):

- In der globalen Betrachtung zeigt sich ein systematischer Rückgang des Einkommensanteils im Bereich der *Land- und Forstwirtschaft* bei gleichzeitigem Anstieg des Einkommensanteils im *Dienstleistungsbereich*. Demgegenüber zeigt sich im *Warenproduzierenden Gewerbe* zunächst ein Anstieg des Einkommensanteils, der sich aber seit Mitte der sechziger Jahre deutlich zurückbildet; die Wachstumsraten liegen in diesem Bereich im Zeitraum 1965/74 merklich unter dem gesamtwirtschaftlichen Durchschnitt.

Tabelle 67

BRUTTOEINKOMMEN AUS UNTERNEHMERTÄTIGKEIT UND VERMÖGEN
- Mrd. DM -

Aggregat \ Zeitraum	1950 bis 1954	1955 bis 1959	1960 bis 1964	1965 bis 1969	1970 bis 1974
Land- und Forstwirtschaft	40,9	53,4	67,7	75,0	82,2
Warenproduzierendes Gewerbe	97,3	163,5	230,4	308,0	436,6
davon:					
- Energie, Bergbau	5,8	15,6	22,5	29,7	.
- Baugewerbe	9,0	18,5	32,7	46,0	.
- Verarb. Gewerbe	82,6	129,5	175,1	232,2	.
Dienstleistungen	84,9	144,8	222,7	331,7	536,5
davon:					
- Handel, Verkehr	51,7	85,3	119,2	154,1	202,9
- Banken, Versicher.	4,6	7,7	12,1	17,6	32,9
- Sonstige	28,6	51,8	91,4	160,0	300,7
- Staat	x	x	x	x	x
- Priv. Haushalte	x	x	x	x	x
Bruttoeinkommen (unbereinigt)	223,2	361,7	520,7	714,6	1055,4

- In der differenzierenden Betrachtung ist festzustellen, daß im Rahmen des Warenproduzierenden Gewerbes - wobei die Detailwerte aber nur bis 1972 definitiv erfaßbar und berechenbar sind - der anteilsmäßige Rückgang in der *Energiewirtschaft* über den gesamten Beobachtungszeitraum hinweg erfolgt; im *Bau- und Verarbeitenden Gewerbe* erst von Mitte der sechziger Jahre an. Im Dienstleistungsbereich ist als Besonderheit festzuhalten, daß die an sich zu verzeichnende Korrespondenz zur Entwicklung der unselbständig Beschäftigten im Sektor *Handel und Verkehr* durchbrochen wird: Hier ist der Einkommensanteil leicht rückläufig.

Tabelle 68

BRUTTOEINKOMMEN AUS UNTERNEHMERTÄTIGKEIT UND VERMÖGEN

- Bruttoeinkommen = 100 -

Aggregat \ Zeitraum	1950 bis 1954	1955 bis 1959	1960 bis 1964	1965 bis 1969	1970 bis 1974
Land- und Forstwirtschaft	18,3	14,8	13,0	10,5	7,8
Warenproduzierendes Gewerbe	43,6	45,2	44,2	43,1	41,4
davon:					
- Energie, Bergbau	2,6	4,3	4,3	4,2	.
- Baugewerbe	4,0	5,1	6,3	6,4	.
- Verarb. Gewerbe	37,0	35,8	33,6	32,5	.
Dienstleistungen	38,1	40,0	42,8	46,4	50,8
davon:					
- Handel, Verkehr	23,1	23,6	22,9	21,6	19,2
- Banken, Versicher.	2,1	2,1	2,3	2,5	3,1
- Sonstige	12,8	14,3	17,5	22,4	28,5
- Staat	x	x	x	x	x
- Priv. Haushalte	x	x	x	x	x
Bruttoeinkommen	100,0	100,0	100,0	100,0	100,0

44. Bei der sektoralen Verteilung des *Bruttoeinkommens aus Unternehmertätigkeit und Vermögen* (vgl. Tabellen 67, 68, 69)[37] zeigt sich demgegenüber nicht die enge Korrespondenz zur Strukturentwicklung

37) Analog zum Unselbständigeneinkommen (vgl. Fußnote 36) ist auch hier das Inlandskonzept relevant. Darüber hinaus ist aber in diesem Zusammenhang noch auf eine Besonderheit zu verweisen. Die hier ausgewiesenen Globalsummen der Gewinneinkommen liegen in den beiden letzten Teilzeiträumen (1965/69 bzw. 1970/74) über jenen Summen, die in der Globalverteilung ausgewiesen sind (vgl. Tabelle 56). Der Grund liegt in der gleichen steuerpolitischen Besonderheit, mit der auch das Bruttoinlandsprodukt bereinigt werden mußte (vgl. Fußnote 18). Die hier ausgewiesenen Werte stellen insoweit "unbereinigte" Summen der Bruttoeinkommen aus Unternehmertätigkeit und Vermögen dar.

Tabelle 69

BRUTTOEINKOMMEN AUS UNTERNEHMERTÄTIGKEIT UND VERMÖGEN
- durchschnittliche jährliche Veränderung in vH -

Aggregat \ Zeitraum	1950 bis 1954	1955 bis 1959	1960 bis 1964	1965 bis 1969	1970 bis 1974
Land- und Forstwirtschaft	+ 7,1	+ 6,1	+ 4,7	+ 0,8	+ 2,8
Warenproduzierendes Gewerbe	+15,6	+ 9,3	+ 4,6	+ 7,3	+ 3,7
davon:					
- Energie, Bergbau	+55,1	+13,8	+ 2,9	+ 7,2	.
- Baugewerbe	+16,9	+13,6	+ 9,9	+ 7,4	.
- Verarb. Gewerbe	+13,4	+ 8,2	+ 3,9	+ 7,3	.
Dienstleistungen	+ 8,9	+11,1	+ 8,2	+ 8,1	+10,7
davon:					
- Handel, Verkehr	+ 7,1	+10,7	+ 5,5	+ 4,9	+ 5,3
- Banken, Versicher.	+ 8,9	+10,8	+ 7,0	+ 6,2	+18,0
- Sonstige	+12,2	+11,7	+12,2	+11,7	+13,9
- Staat	x	x	x	x	x
- Priv. Haushalte	x	x	x	x	x
Bruttoeinkommen	+11,4	+ 9,5	+ 6,1	+ 7,0	+ 7,1

der Selbständigen (vgl. Ziff. 22). Zwar ist auch der Anteil der Selbständigeneinkommen im Bereich der Land- und Forstwirtschaft deutlich gesunken; doch im übrigen sind Divergenzen festzustellen:

- Während der Anteil der Selbständigen im *Warenproduzierenden Gewerbe* seit Mitte der fünfziger Jahre stagniert (und in den siebziger Jahren sogar leicht ansteigt), ist im gleichen Zeitraum der Anteil der Selbständigeneinkommen stark rückläufig. Offensichtlich hat sich die pro-Kopf-bezogene Gewinnsituation in diesem Bereich verschlechtert, wobei sich diese Entwicklung überwiegend auf das *Verarbeitende Gewerbe* konzentriert.

Tabelle 70

UNSELBSTÄNDIGENEINKOMMEN (BRUTTO) JE UNSELBSTÄNDIGE

- Jahresdurchschnitte in 1000 DM -

Aggregat \ Zeitraum	1950 bis 1954	1955 bis 1959	1960 bis 1964	1965 bis 1969	1970 bis 1974
Land- und Forstwirtschaft	2,8	4,6	6,5	9,3	14,9
Warenproduzierendes Gewerbe	4,0	5,6	8,4	11,9	20,1
davon:					
- Energie, Bergbau	5,5	7,5	10,4	14,0	.
- Baugewerbe	3,9	5,6	8,4	11,8	.
- Verarb. Gewerbe	3,8	5,4	8,2	11,9	.
Dienstleistungen	4,3	6,1	8,5	12,2	20,1
davon:					
- Handel, Verkehr	4,3	5,6	7,8	11,5	18,8
- Banken, Versicher.	5,5	7,4	10,1	14,2	23,7
- Sonstige	2,9	4,0	5,8	7,6	11,6
- Staat	5,6	8,4	11,0	15,3	25,1
- Priv. Haushalte	2,7	4,5	7,8	11,9	20,8
Bruttoeinkommen	4,0	5,7	8,4	12,0	20,0

- Im *Dienstleistungsbereich* ist zwar global die anteilsmäßige Korrespondenz zwischen Selbständigen- und Selbständigeneinkommensentwicklung zu erkennen. Innerhalb dieses Bereichs ist diese Korrespondenz aber im Sektor *Handel und Verkehr* wieder unterbrochen: Einem zunehmenden Anteil der Selbständigen steht ein abnehmender Anteil der Selbständigeneinkommen gegenüber.

45. Der letzte Problemkomplex, dem im Zusammenhang mit der sektoralen Einkommensverteilung nachzugehen ist, läßt sich mit dem Begriff *"Einkommensnivellierung"* umschreiben. Wir beschränken uns hierbei auf die Bruttoeinkommen aus *unselbständiger* Arbeit. Verknüpft man die Ent-

Tabelle 71

UNSELBSTÄNDIGENEINKOMMEN (BRUTTO) JE UNSELBSTÄNDIGE
- Bruttoeinkommen = 100 -

Aggregat \ Zeitraum	1950 bis 1954	1955 bis 1959	1960 bis 1964	1965 bis 1969	1970 bis 1974
Land- und Forstwirtschaft	70,5	79,5	77,8	77,6	74,5
Warenproduzierendes Gewerbe	98,4	97,4	100,0	99,3	100,2
davon:					
- Energie, Bergbau	135,0	130,7	123,8	116,3	.
- Baugewerbe	96,1	97,1	100,8	97,9	.
- Verarb. Gewerbe	94,3	94,0	98,1	98,6	.
Dienstleistungen	106,9	105,9	101,2	101,7	100,5
davon:					
- Handel, Verkehr	105,6	98,2	92,9	96,1	93,8
- Banken, Versicher.	136,5	128,8	120,3	118,4	118,3
- Sonstige	71,0	70,4	69,1	62,8	57,7
- Staat	139,1	146,0	131,3	127,7	125,5
- Priv. Haushalte	67,7	79,4	93,1	99,1	103,8
Bruttoeinkommen	100,0	100,0	100,0	100,0	100,0

wicklung der Struktur der Unselbständigen mit jener der Summe der Unselbständigeneinkommen, so erhält man *Jahresdurchschnitte* pro Kopf der Unselbständigen in 1000 DM. Setzt man nun den Durchschnitt der Gesamtwirtschaft gleich "100", so gilt die These, daß eine intersektorale Nivellierungstendenz dann festzustellen ist, wenn sich die einzelnen Sektorenwerte 100 nähern. Bei der Prüfung dieser Frage zeichnen sich die folgenden Grundtendenzen ab (vgl. Tabellen 70, 71, 72 in Verbindung mit den Schaubildern 63, 64, 65):

- Zwar sind in der absoluten Einkommenshöhe deutliche Divergenzen festzustellen - insbesondere im Hinblick auf die Einkommensent-

Tabelle 72

UNSELBSTÄNDIGENEINKOMMEN (BRUTTO) JE UNSELBSTÄNDIGE
- durchschnittliche jährliche Veränderung in vH -

Aggregat \ Zeitraum	1950 bis 1954	1955 bis 1959	1960 bis 1964	1965 bis 1969	1970 bis 1974
Land- und Forstwirtschaft	+10,7	+ 9,9	+ 7,9	+ 7,5	+11,1
Warenproduzierendes Gewerbe	+ 7,7	+ 7,0	+ 8,7	+ 6,7	+12,1
davon:					
- Energie, Bergbau	+ 6,8	+ 6,4	+ 7,8	+ 5,5	.
- Baugewerbe	+ 8,5	+ 7,5	+ 8,9	+ 5,1	.
- Verarb. Gewerbe	+ 7,8	+ 7,1	+ 8,9	+ 7,2	.
Dienstleistungen	+ 8,7	+ 6,8	+ 8,0	+ 6,9	+12,0
davon:					
- Handel, Verkehr	+ 6,6	+ 5,9	+ 8,7	+ 6,8	+11,8
- Banken, Versicher.	+ 8,6	+ 5,5	+ 7,1	+ 7,3	+11,6
- Sonstige	+ 9,2	+ 6,5	+ 8,4	+ 4,4	+11,0
- Staat	+10,8	+ 7,4	+ 5,8	+ 7,1	+11,6
- Priv. Haushalte	+11,6	+11,3	+11,1	+ 8,4	+12,6
Bruttoeinkommen	+ 8,4	+ 7,1	+ 8,5	+ 6,8	+12,1

wicklung in der Land- und Forstwirtschaft -, doch sind zwischen dem Warenproduzierenden Gewerbe und dem Dienstleistungsbereich deutliche *Nivellierungstendenzen* erkennbar.

- Diese Nivellierungstendenzen zeigen sich auch innerhalb des Warenproduzierenden Gewerbes, wenngleich nach wie vor deutliche *Niveauunterschiede* festzustellen sind. So hat die *Energiewirtschaft* ihre dominierende Einkommensposition behauptet (die auch noch in den siebziger Jahren weit über dem gesamtwirtschaftlichen Durchschnitt liegt), während die Einkommensentwicklung im *Bau-* und *Verarbeitenden Gewerbe* den gesamtwirtschaftlichen Durchschnitt in etwa erreicht hat.

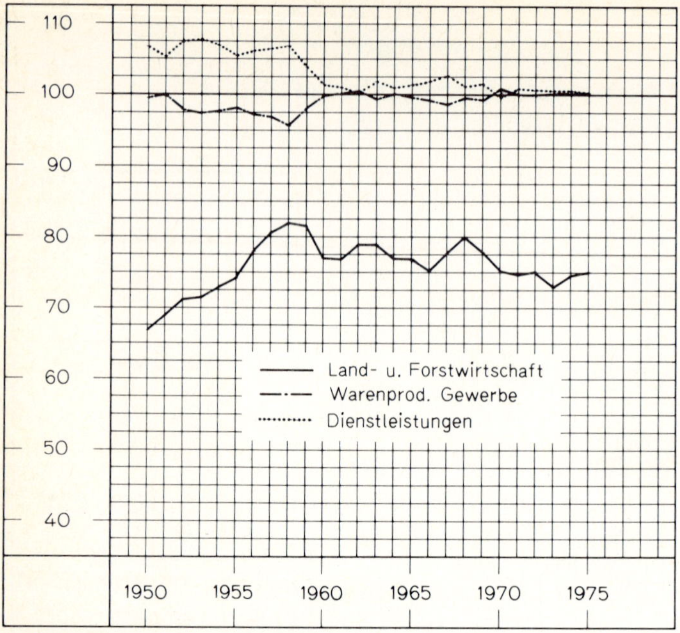

Schaubild 63. Bruttoeinkommen aus unselbständiger Arbeit je Unselbständige (Gesamtwirtschaft = 100)

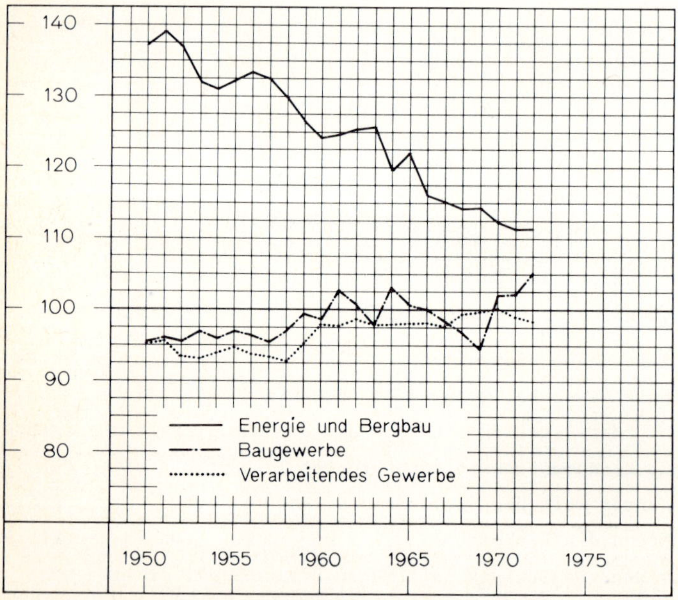

Schaubild 64. Bruttoeinkommen aus unselbständiger Arbeit je Unselbständige (Gesamtwirtschaft = 100)

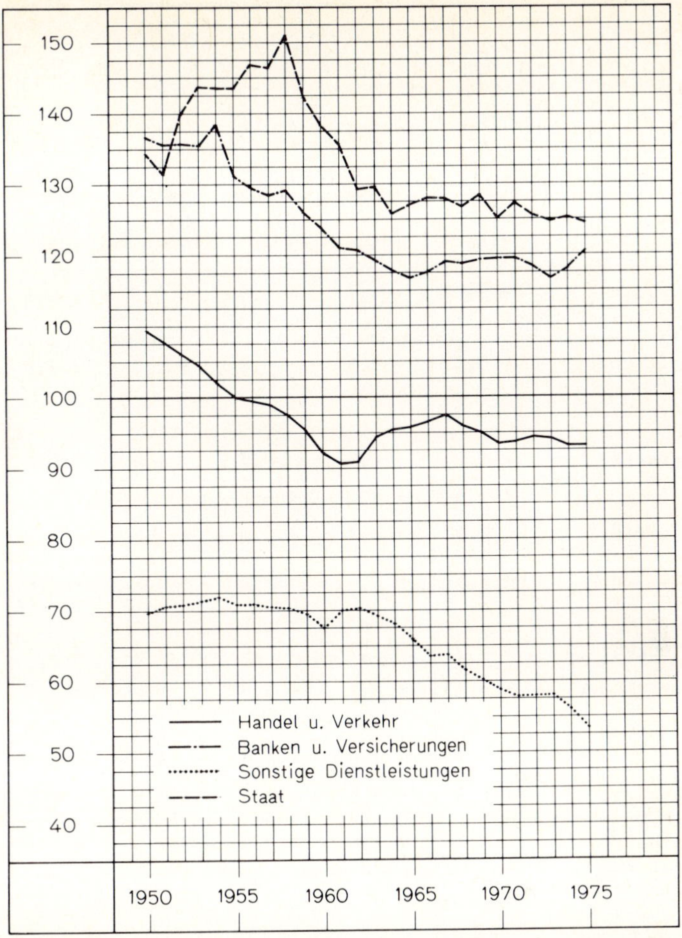

Schaubild 65. Bruttoeinkommen aus unselbständiger Arbeit je Unselbständige (Gesamtwirtschaft = 100)

- Noch stärkere Niveaudivergenzen zeigen sich innerhalb des *Dienstleistungsbereichs*.. Dabei sind völlig heterogene Entwicklungslinien festzustellen. *Nivellierungstendenzen* zeigen sich bei den überdurchschnittlichen Einkommenspositionen (Banken, Versicherungen, Staat), die aber trotz dieser Nivellierung bis in die siebziger Jahre hinein ihre Spitzenposition im gesamtwirtschaftlichen Vergleich halten konnten. *Divergierungstendenzen* sind - in leichter Form - beim Handel und Verkehr, jedoch ganz ausgeprägt bei den

Tabelle 73

BRUTTO-LOHNKOSTENBELASTUNG

- durchschnittliche jährliche Veränderung in vH -

Aggregat / Zeitraum	1950 bis 1954	1955 bis 1959	1960 bis 1964	1965 bis 1969	1970 bis 1974
Land- und Forstwirtschaft	+ 3,6	+ 4,7	+ 0,9	+ 0,8	+ 2,5
Warenproduzierendes Gewerbe	+ 0,4	+ 2,5	+ 3,8	+ 1,0	+ 7,6
davon:					
- Energie, Bergbau	+ 4,3	+ 1,3	- 0,7	- 1,4	.
- Baugewerbe	+ 1,6	+ 4,3	+ 6,8	+ 0,4	.
- Verarb. Gewerbe	- 0,5	+ 2,3	+ 3,5	+ 1,3	.
Dienstleistungen	+ 5,6	+ 3,8	+ 5,2	+ 3,9	+ 9,6
davon:					
- Handel, Verkehr	+ 4,3	+ 2,7	+ 4,6	+ 2,5	+ 9,1
- Banken, Versicher.	+ 6,7	+ 7,1	+ 5,9	+ 5,6	+ 9,1
- Sonstige	+ 5,7	+ 4,4	+ 5,8	+ 2,2	+ 7,1
- Staat	+ 7,7	+ 4,8	+ 6,0	+ 5,7	+10,5
- Priv. Haushalte	+ 9,5	+ 5,8	+ 7,6	+ 6,6	+10,7
Gesamtwirtschaft	+ 2,1	+ 2,6	+ 3,8	+ 2,0	+ 8,1

sonstigen Dienstleistungen zu erkennen, die über den gesamten Beobachtungszeitraum hinweg im gesamtwirtschaftlichen Vergleich die schwächste Einkommensposition innehatten.

III. Lohnkostenbelastung und Verteilungskonflikt

46. Neben der intersektoralen Einkommensverteilung ist die Verteilungsauseinandersetzung zwischen den beiden großen *gesellschaftlichen Gruppen* das dominierende Element des Verteilungskonfliktes. Dieser Verteilungskonflikt wird auf zwei Ebenen ausgetragen:

Tabelle 74

NETTO-LOHNKOSTENBELASTUNG
- durchschnittliche jährliche Veränderung in vH -

Zeitraum / Aggregat	1950 bis 1954	1955 bis 1959	1960 bis 1964	1965 bis 1969	1970 bis 1974
Land- und Forstwirtschaft	+ 0,2	+ 2,8	- 0,6	+ 0,9	+ 0,9
Warenproduzierendes Gewerbe	- 1,5	- 0,0	+ 1,1	- 0,9	+ 1,8
davon:					
- Energie, Bergbau	- 6,1	- 2,5	- 0,8	- 3,7	.
- Baugewerbe	- 1,6	- 1,4	+ 0,0	- 1,5	.
- Verarb. Gewerbe	- 0,8	+ 0,6	+ 1,3	- 0,5	.
Dienstleistungen	+ 0,4	- 0,2	+ 0,1	- 0,2	+ 1,2
davon:					
- Handel, Verkehr	- 0,3	- 0,3	+ 0,7	+ 0,3	+ 2,9
- Banken, Versicher.	+ 3,3	+ 0,7	+ 1,8	+ 1,2	- 0,1
- Sonstige	+ 1,9	+ 0,1	- 0,7	- 3,5	- 1,7
- Staat	+ 0,2	+ 0,1	- 0,1	- 0,0	+ 0,0
- Priv. Haushalte	+ 0,3	- 0,0	- 0,3	- 0,1	- 0,1
Gesamtwirtschaft	- 1,3	- 0,4	+ 0,2	- 0,5	+ 1,4

- einmal am *Arbeitsmarkt*, wo er sich im Versuch der Gewerkschaften konkretisiert, Lohnforderungen durchzusetzen (was wiederum auf Abwehr seitens der Unternehmer stößt);

- zum zweiten am *Gütermarkt*, wo er sich im Versuch der Unternehmer konkretisiert, die Lohnsteigerung durch Produktivitätssteigerung aufzufangen oder in die Preise weiterzugeben.

Es kann nun nicht darum gehen, Bedingungen, Grenzen, Konsequenzen und Machtverhältnisse bei diesem Verteilungskampf zu analysieren. Entscheidend ist in jedem Falle, daß die *Zweiseitigkeit* dieses *Ver-*

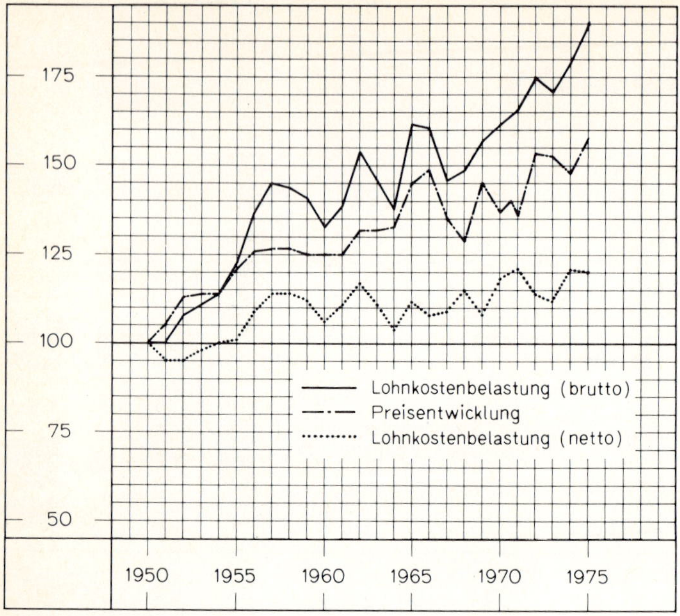

Schaubild 66. Land- und Forstwirtschaft. 1950 = 100

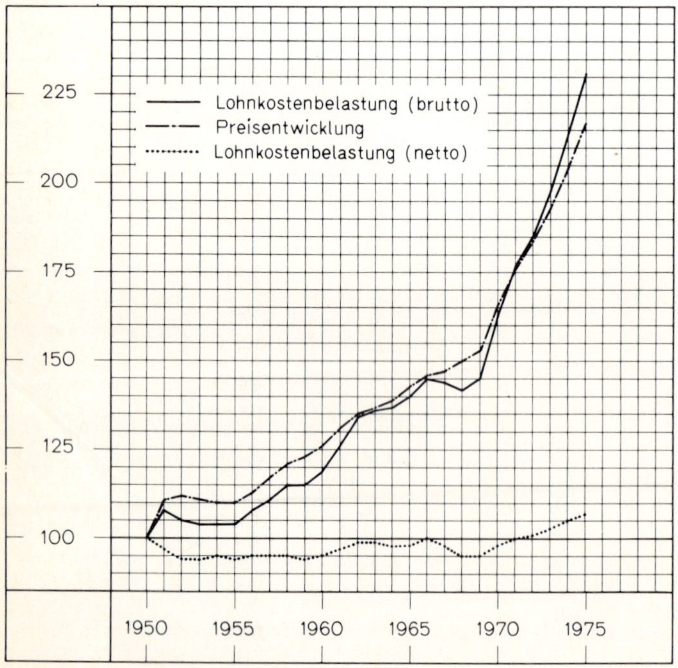

Schaubild 67. Warenproduzierendes Gewerbe. 1950 = 100

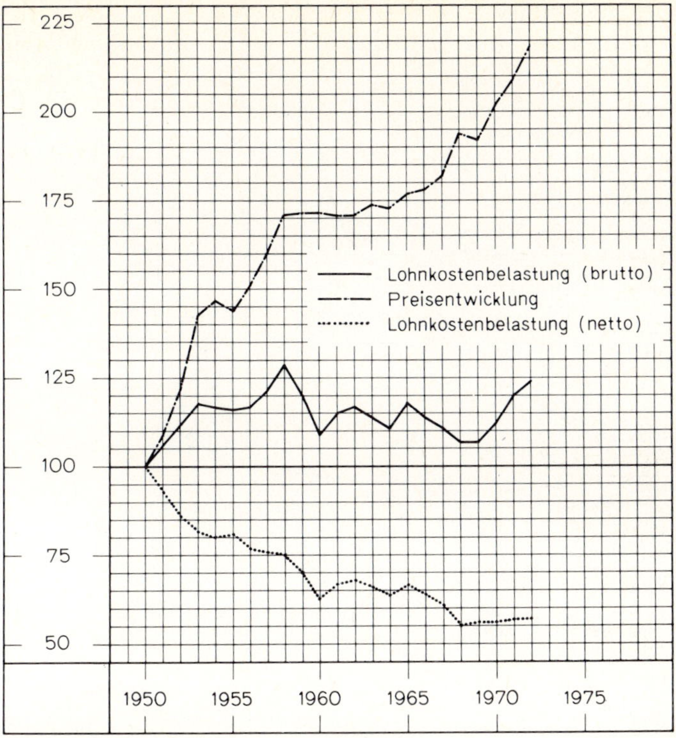

Schaubild 68. Energie und Bergbau. 1950 = 100

teilungskampfes gesehen wird[38]. Mit dem vorhandenen statistischen Material soll der Versuch unternommen werden, beide Ebenen des Verteilungskampfes insoweit zu verknüpfen, als überprüft wird, inwieweit die Lohnentwicklung den Produktivitätsspielraum ausschöpft bzw. mit dem Ziel einer Einkommensumverteilung überschreitet (dies entspricht der ersten - arbeitsmarktrelevanten - Ebene), und inwieweit der Versuch unternommen wird, dieses Bemühen durch ein entsprechendes Ausweichen in die Preisgestaltung zu unterlaufen (dies entspricht der zweiten - produktmarktrelevanten - Ebene). Hierzu wurde die Entwicklung der *Lohnkostenbelastung* analysiert, wobei in einem ersten Schritt die Bruttoeinkommen aus unselbständiger Arbeit je un-

38) W. Glastetter, Wettbewerbsverhältnisse auf den Arbeitsmärkten (Korr.), in: Stabilisierungspolitik in der Marktwirtschaft, Schriften des Vereins für Socialpolitik, NF Band 85/II, S. 1087 ff.

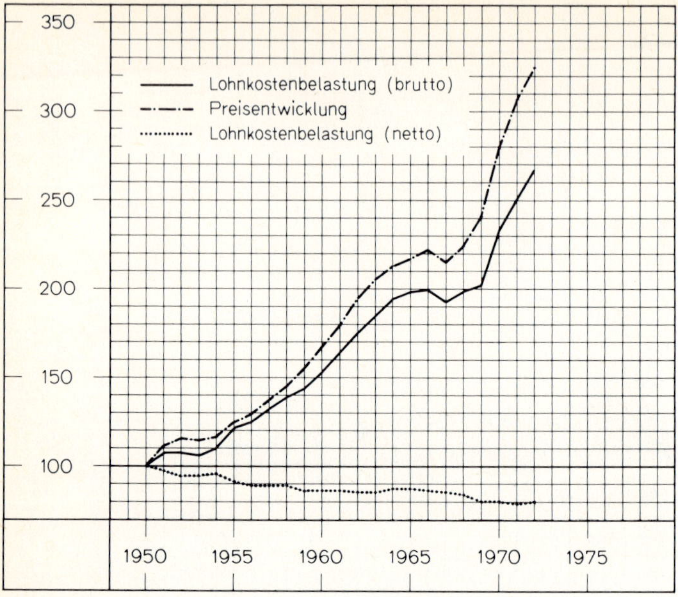

Schaubild 69. Baugewerbe. 1950 = 100

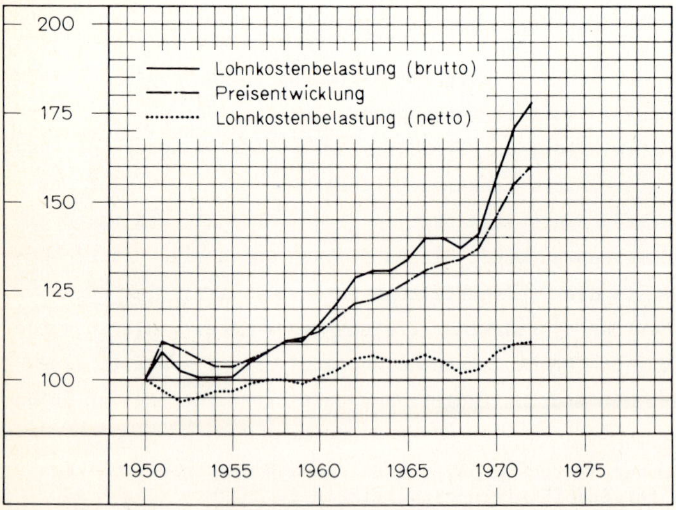

Schaubild 70. Verarbeitendes Gewerbe. 1950 = 100

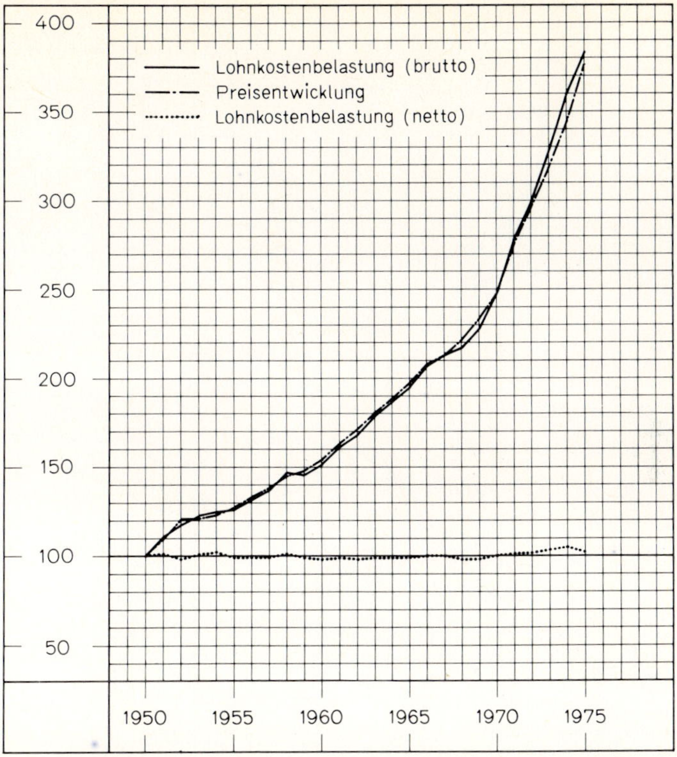

Schaubild 71. Dienstleistungen. 1950 = 100

selbständig Beschäftigte mit der Produktivität je Erwerbstätigen kombiniert wurden; als Differenz erhalten wir die *Bruttolohnkostenbelastung*. In einem zweiten Schritt wurde diese Bruttolohnkostenbelastung mit der Preisentwicklung kombiniert; als Differenz erhalten wir die *Nettolohnkostenbelastung*.

47. Der empirische Befund (vgl. Tabellen 73, 74) bringt für den gesamtwirtschaftlichen Durchschnitt vorab drei bemerkenswerte Ergebnisse:

- Im gesamten Beobachtungszeitraum ergibt sich ein Anstieg der *Bruttolohnkostenbelastung*, d.h. die Lohnkostensteigerung konnte durch die Produktivitätssteigerung nicht kompensiert werden.

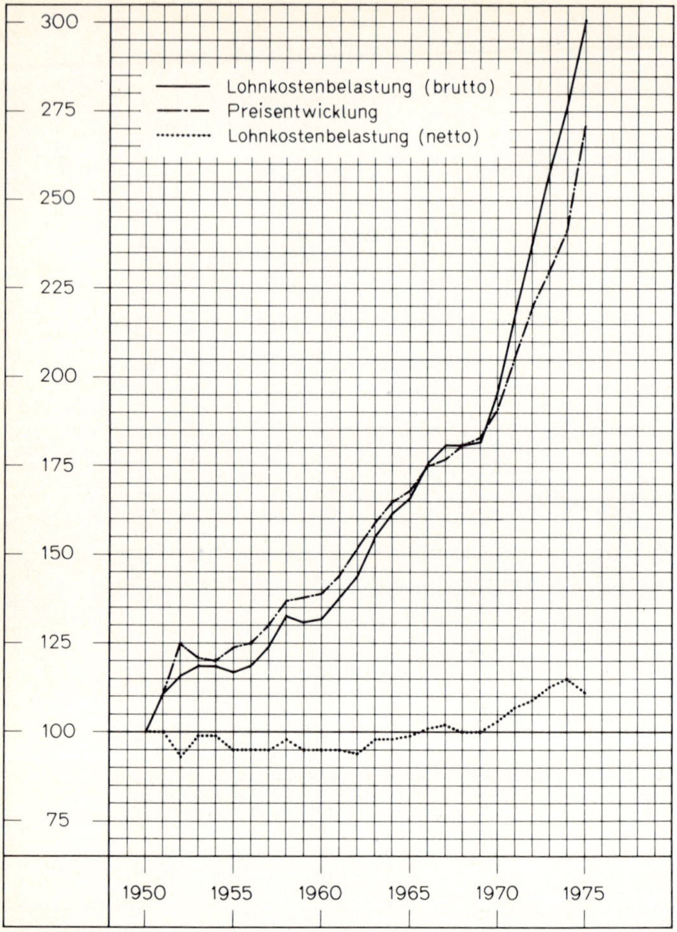

Schaubild 72. Handel und Verkehr. 1950 = 100

- Unter Einbeziehung der Preisentwicklung ändert sich das Bild. Im Zeitraum 1950 bis 1969 ist im Durchschnitt (wenn auch mit wechselnder Intensität) die Kompensation der Bruttolohnkostenbelastung gelungen; es zeichnet sich eher eine leichte *Nettolohnkostenentlastung* ab.

- Der starke Anstieg der Bruttolohnkostenbelastung in den siebziger Jahren war aber ganz offensichtlich durch die Preissteigerungen

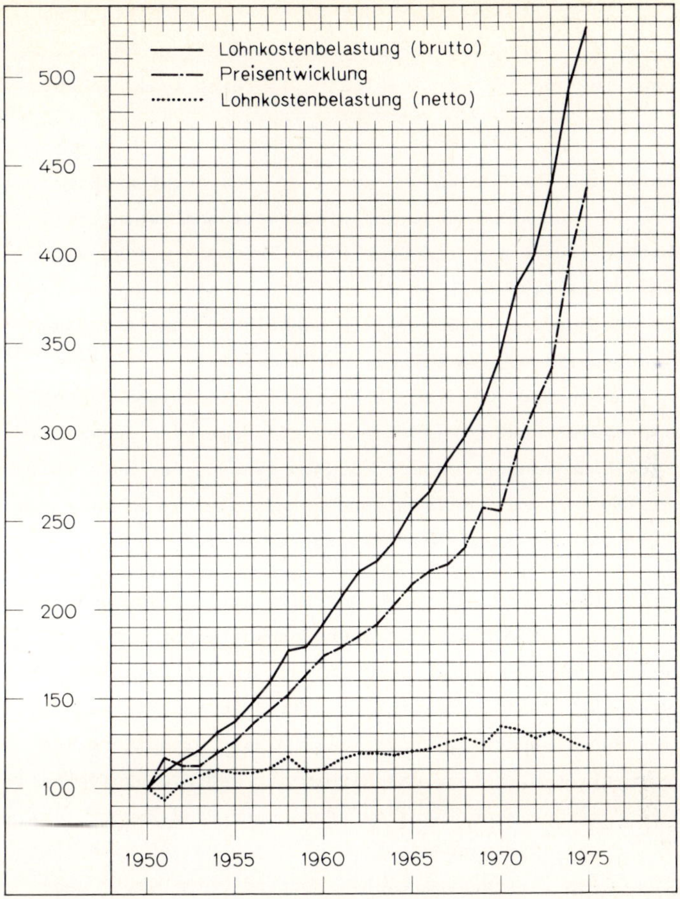

Schaubild 73. Banken und Versicherungen. 1950 = 100

nicht mehr kompensierbar; hier ist erstmals ein deutlicher Anstieg der *Nettolohnkostenbelastung* zu verzeichnen.

Bei differenzierender Betrachtung wird aber deutlich, daß die einzelnen Sektoren recht unterschiedliche Entwicklungen aufweisen, wenn wir den jährlichen Niveauverlauf verfolgen:

- Die *Land- und Forstwirtschaft* hat - im Vergleich zur Gesamtwirtschaft - in den fünfziger Jahren eine überdurchschnittliche Steigerung sowohl der Brutto- als auch der Nettolohnkostenbelastung zu verzeichnen; dann wird der Verlauf eher unterdurchschnittlich, verbleibt aber in jedem Falle im Belastungsbereich (vgl. Schaubild 66).

- Im Durchschnitt des *Warenproduzierenden Gewerbes* zeigt sich im Zeitraum 1950/69 eine anhaltende Nettolohnkostenentlastung; erst in den siebziger Jahren ist ein deutlicher Trendumbruch zu verzeichnen (vgl. Schaubild 67). An dieser Nettolohnkostenentlastung waren primär der Energiesektor (vgl. Schaubild 68) und das Baugewerbe (vgl. Schaubild 69) beteiligt, während das Verarbeitende Gewerbe (vgl. Schaubild 70) sich seit Ende der fünfziger Jahre im Bereich der Nettolohnkostenbelastung bewegt. Wegen der Schwierigkeiten bei der Einkommenserfassung (S. 142) sind in der Aufgliederung bei der Brutto- und Nettokostenbelastung auch in diesen drei Unterbereichen nur die Werte bis 1972 ausgewiesen.

- Im Durchschnitt des *Dienstleistungsbereiches zeigt sich* ebenfalls im Zeitraum 1950/69 eine Phase der Nettolohnkostenentlastung und in den siebziger Jahren der typische Umbruch in die Belastung. Es fällt indessen auf, daß die Entwicklungsverläufe von Preisen und Bruttolohnkostenbelastung viel enger als im Warenproduzierenden Gewerbe zusammenliegen, so daß das Niveau der Nettolohnkostenbelastung bzw. -entlastung sich in einem sehr engen Band bewegt (vgl. Schaubild 71). Sehr divergierende Entwicklungen zeigen sich aber innerhalb des Dienstleistungsbereichs. Während beim Handel und Verkehr bis Anfang der sechziger Jahre eine deutliche Nettoentlastung zu verzeichnen ist, die dann Mitte der sechziger Jahre in eine Nettobelastung umschlägt (vgl. Schaubild 72), zeigen die Banken und Versicherungen eine anhaltende Nettolohnkostenbelastung, deren Niveau dann in den siebziger Jahren - wiederum in völligem Gegensatz zu den übrigen Bereichen - stagniert (vgl. Schaubild 73). Ganz anders wieder der Sektor der sonstigen Dienstleistungen, wo einer Phase der Nettolohnkostenbelastung seit den sechziger Jahren eine Phase deutlicher Nettolohnkostenentlastung folgt (Schaubild 74).

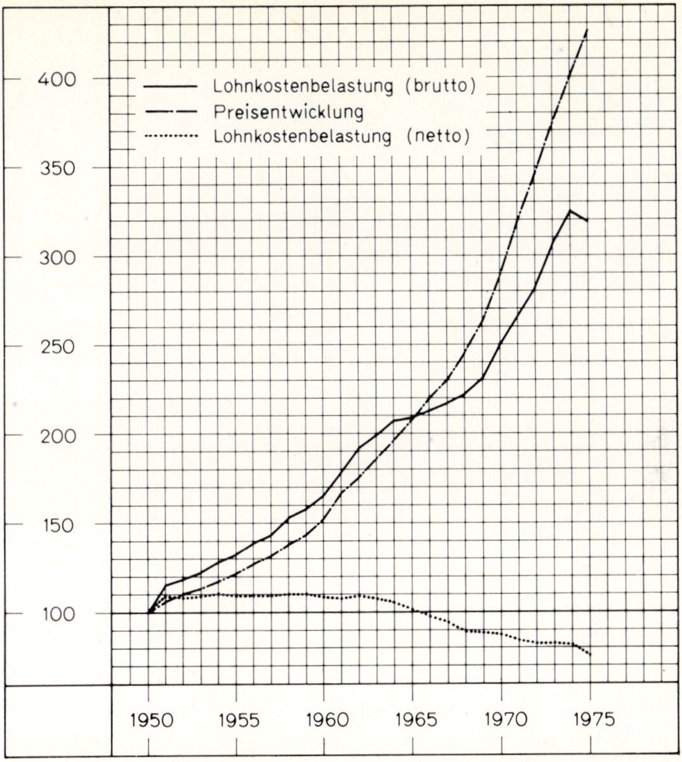

Schaubild 74. Sonstige Dienstleistungen. 1950 = 100

48. Bei allem Bemerkenswerten dieser feststellbaren Entwicklungstendenzen muß indessen beachtet werden, daß den Interpretations- und insofern Erkenntnismöglichkeiten sehr enge Grenzen gezogen sind. Abgesehen davon, daß das *methodische Vorgehen* sehr "grobschlächtig" ist (weshalb die Ergebnisse nur globale Anhaltspunkte bieten können), sind vor allem zwei Fehlinterpretationen zu vermeiden:

- Die Nettolohnkostenbelastung sagt noch nichts über die *definitive Kostenbelastung* aus. Zweifelsohne sind die Löhne ein erheblicher Kostenfaktor. Dennoch lassen die vorliegenden Ergebnisse die Frage offen, ob und inwieweit ein Anstieg der Nettolohnkostenbelastung wirklich "in die Gewinne" ging oder durch anderweitige Kostenentlastungen (z.B. aufgrund sinkender Einfuhrpreise) aufgefangen wer-

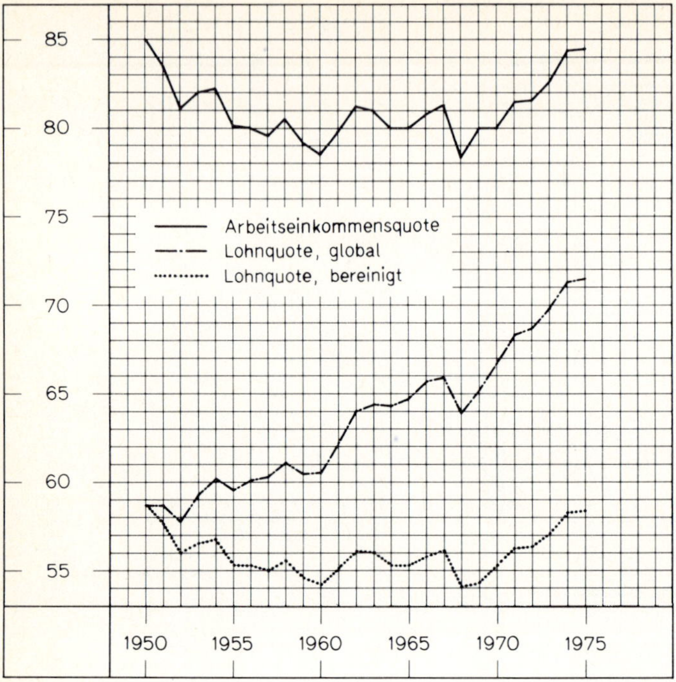

Schaubild 75. Verteilungsrelationen. Anteile in vH

den konnte. Hier zeigt sich die hohe Bedeutung einer aussagefähigen *Kostenstrukturstatistik*.

- Ferner sagt der Verlauf der *Nettolohnkostenbelastung* nichts über die *Preisursachen* aus. Es wäre völlig abwegig, aus dem vorliegenden empirischen Befund auf die Existenz einer "Lohn-Preis-Spirale" zu schließen. Damit würde ohne Begründung die *Parallelität* zweier Phänomene (Löhne, Preise) in eine - überdies einseitige - *Kausalität* umgedeutet. Dies ist vor allem deshalb unzulässig, weil das *Überwälzen* eines Verteilungsanspruches (wie es die Lohnforderung darstellt) nur begründet werden kann mit dem Bemühen, einen anderen Verteilungsanspruch (nämlich die Gewinne) sicherzustellen.

Wenn insofern die Erkenntnisgrenzen dieser Betrachtungsweise sehr eng gezogen werden müssen, läßt sich dennoch in der Verteilungsauseinandersetzung eine Tendenz erkennen, die allerdings nur als eine

Tabelle 75

VERTEILUNGSRELATIONEN

Aggregat \ Zeitraum	1950 bis 1954	1955 bis 1959	1960 bis 1964	1965 bis 1969	1970 bis 1974
Jahresdurchschnitte in 1000 DM					
Einkommen aus uns. Arbeit je Unselbständ.					
- brutto	4,0	5,7	8,4	12,0	20,0
- netto	3,2	4,4	6,2	8,7	13,1
Einkommen aus U'tät. u. Verm. je Selbständige					
- brutto	7,0	11,7	18,2	28,5	47,3
- netto	5,4	9,2	13,7	22,0	37,2
Einkommen aus uns. Arbeit je Unselbständige = 100					
Einkommen aus U'tät. u. Verm. je Selbständige					
- brutto	174	204	217	237	236
- netto	172	208	219	253	284

Richtungsaussage gewertet werden darf. Sie läßt auf einen *Dreiphasenverlauf* schließen: Zunächst ergibt sich eine Phase, die den Zeitraum der fünfziger Jahre abdeckt und eine Begünstigung der Gewinneinkommen brachte; ihr schließt sich eine Phase an, die bis Ende der sechziger Jahre reicht und ein weitgehendes "Patt" in die Verteilungsauseinandersetzungen brachte; seit Ende der sechziger Jahre brachten die Verteilungsauseinandersetzungen eine deutliche Verbesserung der Verteilungsposition der Arbeitnehmer. Dieses Dreiphasenschema kommt auch besonders deutlich in der *Quotenanalyse* zum Ausdruck, wenn wir die globale *Bruttolohnquote*, deren systematischer Anstieg über den gesamten Beobachtungszeitraum hinweg keine Rückschlüsse auf Verteilungsergebnisse zuläßt, in zweifacher Richtung modifizieren (vgl. Schaubild 75):

Tabelle 76

VERTEILUNGSRELATIONEN

- durchschnittliche jährliche Veränderung in vH -

Zeitraum / Aggregat	1950 bis 1954	1955 bis 1959	1960 bis 1964	1965 bis 1969	1970 bis 1974
Einkommen aus uns. Arbeit					
- brutto, global	+12,6	+10,2	+10,3	+ 6,7	+12,5
- brutto, je Unselbst.	+ 8,4	+ 7,1	+ 8,5	+ 6,8	+12,1
- netto, global	+12,2	+ 9,4	+ 9,7	+ 5,5	+10,1
- netto, je Unselbst.	+ 8,0	+ 6,4	+ 7,9	+ 5,6	+ 9,6
Einkommen aus U'tät. u. Vermögen					
- brutto, global	+11,0	+ 9,4	+ 6,1	+ 6,4	+ 6,7
- brutto, je Selbst.	+12,3	+ 9,8	+ 9,2	+ 9,2	+ 9,3
- netto, global	+ 9,4	+ 9,8	+ 5,0	+ 7,1	+ 6,2
- netto, je Selbst.	+10,7	+10,3	+ 8,1	+ 9,9	+ 8,7

- Einmal in Richtung einer Bereinigung durch die *Beschäftigungsstruktur*, d.h. es wird eine konstante Beschäftigungsstruktur - hier: gleichbleibender Anteil der Unselbständigen an allen Erwerbstätigen vom Jahre 1950 an - zugrunde gelegt. Das Ergebnis zeigt ein deutliches tendenzielles Absinken in den fünfziger Jahren und einen - der Globalquote vergleichbaren - deutlichen Anstieg in den siebziger Jahren.

- Zum zweiten in Richtung der Ermittlung einer *Arbeitnehmereinkommensquote*, d.h. es wird davon ausgegangen, daß die Gewinne Entgelte für die Arbeit der Selbständigen enthalten (Unternehmerlohn) - unterstellt wird ein Unternehmerlohn in Höhe des jeweiligen durchschnittlichen Pro-Kopf-Einkommens der Unselbständigen -, die deshalb dem Unselbständigeneinkommen zugerechnet werden müssen. Das Ergebnis ist - wenn auch auf anderem Niveau - mit dem Entwicklungsverlauf der beschäftigungsstrukturbereinigten Lohnquote faktisch identisch.

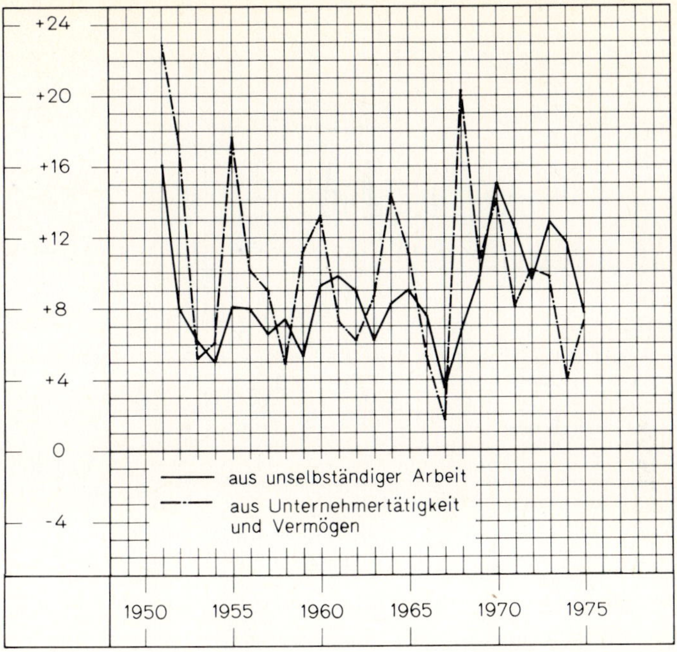

Schaubild 76. Bruttoeinkommen pro Kopf. Veränderung gegen Vorjahr in vH

49. Konfrontieren wir diese Ergebnisse noch abschließend mit einem *Pro-Kopf-Vergleich* in der Einkommensentwicklung (vgl. Tabellen 75, 76), so ergeben sich folgende Grundtendenzen[39]:

- Gemessen an der *durchschnittlichen jährlichen Veränderung* ergibt sich in der Brutto- wie auch in der Nettobetrachtung im Zeitraum 1950/69 eine erheblich ausgeprägtere Wachstumsbeschleunigung bei

39) Auch dieser Pro-Kopf-Vergleich ist methodisch nicht ganz unproblematisch, weil er Verteilungsunterschiede innerhalb der beiden Gruppen - Selbständige/Unselbständige - unberücksichtigt läßt. Werden Selbständige mit unterdurchschnittlichem Einkommen (Landwirt, Handel, Handwerk) zu Unselbständigen, begünstigt dies unzulässigerweise das Durchschnittseinkommen der Selbständigen. Werden Selbständige mit überdurchschnittlichem Einkommen zu Unselbständigen (Eigentümer mittlerer Unternehmen werden Betriebsleiter o.ä.), begünstigt dies unzulässigerweise das Durchschnittseinkommen der Unselbständigen. Der erste Fall dürfte in den fünfziger Jahren, der zweite Fall in den siebziger Jahren gegeben sein, weshalb das Dreiphasenschema eine gewisse Angleichung erfahren müßte.

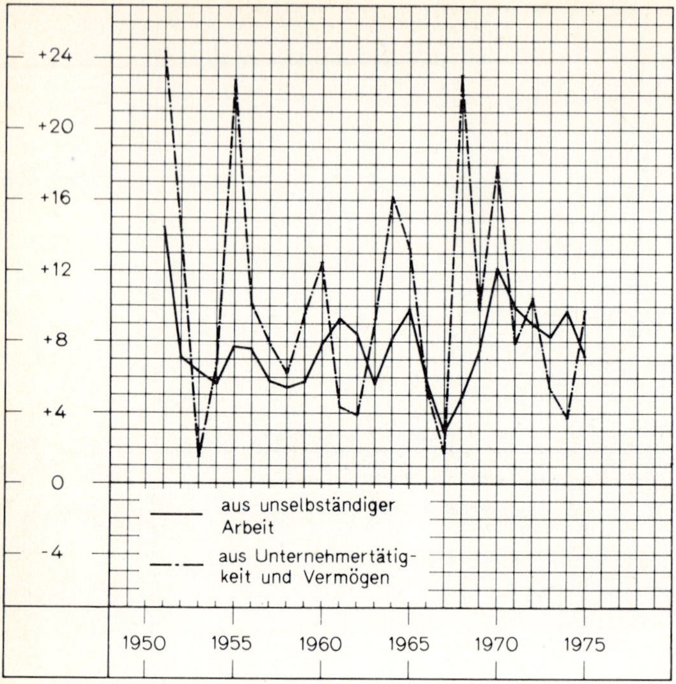

Schaubild 77. Nettoeinkommen pro Kopf. Veränderung gegen Vorjahr in vH

den *Gewinneinkommen*; in der Nettobetrachtung hält diese höhere Wachstumsrate auch noch in den sechziger Jahren an. Erst die siebziger Jahre brachten eine deutliche Umkehr. Der Jahresverlauf der Veränderungsraten (vgl. Schaubilder 76, 77) zeigt überdies, daß nur in einigen Rezessionsjahren die Gewinneinkommen ein unterdurchschnittliches Wachstum erfuhren.

- Gemessen an den *Verteilungsrelationen*, bei denen das Unselbständigeneinkommen = 100 gesetzt und auf dieser Grundlage eine Relation zu den Selbständigeneinkommen hergestellt wird, wird deutlich, daß sich die Begünstigung der Pro-Kopf-Einkommen der Selbständigen systematisch erhöht hat. Das überdurchschnittliche Wachstum der Unselbständigeneinkommen in den siebziger Jahren hat nur bewirkt, daß sich - zumindest in der Bruttobetrachtung - dieses Mißverhältnis nicht weiter fortgesetzt hat. Wie darüber hinaus der Verlauf

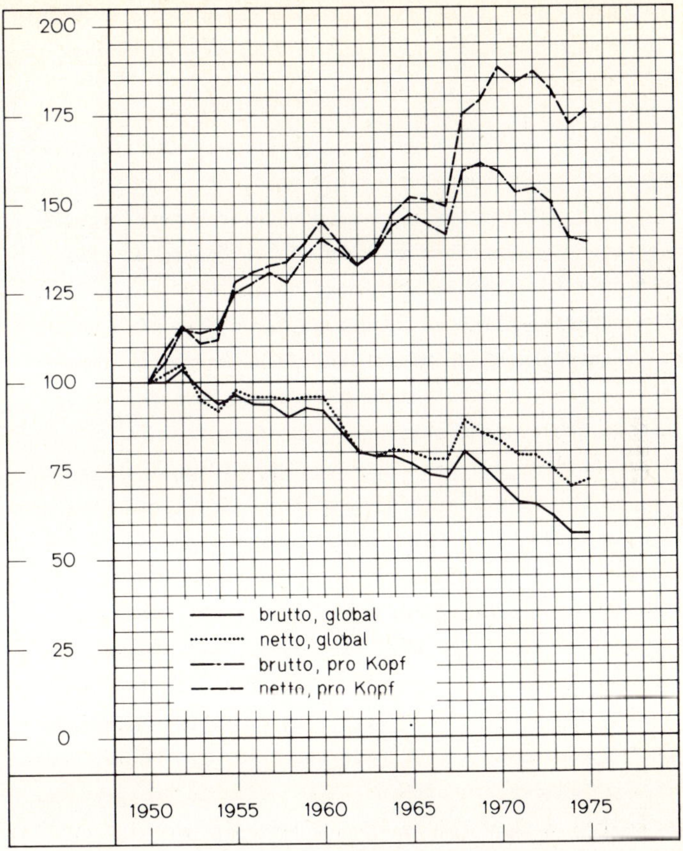

Schaubild 78. Einkommen aus Unternehmertätigkeit und Vermögen (Einkommen aus unselbständiger Arbeit = 100). 1950 = 100

des *Entwicklungsniveaus* zeigt (vgl. Schaubild 78), wurde der Anstieg nur wieder etwas zurückkorrigiert. Diese Korrektur erfolgte in der Entwicklung der Bruttorelation etwa auf das Niveau der ersten Hälfte der sechziger Jahre, in der Nettobetrachtung etwa auf das Niveau der zweiten Hälfte der sechziger Jahre. Die bis dahin herausgebildete einseitige Verteilungsrelation blieb von der Korrektur unberührt. Fazit: Das *Verteilungsproblem* bleibt nach wie vor existent; und dies gilt auch nach den Verteilungserfolgen für die Arbeitnehmer, wie sie sich in der ersten Hälfte der siebziger Jahre unbestreitbar abzeichnen. Dies gilt um so mehr, wenn man davon ausgeht, daß in nächster Zukunft erneut eine Begünstigung der Unternehmensgewinne zu erwarten ist, also zumindest teilweise eine "Korrektur der Korrektur".

Die Ergebnisse für das Jahr 1976 weisen ganz in diese Richtung: Die Bruttoeinkommen aus unselbständiger Arbeit stiegen um gut 7 vH (netto: ca. 3,5 vH); die Bruttoeinkommen aus Unternehmertätigkeit und Vermögen stiegen demgegenüber um knapp 14 vH (netto um etwa 12,5 vH). Vielfach wird diese Entwicklungstendenz als "notwendiger" *Nachholbedarf* interpretiert. Doch abgesehen davon, daß eine solche Interpretation wissenschaftlich nicht beweisbare *Wertungen* impliziert, ist festzuhalten, daß in der langfristigen Perspektive sie sich - ohne hinreichende Rechtfertigung - an einem *verkürzten Zeitraum* (1970/75) orientiert und den Zeitraum 1950/69 faktisch ignoriert. Und auch in der kurzfristigen Perspektive zeigt sich die ganze Problematik dieser Entwicklung: Es erweist sich bislang nur die Funktionsfähigkeit des bereits erwähnten "Lohn-lag-Tricks", ohne daß freilich die daraus abgeleiteten Beschäftigungseffekte abzusehen sind. Vielfach wird daraus gefolgert, daß dies an der "Normalität" der Entwicklung nur insoweit etwas ändere, als die zeitliche Verzögerung des Beschäftigungseffektes im Vergleich zu früheren Konjunkturzyklen eben größer geworden sei. Um dies beurteilen zu können, fehlt es gegenwärtig noch an der hinreichenden historischen Perspektive. Eines zeichnet sich indessen ab: Je länger der Zeitraum wird zwischen Lohn- und Beschäftigungseffekt, destc größer ist die Gefahr, daß die Existenz von *Verteilungskonflikten* bestehen bleibt - bzw. daß diese Konflikte noch härter werden (vgl. Ziff. 4).

Teil E
Finanzierungsbedingungen

I. Die privaten Haushalte

50. Wenn wir nun zu den globalen Finanzierungsbedingungen übergehen, so deshalb, weil sie eine wichtige *Mittlerfunktion* zwischen Verwendung und Verteilung des Bruttosozialprodukts haben. Denn die sich aus dem Verteilungsprozeß ergebenden Finanzmittel determinieren auch die Ausgabemöglichkeiten, wobei zu der primären (funktionalen) Verteilung die sekundäre (personale) Umverteilung durch den Staat hinzutritt. Dabei gewinnen drei große Fragenkomplexe an Bedeutung:

- einmal das Verhältnis zwischen dem Verfügbaren Einkommen der *privaten Haushalte* und dessen Umsetzung in den privaten Verbrauch;

- sodann das Verhältnis zwischen den Finanzierungsmitteln der *privaten Unternehmen* und deren Umsetzung in die Bruttoinvestitionen;

- schließlich das Verhältnis zwischen den Einnahmen der *öffentlichen Haushalte* (im weitesten Sinne) und deren Umsetzung in öffentliche Ausgaben.

Ohne dem empirischen Befund vorgreifen zu wollen, wird man sagen können, daß die Finanzmittel nicht ausschließlich die Ausgaben determinieren. Die Ausgabenfunktion - sei es Konsum- oder Investitionsfunktion der privaten wie öffentlichen Haushalte - ist damit nicht eindeutig fixiert; sie ist umfassender, weil z.B. Spar-, Gewinn- oder öffentliche Funktionsmotive eine ergänzende Bedeutung haben. Vor diesem Hintergrund sind die folgenden Beziehungsverhältnisse zu sehen, wobei wir uns zunächst auf die Finanzierungsrechnung der privaten Haushalte konzentrieren.

Tabelle 77

FINANZIERUNGSRECHNUNG DER PRIVATEN HAUSHALTE

- Mrd. DM -

Aggregat \ Zeitraum	1950 bis 1954	1955 bis 1959	1960 bis 1964	1965 bis 1969	1970 bis 1974
- Nettoeink. aus uns. Arbeit	250,9	418,5	654,4	935,3	1461,9
- Private Gewinnentnahme	120,3	180,2	271,5	410,6	708,1
- Sonstige lfd. Übertr. vom Staat	78,6	139,3	201,3	305,8	470,9
Verfügbares Haushaltseinkommen	449,8	738,0	1127,1	1651,6	2640,9
- Privater Verbrauch	428,3	683,2	1019,8	1456,7	2259,1
Private Ersparnis	21,4	54,8	107,3	194,9	381,9
- Saldo der Vermögensübertragungen	+ 0,8	- 4,1	- 8,5	-22,8	-54,7
Finanzierungssaldo	+22,2	+50,7	+98,9	+172,2	+327,2

Tabelle 78

FINANZIERUNGSRECHNUNG DER PRIVATEN HAUSHALTE

- Verfügbare Haushaltseinkommen = 100 -

Aggregat \ Zeitraum	1950 bis 1954	1955 bis 1959	1960 bis 1964	1965 bis 1969	1970 bis 1974
- Nettoeink. aus uns. Arbeit	55,8	56,7	58,1	56,6	55,4
- Private Gewinnentnahme	26,7	24,4	24,1	24,9	26,8
- Sonstige lfd. Übertr. vom Staat	17,5	18,9	17,9	18,5	17,8
Verfügbares Haushaltseinkommen	100,0	100,0	100,0	100,0	100,0
- Privater Verbrauch	95,2	92,6	90,5	88,2	85,5
- Private Ersparnis	4,8	7,4	9,5	11,8	14,5

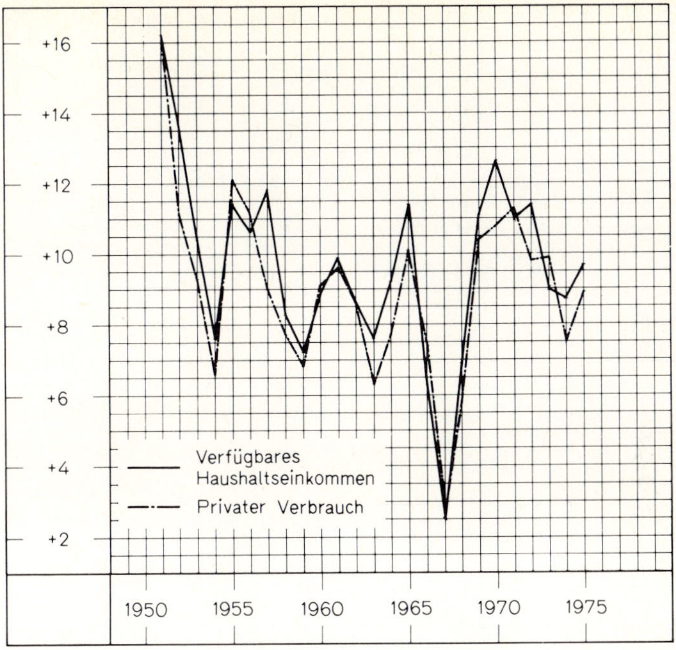

Schaubild 79. Private Haushalte. Veränderung gegen Vorjahr in vH

51. Bei der Finanzierungsrechnung der *privaten Haushalte* wird zunächst klar erkennbar (vgl. Tabellen 77, 78), daß das verfügbare Einkommen der privaten Haushalte aus drei Quellen stammt. In der Reihenfolge ihrer quantitativen Bedeutung sind dies: die *Nettoeinkommen* aus unselbständiger Arbeit, die privaten *Gewinnentnahmen* und der Saldo der *laufenden Übertragungen*, was der Differenz der vom Staat erhaltenen Leistungen abzüglich der an den Staat geleisteten Leistungen entspricht. Dieses verfügbare Haushaltseinkommen wird zum ganz überwiegenden Teil dem privaten Verbrauch zugeführt; der Rest wird gespart. Für Entstehung und Verwendung lassen sich nun folgende Tendenzen erkennen:

- Die Struktur der *Einkommensentstehung* zeigt zwar ein hohes Maß an Stabilität; dennoch ist ein nicht unwichtiger Tendenzwandel erkennbar: Der Anteil der Nettoeinkommen aus unselbständiger Arbeit am verfügbaren Haushaltseinkommen nahm zunächst zu, seit Mitte der sechziger Jahre aber wieder deutlich ab; der Anteil der pri-

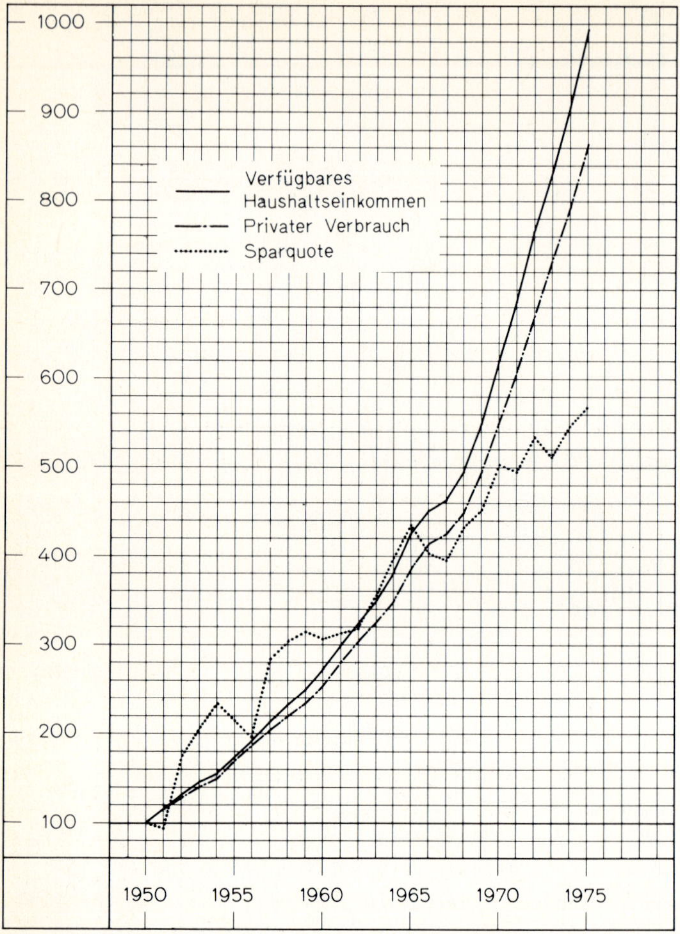

Schaubild 80. Private Haushalte. 1950 = 100

vaten Gewinnentnahmen zeigte einen geradezu entgegengesetzten Verlauf. Im Zeitraum 1975/76 betrug der Anteil der Nettoeinkommen noch knapp 51 vH, während der Anteil der Gewinnentnahmen knapp 28 vH erreichte.

- Auch die *Einkommensverwendung* zeigt eindeutige Strukturverschiebungen, nämlich eine systematische Zunahme der Sparquote (Anteil der Ersparnis am verfügbaren Haushaltseinkommen), die im Zeitraum 1975/76 sogar weit über 15 vH lag. Und schließlich unter Berücksichtigung des Saldos der Vermögensübertragungen ergibt sich bei den privaten Haushalten über den gesamten Beobachtungszeitraum hinweg ein ständig steigender - positiver - *Finanzierungssaldo*.

52. Ergänzen wir diese Feststellungen noch durch einen Blick auf den jährlichen Entwicklungsverlauf, so lassen sich zwei weitere Feststellungen treffen:

- Gemessen an den *jährlichen Veränderungsraten* (vgl. Schaubild 79) zeigt sich ein enger Zusammenhang zwischen der Veränderung der verfügbaren Haushaltseinkommen und dem privaten Verbrauch. Vielfach wird die Frage diskutiert, ob neben der Einkommensentwicklung auch die Inflationserwartung eine Rolle spielt und deshalb in die Konsumfunktion mit eingebaut werden müßte. Das vorliegende Ergebnis widerlegt diese Vermutung: Ganz offensichtlich bestimmt die Einkommensentwicklung in entscheidender Weise das Konsumverhalten[40].

- Gemessen am jährlichen Verlauf des *Entwicklungsniveaus* (vgl. Schaubild 80) ist dieser Eindruck etwas zu modifizieren. Das Wachstumsniveau des privaten Verbrauchs verlief über den gesamten Beobachtungszeitraum hinweg unterhalb jenem des Einkommens, woraus sich ein tendenzieller Anstieg der Sparquote ergab. Der Indexverlauf dieser Sparquote zeigt nun aber eine bemerkenswerte Entwicklung. Wenn sich rezessive Entwicklungen anzeigten, stieg die Sparquote nicht weiter an; sie war teilweise sogar rückläufig. M.a.W.: Das Verbrauchsverhalten wurde nicht geändert; es fand kein "Angst"-Sparen statt. Geringer wachsende Einkommen gingen dann eben zu Lasten der Sparquote. Anders der Verlauf in der jüngsten Krise: Hier stieg die Sparquote weiter an, obwohl das Einkommenswachstum spürbar rückläufig war.

---

40) Diese These wird auch erhärtet durch die Analyse der Verwendungsstruktur der Einkommen privater Haushalte in der Bundesrepublik Deutschland (DIW - Deutsches Institut für Wirtschaftsforschung, Berlin, Wochenbericht 19/76, 43. Jahrgang). Die Analyse zeigt, daß die Höhe der Ausgaben für bestimmte Verbrauchsgruppen von der Einkommenshöhe abhängt, wobei mit steigendem Einkommen Haushalte in die Verbrauchsgewohnheiten der nächsthöheren Einkommensschichten hineinwachsen.

Die Konfrontation dieser beiden Feststellungen rechtfertigt zumindest einen Schluß: Eine einfache *Extrapolation* der zunächst registrierten Korrelation erweist sich für die Zukunft als problematisch. Mit zunehmendem Sparvolumen wächst einerseits der "Freiraum" für abweichendes Verbrauchsverhalten; ebenso könnte ein höheres Maß an Unsicherheit bezüglich der Zukunftsaussichten Abweichungen im Verbrauchsverhalten provozieren.

II. Die privaten Unternehmen

53. Bei der Finanzierungsrechnung der *privaten Unternehmen* wird erkennbar (vgl. Tabellen 79, 80), daß sich die Bruttovermögen der Unternehmen - und damit die gesamten *Selbstfinanzierungsmittel* - zusammensetzen aus der *Nettovermögensbildung* (als der Summe aus nichtentnommenen Gewinnen und dem Saldo der laufenden Vermögensübertragungen) einerseits und den *privaten Abschreibungen* andererseits. Diese Bruttovermögensbildung kann nun zur Finanzierung der privaten Bruttoinvestitionen eingesetzt werden; die Differenz entspricht dem Finanzierungssaldo. Für Entstehung und Verwendung der Bruttovermögensbildung lassen sich nun die folgenden Tendenzen klar erkennen:

- Bei der *Entstehung* der unternehmerischen Bruttovermögensbildung zeigen sich deutliche Strukturumbrüche. Diese bestehen einerseits zwischen Nettovermögensbildung und Abschreibungen: Hier zeichnet sich seit Mitte der fünfziger Jahre ein klarer Trend ab, wonach die Abschreibungen gegenüber der Nettovermögensbildung eine immer dominierendere Rolle gewinnen. Im Zeitraum 1975/76 erreichten sie einen Anteil von über 76 vH. Parallel hierzu ergibt sich - bei einem gleichzeitigen anteilsmäßigen Ansteigen des Saldos der Vermögensübertragungen - ein krasser Niveauabfall bei den nichtentnommenen Gewinnen, die 1975/76 noch zusammen etwa 1,5 Mrd. DM betrugen (freilich bei gleichzeitigen Entnahmen von ca. 380 Mrd. DM), und damit zur Nettovermögensbildung kaum noch beitrugen. Hier wird nicht nur ein zunehmendes Mißverhältnis in der Struktur der Gewinnverwendung sichtbar. Vor allem folgt daraus: Der Rückgang

Tabelle 79

FINANZIERUNGSRECHNUNG DER UNTERNEHMEN

\- Mrd. DM -

Zeitraum / Aggregat	1950 bis 1954	1955 bis 1959	1960 bis 1964	1965 bis 1969	1970 bis 1974
- nichtentn. Gewinne	46,0	89,0	95,3	107,4	58,6
- Saldo der Vermögensübertragungen	+ 5,4	+11,6	+34,0	+55,7	+120,4
Nettovermögensbildung	51,4	100,6	129,3	163,0	179,2
- Private Abschreib.	54,9	89,6	159,5	259,3	447,5
Bruttovermögensbildung	106,3	190,1	288,8	422,3	626,7
- Bruttoinvestitionen	143,7	255,6	419,1	570,1	927,0
Finanzierungssaldo	-37,4	-65,5	-130,4	-147,8	-300,3

Tabelle 80

FINANZIERUNGSRECHNUNG DER UNTERNEHMEN

\- Bruttovermögensbildung der Unternehmen = 100 -

Zeitraum / Aggregat	1950 bis 1954	1955 bis 1959	1960 bis 1964	1965 bis 1969	1970 bis 1974
- nichtentn. Gewinne	43,3	46,8	33,0	25,4	9,4
- Saldo der Vermögensübertragungen	5,1	6,1	11,8	13,2	19,2
Nettovermögensbildung	48,4	52,9	44,8	38,6	28,6
- Private Abschreib.	51,6	47,1	55,2	61,4	71,4
Bruttovermögensbildung	100,0	100,0	100,0	100,0	100,0
- Bruttoinvestitionen	135,2	134,5	145,1	135,0	148,0

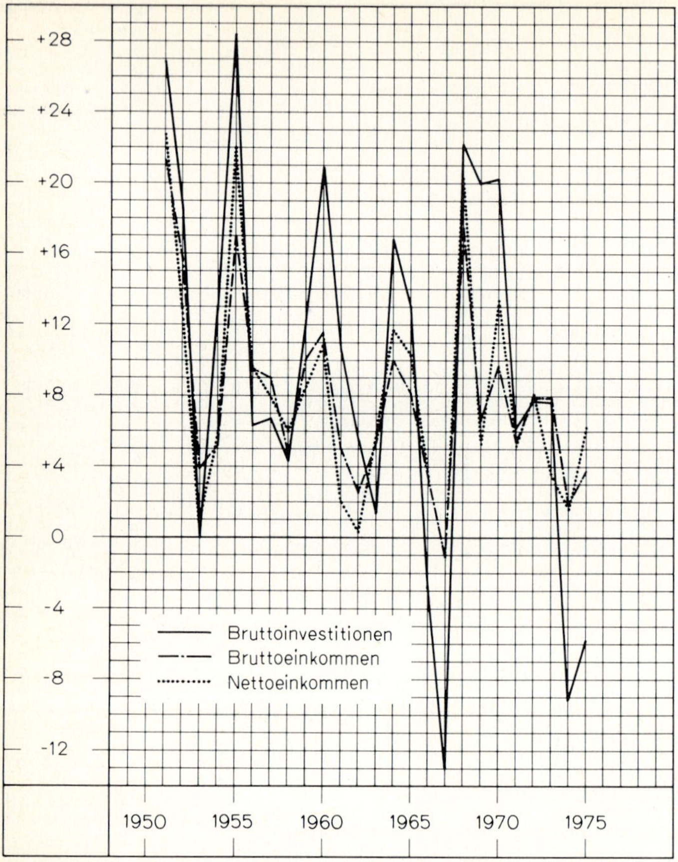

Schaubild 81. Unternehmen. Veränderung gegen Vorjahr in vH

der nichtentnommenen Gewinne ist nicht eine Folge zu geringer Unternehmereinkommen, sondern erheblich gestiegener Gewinnentnahmen.

- Dieser deutliche Niveauabfall bei den nichtentnommenen Gewinnen hatte auch zur Konsequenz, daß der ohnehin tendenziell steigende - negative - *Finanzierungssaldo* gerade in den siebziger Jahren einen erheblichen Anstieg erfuhr. Die *Selbstfinanzierungsquote*, die im Durchschnitt der fünfziger Jahre über 74 vH lag und im Durchschnitt der sechziger Jahre knapp 72 vH erreichte, sank in den siebziger Jahren auf gut 67 vH. Eine solche Entwicklung, die in letzter Konsequenz auf den starken Anstieg der privaten Gewinnent-

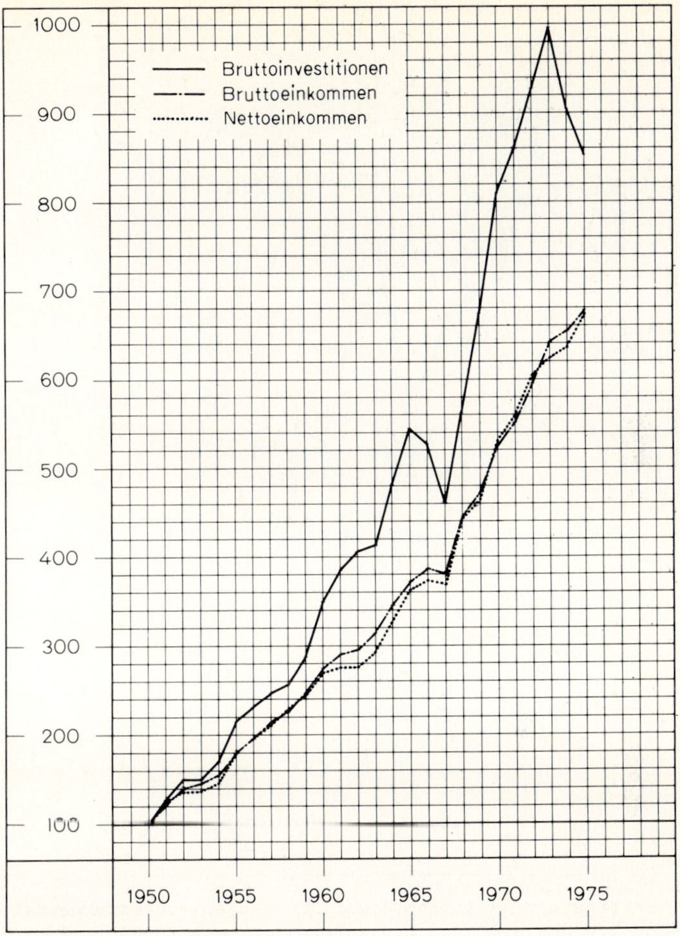

Schaubild 82. Unternehmen. 1950 = 100

nahmen zurückgeführt werden muß, mußte dann besonders prekär werden, wenn eine entsprechende Notenbankpolitik einen dergestalt ausgeweiteten *Fremdfinanzierungsspielraum* spürbar verteuerte.

54. Nach der Analyse der grundlegenden *Strukturtendenzen* bei der Finanzierungsrechnung der Unternehmen stellt sich nun zwangsläufig ein zentrales Problem: die Frage nach den Determinanten des Investitionsprozesses bzw. der *Investitionsneigung*. Das Problem der Investitionsfunktion gehört mit zu den gegenwärtig umstrittensten Fragen;

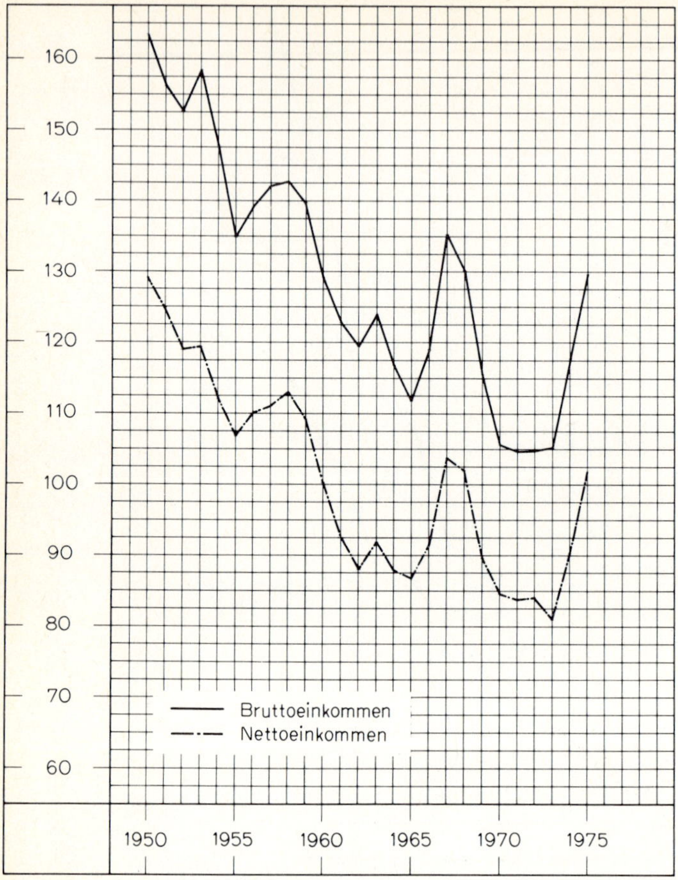

Schaubild 83. Unternehmen: Relation der Einkommen aus Unternehmertätigkeit und Vermögen zu den privaten Bruttoinvestitionen in vH

und es kann an dieser Stelle nicht eine definitive Antwort gefunden werden. Es soll aber im folgenden der Versuch unternommen werden, die Beziehungsverhältnisse der privaten Bruttoinvestitionen zu den *Gewinnen* (Problem der Investitionsbereitschaft) einerseits und zu der *Vermögensbildung* (Problem der Investitionsfinanzierungsmöglichkeit) andererseits zu prüfen:

- Die *Investition-Gewinn-Relation* überprüfen wir an Hand des Vergleichs mit der Entwicklung der Brutto- und Nettoeinkommen aus Unternehmertätigkeit und Vermögen. Folgende Aspekte zeichnen sich

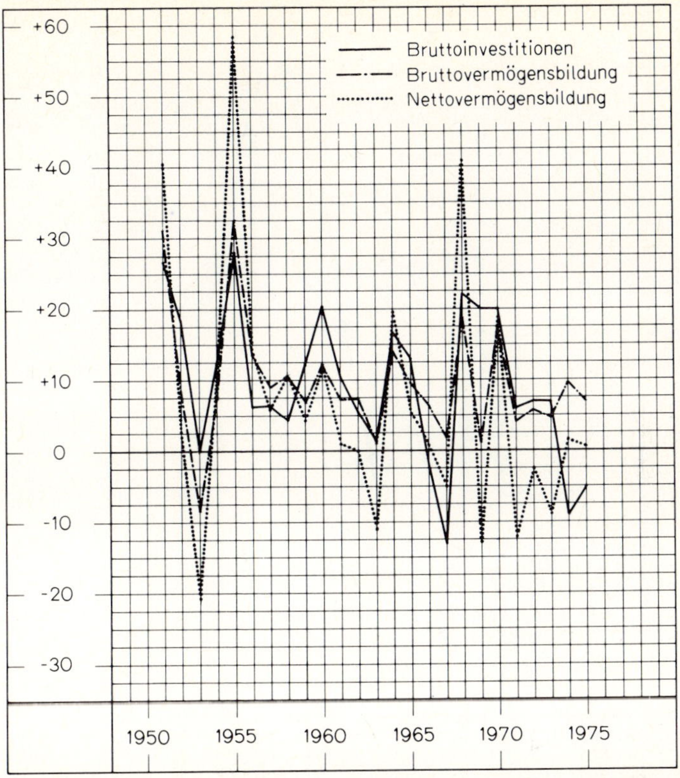

Schaubild 84. Unternehmen. Veränderung gegen Vorjahr in vH

hier ab: Gemessen am Verlauf der *jährlichen Veränderungsraten* (vgl. Schaubild 81) ist über den gesamten Beobachtungszeitraum hinweg ein relativ enger Zusammenhang der Investitionen sowohl mit den Bruttoeinkommen als auch mit den Nettoeinkommen feststellbar, wobei die Investitionsentwicklung im Vergleich zur Einkommensentwicklung eine übermäßige Reagibilität zeigt. Das Bild modifiziert sich etwas, wenn wir ergänzend den *Niveauverlauf* der drei Aggregate hinzuziehen (vgl. Schaubild 82). Hier wird - ebenfalls über den gesamten Beobachtungszeitraum hinweg - sichtbar, daß eine zunehmende Lücke zwischen Investitionsniveau und Einkommensniveau bzw. deren Wachstum klafft. Dies hat die naheliegende Konsequenz, daß die *Relation* zwischen Investitionen und Einkommen - sowohl in der Brutto- als auch in der Nettobetrachtung - zwar erheblichen

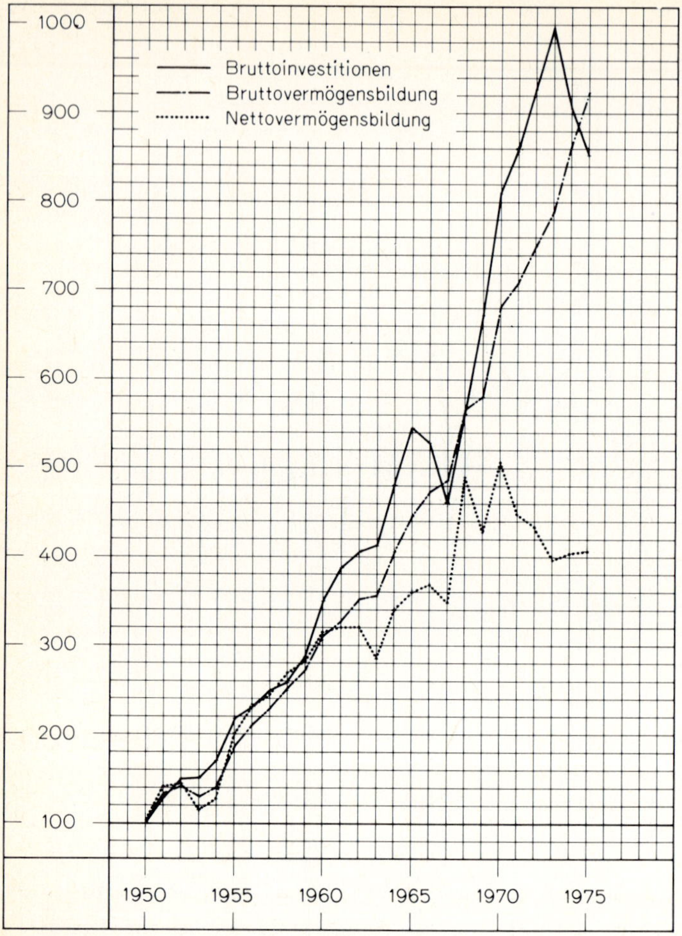

Schaubild 85. Unternehmen. 1950 = 100

Schwankungen unterliegt, aber tendenziell sinkt (vgl. Schaubild 83).

- Die *Investition-Vermögen-Relation* überprüfen wir an Hand des Vergleichs mit der Entwicklung der Brutto- und Nettovermögensbildung im Rahmen der unternehmerischen Finanzierungsrechnung. Hier zeichnen sich die folgenden Tendenzen ab: Gemessen am Verlauf der *jährlichen Veränderungsraten* (vgl. Schaubild 84) ist ebenfalls über den gesamten Beobachtungszeitraum hinweg ein deutlicher Zusammen-

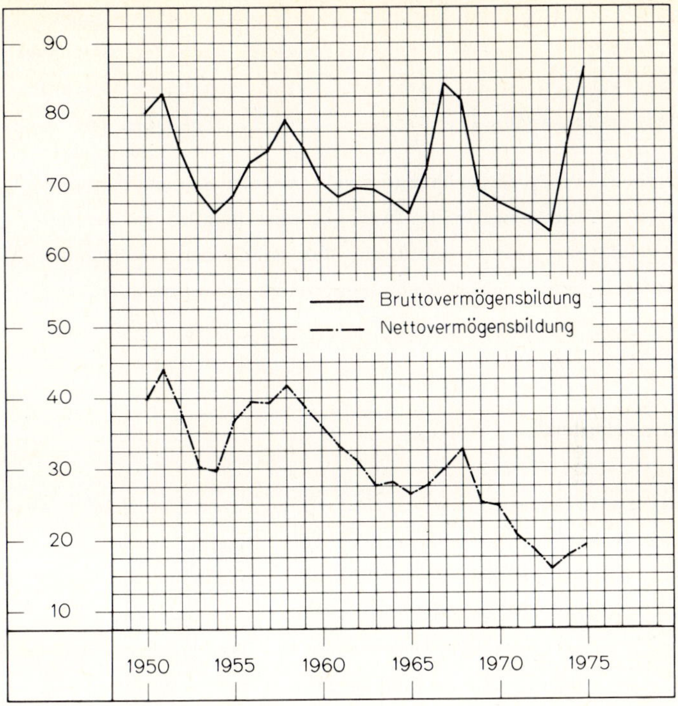

Schaubild 86. Unternehmen: Relation der Vermögensbildung zu den privaten Bruttoinvestitionen in vH

hang zu erkennen. Dies gilt jedoch nur gegenüber der Bruttovermögensbildung. Gegenüber der Nettovermögensbildung ist der Zusammenhang seit Ende der sechziger Jahre völlig unterbrochen. Überdies fällt auf, daß die Schwankungsintensität bei der Nettovermögensbildung besonders stark ausgeprägt ist. Ziehen wir ergänzend den *Niveauverlauf* der drei Aggregate hinzu (vgl. Schaubild 85), so zeigt sich, daß die Lücke zwischen Investitionsniveau und Bruttovermögensbildungsniveau bzw. deren Wachstum erheblich geringer ist als etwa gegenüber dem Einkommensniveauwachstum; umgekehrt zeigt sich gegenüber der Nettovermögensbildung seit Anfang der sechziger Jahre ein deutliches Auseinanderlaufen der Niveauentwicklung, die - nach einer kurzen Korrektur - seit Ende der sechziger Jahre sogar in einen entgegengesetzten Verlauf umschlägt. Dies hat wiederum zur Folge, daß die *Relation* zwischen Investition und Vermögensbildung in der Bruttobetrachtung zwar starken Schwankungen unterliegt, die sich aber um einen tendenziell stabilen Quotenverlauf bewegen, während in der Nettobetrachtung der Quotenverlauf einen eindeutig sinkenden Trend aufweist (vgl. Schaubild 86).

Diese Ergebnisse einander gegenübergestellt zeigen die ganze Ambivalenz des Versuchs, eine tragfähige Investitionsfunktion zu gewinnen.[41)] Sie zeigen aber ebenso deutlich, daß neben der Gewinnerwartung die Finanzierungsmöglichkeit von zentraler Bedeutung ist.

III. Die öffentlichen Haushalte

55. Die Finanzierungssituation der *öffentlichen Haushalte* gehört gegenwärtig - angesichts der hohen Staatsverschuldung - ebenfalls zu den stark umstrittenen Themenkreisen. Sie hat eine Reihe von Fragen aufgeworfen, wobei das Problem der "Grenzen" der Staatsverschuldung ebenso eine Rolle spielt wie die Frage nach den "Reprivatisierungsmöglichkeiten". Wir können diesen Fragen hier nicht nachgehen, sondern werden uns darauf beschränken, die Finanzierungsrechnung der öffentlichen Hand so nachzuvollziehen, wie sie sich im Beobachtungszeitraum darstellt. Knüpfen wir zunächst an die Finanzierungsrechnung im Rahmen der Volkswirtschaftlichen Gesamtrechnung an (vgl. Tabellen 81, 82), so zeigt sich, daß - nach Abzug des Staatsver-

41) Insofern kann nicht überraschen, daß die Investitionsfunktion recht widersprüchlich interpretiert wird. Auf der einen Seite glaubt man, einen engen Zusammenhang zwischen Investitionstätigkeit und Gewinnentwicklung beobachten zu können (Ch.C. Roberts, Einkommensverteilung und Investitionstätigkeit, in: Ifo-Schnelldienst, 28.3.1976); auf der anderen Seite stellt man fest, daß die längerfristige Verzinsung des Realkapitals auf der Basis der Einkommen aus Unternehmertätigkeit und Vermögen nicht den erwarteten Einfluß auf die Entwicklung der realen Ausrüstungsinvestitionen zeige (T. Tewes, Die realen Ausrüstungsinvestitionen in der Bundesrepublik Deutschland seit 1965 - Eine ökonometrische Analyse auf der Grundlage von Vierteljahresdaten, in: Die Weltwirtschaft 1976/I). Beide Interpretationen treffen sich aber insoweit auf einer gemeinsamen Basis, als sie feststellen, daß letztlich einer Verbesserung der Kapazitätsauslastung (Roberts) bzw. der Entwicklung der realen inländischen Güterverwendung (Tewes) eine dominierende Funktion zukommt.

Tabelle 81

FINANZIERUNGSRECHNUNG DES STAATES

- Mrd. DM -

Aggregat \ Zeitraum	1950 bis 1954	1955 bis 1959	1960 bis 1964	1965 bis 1969	1970 bis 1974
Verfügbares Einkommen	143,1	226,0	390,8	528,3	967,6
- Staatsverbrauch	103,1	154,1	262,8	407,1	753,3
Staatliche Ersparnis	40,0	71,9	128,0	121,2	214,3
- Saldo der Vermögensübertragungen	+ 4,3	- 9,0	-29,8	-36,5	-70,1
Nettovermögensbildung	44,3	62,9	98,2	84,6	144,2
- staatl. Abschreib.	3,1	4,4	7,4	12,7	24,8
Bruttovermögensbildung	47,4	67,3	105,5	97,4	168,9
- Bruttoinvestitionen	14,4	31,7	70,5	103,6	163,9
Finanzierungssaldo	+33,0	+35,7	+35,0	- 6,3	+ 5,0

Tabelle 82

FINANZIERUNGSRECHNUNG DES STAATES

- Bruttovermögensbildung des Staates = 100 -

Aggregat \ Zeitraum	1950 bis 1954	1955 bis 1959	1960 bis 1964	1965 bis 1969	1970 bis 1974
Ersparnis	84,4	106,8	121,3	124,4	126,9
- Saldo der Vermögensübertragungen	+ 9,1	-13,4	-28,2	-37,5	-41,5
Nettovermögensbildung	93,5	93,5	93,1	86,9	85,4
- staatl. Abschreib.	6,5	6,5	7,0	13,0	14,7
Bruttovermögensbildung	100,0	100,0	100,0	100,0	100,0
- Bruttoinvestitionen	30,4	47,1	66,8	106,4	97,0

Tabelle 83

HAUSHALTSSTRUKTUR DER ÖFFENTLICHEN HAND

Aggregat \ Zeitraum	1950 bis 1954	1955 bis 1959	1960 bis 1964	1965 bis 1969	1970 bis 1974
Gesamtausgaben in Mrd. DM					
Bund	106,2	175,3	275,8	393,6	581,8
Länder	72,2	122,3	208,0	302,2	515,9
Gemeinden	47,6	80,6	140,8	212,7	378,8
Gesamtausgaben	226,0	378,2	624,6	908,5	1476,5
Gesamteinnahmen in Mrd. DM					
Bund	104,7	167,8	269,3	378,1	563,7
Länder	71,7	120,6	209,6	291,4	494,8
Gemeinden	46,0	76,6	133,3	201,5	342,4
Gesamteinnahmen	222,5	365,0	612,2	871,0	1400,9
Gesamtsaldo in Mrd. DM					
Bund	- 1,5	- 7,5	- 6,5	-15,5	-18,1
Länder	- 0,5	- 1,8	+ 1,6	-10,8	-21,1
Gemeinden	- 1,6	- 3,9	- 7,5	-11,2	-36,4
Gesamtsaldo	- 3,6	-13,2	-12,4	-37,5	-75,6

brauchs vom verfügbaren Einkommen - die *staatliche Ersparnis* sich über den gesamten Beobachtungszeitraum hinweg deutlich erhöht hat. Unter Berücksichtigung des negativen Saldos bei den Vermögensübertragungen ist der Anstieg der *Nettovermögensbildung* aber spürbar geringer. Dies gilt auch - nach Berücksichtigung der staatlichen Abschreibungen - für den Anstieg der *Bruttovermögensbildung*. Berücksichtigen wir ergänzend die Entwicklung der staatlichen Bruttoinvestitionen, so zeigt sich ein deutlicher Strukturwandel beim *Finanzierungssaldo*: Nach anhaltend hohen positiven Finanzierungssalden im Zeitraum

Tabelle 84

HAUSHALTSSTRUKTUR DER ÖFFENTLICHEN HAND

Aggregat \ Zeitraum	1950 bis 1954	1955 bis 1959	1960 bis 1964	1965 bis 1969	1970 bis 1974
Gesamtausgaben = 100					
Bund	47,0	46,4	44,2	43,3	39,4
Länder	31,9	32,3	33,3	33,3	34,9
Gemeinden	21,1	21,3	22,5	23,4	25,7
Gesamteinnahmen = 100					
Bund	47,1	46,0	43,9	43,3	40,2
Länder	32,2	33,0	34,3	33,5	35,3
Gemeinden	20,7	21,0	21,8	23,2	24,4
Gesamteinnahmen in vH der Gesamtausgaben					
Bund	98,6	95,7	97,3	96,1	96,9
Länder	99,3	98,6	100,8	96,4	95,9
Gemeinden	96,6	95,0	94,7	94,7	90,4
Gesamteinnahmen	98,4	96,5	97,9	95,9	94,9

1950/64 (zusammen ergeben sie einen Wert von über 100 Mrd. DM) zeigt der folgende Zeitraum 1965/74 per Saldo ein leichtes Defizit.

56. Ziehen wir nun ergänzend die *Haushaltsstruktur* der öffentlichen Hand hinzu (vgl. Tabellen 83, 84), so fällt zunächst das ständig zunehmende *Defizit* der öffentlichen Hände insgesamt auf: Das Defizit der siebziger Jahre ist mit zusammen über 75 Mrd. DM größer als das Defizit, das im gesamten Zeitraum 1950/69 erzielt wurde.[42] Differen-

42) Zu dem Versuch, jene Einflußfaktoren herauszuarbeiten, die im Konjunkturzyklus 1972/75 zu dieser drastischen Erhöhung des Defizits geführt haben, vgl.: W. Leibfritz, Die Staatsfinanzen im Spiegel der konjunkturellen Entwicklung, in: Ifo-Schnelldienst 28/76. - Im übrigen zeigen Schätzungen, daß sich in absehbarer Zukunft diese Finanzierungsposition zwar etwas verbessern wird, ohne daß aber eine grundlegende Änderung zu erwarten wäre. Vgl. DIW - Deutsches Institut für Wirtschaftsforschung, Berlin, Wochenbericht 36/76 (43. Jahrgang).

Tabelle 85

STEUEREINNAHMEN DER ÖFFENTLICHEN HAND

Zeitraum / Aggregat	1950 bis 1954	1955 bis 1959	1960 bis 1964	1965 bis 1969	1970 bis 1974
<u>Mrd. DM</u>					
Bund	85,9	138,4	227,8	332,0	519,2
Länder	40,9	68,7	132,1	189,5	333,9
Gemeinden	20,5	34,9	55,7	74,8	127,2
Gesamt	147,3	242,1	415,6	596,3	980,3
<u>Gesamte Steuereinnahmen = 100</u>					
Bund	58,3	57,2	54,8	55,7	53,0
Länder	27,8	28,4	31,8	31,8	34,1
Gemeinden	13,9	14,4	13,4	12,5	13,0
Gesamt	100,0	100,0	100,0	100,0	100,0

ziert nach Bund, Ländern und Gemeinden erscheinen dabei folgende Grundtendenzen bemerkenswert:

- Sowohl bei den *Gesamtausgaben* als auch bei den *Gesamteinnahmen* verfügt der Bund über den größten Anteil. Über den gesamten Beobachtungszeitraum hinweg ist jedoch der Anteil des Bundes ständig gesunken, während die Länder und Gemeinden einen ständig steigenden Anteil verzeichnen.

- Was die Anteile am *Gesamtdefizit* angeht, so läßt sich hier keine systematische Tendenz erkennen, da die Anteile im gesamten Beobachtungszeitraum stark schwanken. Auffällig ist indessen, daß in den siebziger Jahren die Gemeinden den größten Anteil des Defizits zu tragen hatten.

Berücksichtigen wir abschließend die *Steuereinnahmen* der öffentlichen Hand (vgl. Tabelle 85, 86), so zeigt sich - sowohl gemessen an den

Tabelle 86

STEUEREINNAHMEN DER ÖFFENTLICHEN HAND

Zeitraum / Aggregat	1950 bis 1954	1955 bis 1959	1960 bis 1964	1965 bis 1969	1970 bis 1974
Gesamte Ausgaben = 100					
Bund	80,9	79,0	82,6	84,3	89,3
Länder	56,6	56,2	63,5	62,7	64,7
Gemeinden	43,1	43,3	39,6	35,2	33,6
Gesamt	65,2	64,0	66,5	65,6	66,4
Gesamte Einnahmen = 100					
Bund	82,0	82,5	84,9	87,8	92,2
Länder	57,0	57,0	63,0	65,0	67,5
Gemeinden	44,6	45,6	41,8	37,1	37,1
Gesamt	66,2	66,3	68,0	68,6	70,0

Gesamtausgaben als auch an den Gesamteinnahmen -, daß der Bund nicht nur den größten Anteil an den Steuereinnahmen hat. Bemerkenswert erscheint vor allen Dingen die Tatsache, daß der Steueranteil des Bundes sowohl an den Gesamtausgaben als auch an den Gesamteinnahmen im Beobachtungszeitraum deutlich ansteigt, und dies, obwohl sein Anteil an den gesamten Steuereinnahmen rückläufig ist (vor allem zugunsten der Länder). Demgegenüber können die Gemeinden immer weniger ihrer Ausgaben aus Steuermitteln bestreiten.

Teil F
Außenwirtschaftliche Verflechtung

I. Globale Entwicklungstendenzen

57. Wir haben eingangs festgestellt, daß die aktuelle Krise u.a. auch auf den massiven *Ausfuhrrückgang* des Jahres 1975 zurückgeführt werden muß. Es geht hier nun nicht um die Frage, ob dieser Sachverhalt einen hinreichenden Erklärungsgrund der Krise darstellt. Viel wichtiger erscheint dies: Die *Verflechtung* der Bundesrepublik Deutschland mit der Weltwirtschaft gewinnt - über Ausfuhr und Einfuhr - zunehmend an Bedeutung. Dies wird bereits deutlich, wenn wir zunächst, um die Kompatibilität mit der Volkswirtschaftlichen Gesamtrechnung zu wahren, noch einmal an die Entwicklung der *Gesamtnachfrage* anknüpfen. Wir verwenden folgende Symbole: Bruttosozialprodukt (BSP), gesamter Inlandsverbrauch (IV), gesamte Inlandsinvestition (II), Ausfuhr (A), Einfuhr (E), Außenbeitrag (AB), Gesamtnachfrage (N). Es gelten dann die folgenden Beziehungen:

(1) $BSP = IV + II + AB$

(2) $AB = A - E$

daraus folgt:

(3) $BSP = IV + II + A - E$

bzw. umformuliert:

(4) $N = IV + II + A = BSP + E.$

Knüpfen wir an die letzte Formel an, so zeigt der empirische Befund folgende Grundtendenzen:

- In *jeweiligen Preisen* gerechnet (vgl. Tabellen 87, 88, 89) zeigen über den gesamten Beobachtungszeitraum hinweg sowohl Ausfuhr als auch Einfuhr gegenüber der Gesamtnachfrage ein stark *überdurchschnittliches Wachstum* mit der Folge, daß sich ihr Anteil an der

Tabelle 87

GESAMTNACHFRAGE

- Mrd. DM -

(in jeweiligen Preisen)

Aggregat \ Zeitraum	1950 bis 1954	1955 bis 1959	1960 bis 1964	1965 bis 1969	1970 bis 1974
Verbrauchsnachfrage	531,5	837,3	1282,6	1863,8	3012,4
Investitionsnachfrage	158,1	287,3	489,6	673,8	1090,9
Auslandsnachfrage	96,6	221,3	353,6	569,0	1049,1
Gesamtnachfrage	786,2	1345,9	2125,8	3106,5	5152,4
Einfuhr	84,1	188,8	325,9	514,7	946,5
Bruttosozialprodukt	702,0	1157,1	1799,9	2591,8	4205,9
nachrichtl.: Außenbeitrag	+12,4	+32,5	+27,7	+54,2	+102,6

Tabelle 88

GESAMTNACHFRAGE

- Gesamtnachfrage = 100 -

(in jeweiligen Preisen)

Aggregat \ Zeitraum	1950 bis 1954	1955 bis 1959	1960 bis 1964	1965 bis 1969	1970 bis 1974
Verbrauchsnachfrage	67,6	62,2	60,3	60,0	58,5
Investitionsnachfrage	20,1	21,3	23,0	21,7	21,2
Auslandsnachfrage	12,3	16,4	16,6	18,3	20,4
Gesamtnachfrage	100,0	100,0	100,0	100,0	100,0
Einfuhr	10,7	14,0	15,3	16,6	18,4
Bruttosozialprodukt	89,3	86,0	84,7	83,4	81,6

Tabelle 89

GESAMTNACHFRAGE

- durchschnittliche jährliche Veränderung in vH -

(in jeweiligen Preisen)

Aggregat \ Zeitraum	1950 bis 1954	1955 bis 1959	1960 bis 1964	1965 bis 1969	1970 bis 1974
Verbrauchsnachfrage	+10,8	+ 9,3	+ 8,9	+ 6,9	+11,4
Investitionsnachfrage	+13,3	+10,1	+10,6	+ 4,4	+ 6,8
Auslandsnachfrage	+26,0	+14,5	+ 8,0	+11,1	+15,0
Gesamtnachfrage	+12,9	+10,2	+ 9,1	+ 7,1	+11,2
Einfuhr	+17,6	+14,1	+10,2	+ 8,6	+14,0
Bruttosozialprodukt	+12,4	+ 9,7	+ 9,0	+ 6,8	+10,5

Tabelle 90

GESAMTNACHFRAGE

- Mrd. DM -

(in Preisen von 1962)

Aggregat \ Zeitraum	1950 bis 1954	1955 bis 1959	1960 bis 1964	1965 bis 1969	1970 bis 1974
Verbrauchsnachfrage	667,6	947,3	1279,9	1584,9	2000,5
Investitionsnachfrage	211,2	344,6	493,6	605,9	759,6
Auslandsnachfrage	109,9	232,4	354,3	544,4	895,2
Gesamtnachfrage	988,7	1524,4	2127,8	2735,2	3655,3
Einfuhr	73,2	178,0	323,3	490,5	829,2
Bruttosozialprodukt	915,6	1346,5	1804,5	2244,7	2826,1
nachrichtl.: Außenbeitrag	+36,7	+54,5	+31,0	+53,9	+66,0

Tabelle 91

GESAMTNACHFRAGE

- Gesamtnachfrage = 100 -

(in Preisen von 1962)

Aggregat \ Zeitraum	1950 bis 1954	1955 bis 1959	1960 bis 1964	1965 bis 1969	1970 bis 1974
Verbrauchsnachfrage	67,5	62,1	60,2	57,9	54,7
Investitionsnachfrage	21,4	22,6	23,2	22,2	20,8
Auslandsnachfrage	11,1	15,2	16,7	19,9	24,5
Gesamtnachfrage	100,0	100,0	100,0	100,0	100,0
Einfuhr	7,4	11,7	15,2	17,9	22,7
Bruttosozialprodukt	92,6	88,3	84,8	82,1	77,3

Tabelle 92

GESAMTNACHFRAGE

- durchschnittliche jährliche Veränderung in vH -

(in Preisen von 1962)

Aggregat \ Zeitraum	1950 bis 1954	1955 bis 1959	1960 bis 1964	1965 bis 1969	1970 bis 1974
Verbrauchsnachfrage	+ 8,0	+ 6,7	+ 5,7	+ 3,7	+ 4,2
Investitionsnachfrage	+ 9,3	+ 7,1	+ 6,4	+ 3,0	+ 0,3
Auslandsnachfrage	+20,3	+12,8	+ 6,8	+10,5	+10,6
Gesamtnachfrage	+ 9,6	+ 7,6	+ 6,0	+ 4,8	+ 4,9
Einfuhr	+20,6	+15,3	+10,5	+ 7,8	+ 9,7
Bruttosozialprodukt	+ 8,7	+ 6,7	+ 5,3	+ 4,2	+ 3,6

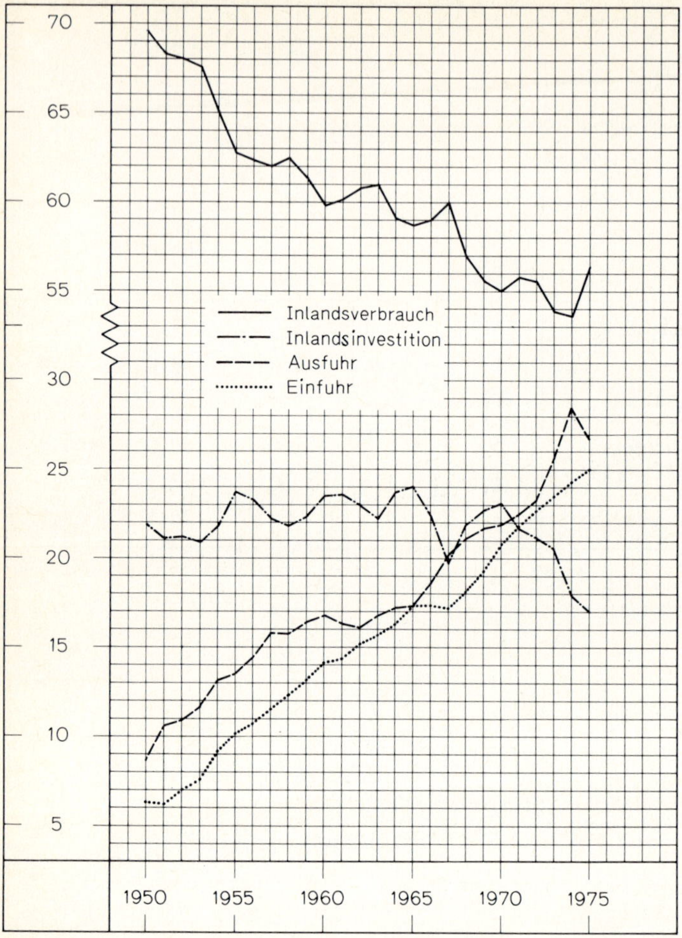

Schaubild 87. Gesamtnachfrage (in Preisen von 1962). Anteile in vH

Gesamtnachfrage von Periode zu Periode erhöhte. Im Durchschnitt 1975/76 betrug der Ausfuhranteil knapp 23 vH. Bis Mitte der sechziger Jahre erfolgte diese Anteilssteigerung ausschließlich auf Kosten des *Inlandsverbrauchs*, dann auch auf Kosten der *Inlandsinvestitionen*, deren Anteil 1975/76 sogar auf etwa 17 vH absank.

- In *Preisen von 1962* gerechnet (vgl. Tabellen 90, 91, 92) wird die nominale Strukturtendenz voll bestätigt. Die Quote der Auslandsnachfrage betrug im Zeitraum 1975/76 sogar über 27 vH, während

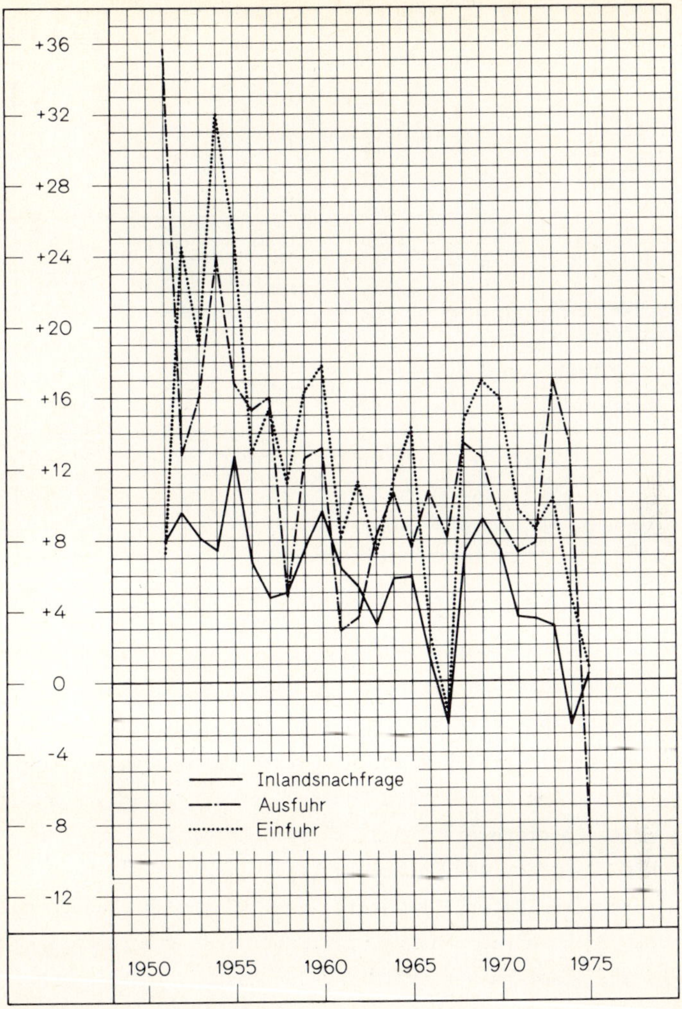

Schaubild 88. Gesamtnachfrage (in Preisen von 1962). Veränderung gegen Vorjahr in vH

im gleichen Zeitraum der Investitionsanteil auf ca. 17,5 vH sank. Ziehen wir ergänzend noch den realen *jährlichen Quotenverlauf* hinzu (vgl. Schaubild 87), so zeigt die Erhöhung der realen Anteile bei Aus- und Einfuhr ein hohes Maß an Stetigkeit. Der Anstieg des realen Ausfuhranteils wurde zwar 1975 erstmals unterbrochen, setzte sich aber bereits 1976 wieder fort. Offenbar impliziert diese Zäsur noch keinesfalls einen Trendumbruch.

Tabelle 93

GESAMTNACHFRAGE
- durchschnittliche jährliche Veränderung in vH -
(Preisentwicklung)

Aggregat \ Zeitraum	1950 bis 1954	1955 bis 1959	1960 bis 1964	1965 bis 1969	1970 bis 1974
Verbrauchsnachfrage	+ 2,6	+ 2,4	+ 3,1	+ 3,1	+ 6,9
Investitionsnachfrage	+ 3,6	+ 2,9	+ 4,0	+ 1,3	+ 6,5
Auslandsnachfrage	+ 4,7	+ 1,5	+ 1,1	+ 0,6	+ 3,9
Gesamtnachfrage	+ 3,1	+ 2,4	+ 2,9	+ 2,2	+ 6,0
Einfuhr	- 2,5	- 1,1	- 0,3	+ 0,7	+ 4,0
Bruttosozialprodukt	+ 3,4	+ 2,8	+ 3,5	+ 2,5	+ 6,6

- Bemerkenswert erscheint schließlich noch der Entwicklungsverlauf des realen Außenhandels, gemessen an den realen *jährlichen Veränderungsraten* (vgl. Schaubild 88). Hier wird deutlich, daß die *Einfuhrentwicklung* trotz ihres überdurchschnittlichen Wachstumstempos relativ eng korreliert ist mit der Entwicklung der Inlandsnachfrage; sie zeigt insofern ein hohes Maß an Abhängigkeit von der *Binnenkonjunktur*. Anders die Entwicklung der *Ausfuhr*: Sie hat einen deutlichen "Vorläufer"-Charakter, d.h. während sich die Inlandsnachfrage noch weiter abschwächt, zieht die Ausfuhrentwicklung bereits an; insofern hatte bislang die Ausfuhr (mit Ausnahme des Jahres 1975) die deutliche Funktion des "Konjunkturmotors" einerseits bzw. der "Konjunkturstabilisierung" andererseits.[43)]

- Bei der *Preisentwicklung* - sowohl gemessen an den durchschnittlichen jährlichen Veränderungsraten (vgl. Tabelle 93) als auch am jährlichen Verlauf der Preisniveauentwicklung (vgl. Schaubild 89) - sind stark *divergierende Entwicklungstendenzen* festzuhalten. Nach einem überdurchschnittlichen Preisniveauanstieg bei Aus- und

---

Fußnote 43 s.S. 193

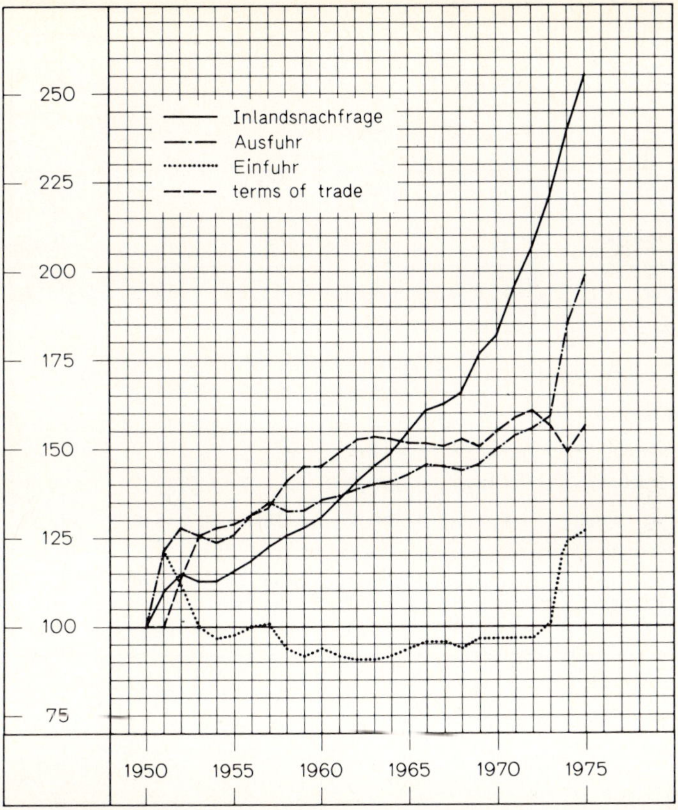

Schaubild 89. Gesamtnachfrage (Preisentwicklung). 1950 = 100

43) Natürlich stellt sich die Frage, ob auch die Exportentwicklung "endogen" erklärbar ist, d.h. eine gewisse Inlandsabhängigkeit aufweist. Untersuchungen zeigen hier, daß eine gewisse Abhängigkeit zwar feststellbar ist - etwa von der Entwicklung der Bruttolohn- und -gehaltssumme oder der Wechselkurse -, daß aber der Inlandseinfluß relativ gering veranschlagt werden muß im Vergleich zum Auslandseinfluß, wie er sich insbesondere in der Welthandelsentwicklung zeigt (R. Schmidt, Die Exporte der Bundesrepublik Deutschland - Eine ökonometrische Analyse auf der Grundlage von Vierteljahresdaten, in: Die Weltwirtschaft 1976/I). Ein solches Ergebnis kann im Grunde nicht überraschen, leitet es sich doch aus einem Umkehrschluß aus der Importfunktion (Import als abhängige Variable der Binnenkonjunktur) fast denknotwendig ab; denn die Einfuhr des Auslandes ist wiederum von dessen eigener Binnenkonjunktur abhängig. Diese Abhängigkeit kann vom exportierenden Land durch Preis, Qualität, Lieferbereitschaft etc. zwar zeitweilig modifiziert, letztlich aber nicht suspendiert werden.

Tabelle 94

GESAMTUMSATZ IN DER INDUSTRIE

- Mrd. DM -

Aggregat \ Zeitraum	1950 bis 1954	1955 bis 1959	1960 bis 1964	1965 bis 1969	1970 bis 1974
Verarbeitende Industrie	571,7	979,4	1463,3	1969,6	3036,9
davon:					
- Grundstoff- und Produktionsgüter	178,6	306,4	444,4	594,1	921,8
- Investitionsgüter	157,0	316,3	523,7	720,0	1192,5
- Verbrauchsgüter	133,4	196,5	278,7	366,9	529,7
- Nahrungs- u. Genußmittel	102,7	160,2	216,6	288,6	393,0
Bergbau	35,0	51,1	56,2	49,8	67,9
Gesamtumsatz	606,8	1030,4	1519,5	2019,4	3104,8

Einfuhr gegenüber der Inlandsnachfrage in den frühen fünfziger Jahren zeigt die Preisentwicklung bei der Ausfuhr in der Folgezeit eine deutlich unterdurchschnittliche Entwicklung; die Einfuhrpreisentwicklung war sogar bis Mitte der sechziger Jahre rückläufig. In den siebziger Jahren zeigen indessen sowohl die Ausfuhr- als auch die Einfuhrpreisentwicklung eine erhebliche Beschleunigung. Die bis Anfang der sechziger Jahre deutlich divergierende Entwicklung bei den Ausfuhr- und Einfuhrpreisen hatte überdies zur Folge, daß das *reale Austauschverhältnis* bis Anfang der sechziger Jahre stark anstieg; durch den Gleichlauf der Ausfuhr- und Einfuhrpreise in der Folgezeit zeichnet sich eine Stagnation des realen Austauschverhältnisses auf hohem Niveau ab.

58. Dieses generelle Erscheinungsbild einer zunehmenden Dominanz der Auslandsnachfrage zeigt sich auch deutlich in der *Umsatzentwicklung*

Tabelle 95

GESAMTUMSATZ IN DER INDUSTRIE

- Mrd. DM -

Aggregat \ Zeitraum	1950 bis 1954	1955 bis 1959	1960 bis 1964	1965 bis 1969	1970 bis 1974
ausgewählte Grundstoff- und Produktionsgüter					
Steine, Erden	16,6	28,5	46,0	59,9	93,6
Eisensch. Industrie	43,8	80,4	95,9	108,9	168,8
Chemische Industrie	48,9	84,7	132,3	199,0	314,9
NE-Metalle	13,2	18,8	24,1	36,3	53,6
ausgewählte Investitionsgüter					
Maschinenbau	48,4	93,0	153,3	212,0	326,0
Straßenfahrzeuge	25,7	53,1	103,2	146,5	240,8
Elektrotechnik	30,8	70,9	122,6	173,9	306,4
EBM-Industrie	21,4	37,1	58,1	80,5	120,3
ausgewählte Verbrauchsgüter					
Holzverarbeitung	11,7	20,5	30,9	44,1	77,1
Schuhindustrie	7,0	9,1	12,4	14,6	16,7
Textilindustrie	58,5	72,9	89,9	106,0	133,2
Bekleidungsindustrie	20,3	32,4	47,6	60,8	79,7

der Industrie insgesamt sowie in einigen ausgewählten Industriebereichen. Differenziert nach *Gesamtumsatz* (vgl. Tabellen 94, 95), *Inlandsumsatz* (vgl. Tabellen 96, 97) und *Auslandsumsatz* (vgl. Tabellen 98, 99) wird zunächst die erhebliche Umsatzausweitung in allen Bereichen sichtbar: Der Gesamtumsatz hat sich in den siebziger Jahren im Durchschnitt gegenüber der ersten Hälfte der fünfziger Jahre mehr als verfünffacht; der Auslandsumsatz hat sich aber knapp verzehnfacht. Hier spiegelt sich die ganze Dynamik der Außenhandelsentwicklung wider. Folgende Strukturtendenzen erscheinen hierbei bemerkenswert:

Tabelle 96

INLANDSUMSATZ IN DER INDUSTRIE
- Mrd. DM -

Aggregat \ Zeitraum	1950 bis 1954	1955 bis 1959	1960 bis 1964	1965 bis 1969	1970 bis 1974
Verarbeitende Industrie	509,6	837,7	1242,1	1610,1	2395,7
davon:					
- Grundstoff- und Produktionsgüter	157,0	260,5	376,5	483,9	721,5
- Investitionsgüter	124,7	236,8	394,5	511,6	825,0
- Verbrauchsgüter	126,0	182,3	258,3	332,8	470,2
- Nahrungs- u. Genußmittel	101,9	158,0	212,8	281,9	379,0
Bergbau	26,4	40,7	45,2	39,5	53,2
Gesamtumsatz (Inland)	536,0	878,3	1287,2	1649,6	2449,0

- Die Struktur des *Inlandsumsatzes* (vgl. Tabellen 100, 101) zeigt - bei relativer Stabilität des Umsatzanteils der Grundstoff- und Produktionsgüter - einen steigenden Anteil der *Investitionsgüter* bei gleichzeitigem Anteilsrückgang der Verbrauchsgüter, der Nahrungs- und Genußmittel und des Bergbaus. Innerhalb der Grundstoff- und Produktionsgüter gewannen Steine und Erden sowie die Chemische Industrie an Bedeutung, während die Eisenschaffende Industrie sowie NE-Metalle rückläufige Anteile verzeichnen. Die Anteilssteigerung im Investitionsgüterbereich wird von allen Einzelbereichen nahezu gleichmäßig getragen. Im Verbrauchsgüterbereich fällt der deutliche Rückgang des Textilindustrieanteils auf.

- Die Struktur des *Auslandsumsatzes* (vgl. Tabellen 102, 103) ist in der Globalentwicklung mit jener des Inlandsumsatzes nahezu identisch, vor allem was den deutlichen Anteilsanstieg der *Investitionsgüter* angeht. Bemerkenswert ist die dominierende Rolle der

Tabelle 97

INLANDSUMSATZ IN DER INDUSTRIE
- Mrd. DM -

Aggregat \ Zeitraum	1950 bis 1954	1955 bis 1959	1960 bis 1964	1965 bis 1969	1970 bis 1974
<u>ausgewählte Grundstoff- und Produktionsgüter</u>					
Steine, Erden	15,6	27,2	44,6	57,7	89,7
Eisensch. Industrie	37,1	65,0	76,3	81,7	119,3
Chemische Industrie	40,7	66,0	100,8	141,6	210,6
NE-Metalle	11,7	16,2	20,7	29,0	43,2
<u>ausgewählte Investitionsgüter</u>					
Maschinenbau	34,6	65,8	106,5	135,4	200,5
Straßenfahrzeuge	20,7	35,2	68,7	87,6	138,6
Elektrotechnik	26,5	57,6	100,6	136,7	236,5
EBM-Industrie	18,0	30,9	49,5	66,8	98,7
<u>ausgewählte Verbrauchsgüter</u>					
Holzverarbeitung	11,4	19,8	29,7	41,4	71,5
Schuhindustrie	7,0	9,0	12,1	13,7	15,2
Textilindustrie	54,8	67,2	82,5	94,3	113,2
Bekleidungsindustrie	20,1	31,7	46,3	58,2	74,8

Grundstoff- und Produktionsgüter sowie Investitionsgüter im Auslandsgeschäft. Bei den ausgewählten Gruppen wird deutlich, daß sich diese dominierende Rolle auf vier Gruppen konzentriert: Chemische Industrie, Maschinenbau, Straßenfahrzeugbau, Elektrotechnik. Im Durchschnitt der siebziger Jahre bestritten diese vier Gruppen über 60 vH des gesamten Auslandsumsatzes.

- Setzen wir abschließend den Auslandsumsatz zum Gesamtumsatz in Beziehung - die Relation umschreibt die sog. *Exportquote* (vgl.

Tabelle 98

AUSLANDSUMSATZ IN DER INDUSTRIE
- Mrd. DM -

Aggregat / Zeitraum	1950 bis 1954	1955 bis 1959	1960 bis 1964	1965 bis 1969	1970 bis 1974
Verarbeitende Industrie	62,1	141,7	221,2	359,5	641,2
davon:					
- Grundstoff- und Produktionsgüter	21,6	45,9	67,9	110,2	200,3
- Investitionsgüter	32,3	79,5	129,2	208,4	367,5
- Verbrauchsgüter	7,4	14,1	20,4	34,1	59,4
- Nahrungs- u. Genußmittel	0,8	2,2	3,8	6,7	14,0
Bergbau	8,6	10,4	11,1	10,4	14,7
Gesamtumsatz (Ausland)	70,7	152,1	232,3	369,8	655,9

Tabellen 104, 105) -, so zeigt sich, mit Ausnahme des Bergbaus und der Industrie Steine und Erden, ein kontinuierlicher Anstieg der Exportquote. Es wird deutlich, daß die den Auslandsumsatz dominierenden Industriebereiche auch die höchste Exportquote verzeichnen; nur die Eisenschaffende Industrie liegt noch bei einer vergleichbar hohen Exportquote.

59. Schließlich zeigt noch ein dritter Aspekt die zunehmende Verflechtung der Bundesrepublik Deutschland mit der Weltwirtschaft, wenn wir den *Spezialhandel*[44)] der Bundesrepublik mit dem *Welthandel* vergleichen. Dabei sind die Ausfuhrwerte nach der f.o.b.-Methode berechnet (free on board), die Einfuhrwerte nach der c.i.f.-Methode (cost, insurance, freight), weshalb die Einfuhrwerte durch die Einbeziehung einiger Dienstleistungskosten etwas überhöht sind. Dieser Vergleich des westdeutschen Außenhandels mit der Welthandelsentwicklung zeigt folgende grundlegende Tendenzen:

Fußnote 44 s.S. 199

Tabelle 99

AUSLANDSUMSATZ IN DER INDUSTRIE

- Mrd. DM -

Aggregat \ Zeitraum	1950 bis 1954	1955 bis 1959	1960 bis 1964	1965 bis 1969	1970 bis 1974
ausgewählte Grundstoff- und Produktionsgüter					
Steine, Erden	1,0	1,3	1,5	2,2	3,9
Eisensch. Industrie	6,7	15,4	19,7	27,2	49,5
Chemische Industrie	8,2	18,7	31,5	57,4	104,3
NE-Metalle	1,5	2,6	3,4	7,3	10,4
ausgewählte Investitionsgüter					
Maschinenbau	13,8	27,2	46,8	76,5	125,5
Straßenfahrzeuge	5,0	17,9	34,5	58,9	102,2
Elektrotechnik	4,2	13,3	22,1	37,2	70,0
EBM-Industrie	3,4	6,2	8,5	13,7	21,5
ausgewählte Verbrauchsgüter					
Holzverarbeitung	0,3	0,8	1,2	2,6	5,6
Schuhindustrie	0,1	0,2	0,3	0,9	1,4
Textilindustrie	3,7	5,6	7,4	11,7	20,0
Bekleidungsindustrie	0,2	0,6	1,3	2,6	4,9

44) Der Spezialhandel umfaßt:
- die unmittelbare Einfuhr von Waren in den freien Verkehr, zur zollamtlich bewilligten aktiven Veredelung (Eigen- und Lohnveredelung) nach zollamtlich bewilligter passiver Veredelung, auch Ausbesserungsverkehr;
- die Einfuhr von ausländischen Waren aus Lager; als Lager im Sinne der Außenhandelsstatistik gelten Freihafen- und Zollager (ab 1974 einschl. offene Zollager) sowie einige Sonderfälle;
- die Ausfuhr von Waren aus dem freien Verkehr, nach zollamtlich bewilligter aktiver Veredelung (Eigen- und Lohnveredelung), zur zollamtlich bewilligten passiven Veredelung, auch Ausbesserungsverkehr.

Tabelle 100

INLANDSUMSATZ IN DER INDUSTRIE

- Inlandsumsatz = 100 -

Aggregat \ Zeitraum	1950 bis 1954	1955 bis 1959	1960 bis 1964	1965 bis 1969	1970 bis 1974
Verarbeitende Industrie	95,1	95,4	96,5	97,6	97,8
davon:					
- Grundstoff- und Produktionsgüter	29,3	29,7	29,2	29,3	29,5
- Investitionsgüter	23,3	27,0	30,6	31,0	33,7
- Verbrauchsgüter	23,5	20,8	20,1	20,2	19,2
- Nahrungs- u. Genußmittel	19,0	18,0	16,5	17,1	15,5
Bergbau	4,9	4,6	3,5	2,4	2,2
Gesamtumsatz (Inland)	100,0	100,0	100,0	100,0	100,0

- Knüpfen wir an die *Handelswerte* an (vgl. Tabelle 106), so zeigt sich über den gesamten Beobachtungszeitraum hinweg ein gegenüber dem Welthandel überdurchschnittliches Wachstum des *westdeutschen Außenhandels*. Dies hatte zur Folge, daß die Anteile der Ausfuhr bzw. Einfuhr am Welthandel von Periode zu Periode gestiegen sind. Gleichzeitig fällt auf, daß im Rahmen dieser Außenhandelsexpansion ein immer größer werdender *Außenhandelsüberschuß* erzielt wurde. Und diese Tendenz setzt sich fort: Allein in den Jahren 1975 und 1976 wurde zusammen ein Außenhandelsüberschuß von knapp 72 Mrd. DM erreicht.

- Im Vergleich zur Entwicklung des *Welthandelspreisniveaus* (auf US-Dollar-Basis) wird deutlich, daß sich seit dem Korea-Boom von diesem Welthandelspreisniveau das westdeutsche Ausfuhrpreisniveau nach oben und das Einfuhrpreisniveau nach unten löste (vgl. Schaubild 90). Obwohl eine Vergleichbarkeit wegen des Einflusses der

Tabelle 101

INLANDSUMSATZ IN DER INDUSTRIE

- Inlandsumsatz = 100 -

Aggregat \ Zeitraum	1950 bis 1954	1955 bis 1959	1960 bis 1964	1965 bis 1969	1970 bis 1974
ausgewählte Grundstoff- und Produktionsgüter					
Steine, Erden	2,9	3,1	3,5	3,5	3,7
Eisensch. Industrie	6,9	7,4	5,9	5,0	4,9
Chemische Industrie	7,6	7,5	7,8	8,6	8,6
NE-Metalle	2,2	1,8	1,6	1,8	1,8
ausgewählte Investitionsgüter					
Maschinenbau	6,5	7,5	8,3	8,2	8,2
Straßenfahrzeuge	3,9	4,0	5,3	5,3	5,7
Elektrotechnik	5,0	6,6	7,8	8,3	9,7
EBM-Industrie	3,4	3,5	3,9	4,1	4,0
ausgewählte Verbrauchsgüter					
Holzverarbeitung	2,1	2,3	2,3	2,5	2,9
Schuhindustrie	1,3	1,0	0,9	0,8	0,6
Textilindustrie	10,2	7,7	6,4	5,7	4,6
Bekleidungsindustrie	3,8	3,6	3,6	3,5	3,1

Wechselkursentwicklung nur bedingt möglich ist, läßt sich doch generell feststellen: Ganz offensichtlich sind im Exportsortiment der Bundesrepublik Güter vertreten, bei denen Preissteigerungen leichter durchzusetzen sind; während umgekehrt im Importsortiment Güter vertreten sind, bei denen Preiszugeständnisse erreicht wurden. Obwohl sich im Welthandelspreisniveau seit 1968 eine Erhöhung abzeichnete, die sich seit 1972 erheblich beschleunigte[45)], sind

---

Fußnote 45 s.S. 202

Tabelle 102

AUSLANDSUMSATZ IN DER INDUSTRIE

- Auslandsumsatz = 100 -

Zeitraum / Aggregat	1950 bis 1954	1955 bis 1959	1960 bis 1964	1965 bis 1969	1970 bis 1974
Verarbeitende Industrie	87,8	93,2	95,2	97,2	97,8
davon:					
- Grundstoff- und Produktionsgüter	30,5	30,2	29,2	29,8	30,5
- Investitionsgüter	45,8	52,3	55,6	56,4	56,0
- Verbrauchsgüter	10,5	9,3	8,8	9,2	9,1
- Nahrungs- u. Genußmittel	1,1	1,4	1,6	1,8	2,1
Bergbau	12,2	6,8	4,8	2,8	2,2
Gesamtumsatz (Ausland)	100,0	100,0	100,0	100,0	100,0

---

45) Nach Berechnungen des HWWA-Institut für Wirtschaftsforschung, Hamburg, Konjunktur von morgen, Nr. 471, 30. September 1976, 19. Jahrgang, stieg das Preisniveau des Welthandels - berechnet nach Durchschnittswerten auf Dollarbasis - im Jahre 1973 um ca. 23 vH, im Jahre 1974 sogar um 42 vH. Erst 1975 zeichnet sich eine leichte Beruhigung (+ 9 vH) und 1976 eine relative Stabilität (+ 1 vH) ab. Diese Entwicklung hat u.a. auch eine wichtige Ursache in der 1972 einsetzenden beispiellosen Hausse an den Weltrohstoffmärkten. Gemessen am HWWA-Index für Rohstoffpreise (auf US-Dollarbasis, 1952 - 1956 = 100) zeigte sich folgende Entwicklung:

Rohstoff	Juni 1972	Juni 1974	Dez. 1975	Dez. 1976
Nahrungsmittel	110	252	197	234
Industrierohstoffe	121	331	301	327
- Kohle, Koks	195	394	367	363
- Erdöl, -derivate	119	485	517	532
- Eisen, Stahl	101	323	182	187
- NE-Metalle	136	321	181	212

Die 1975 sich abzeichnende Preisberuhigung war einerseits auf die zwischenzeitlich erfolgte hohe Lagerhaltung, andererseits auf die weltweite Rezession zurückzuführen. Inzwischen hat sich dieses Bild wieder etwas gewandelt: Lageraufbau und Konjunkturbelebung haben neuerliche Preissteigerungen ausgelöst.

Tabelle 103

AUSLANDSUMSATZ IN DER INDUSTRIE

- Auslandsumsatz = 100 -

Zeitraum / Aggregat	1950 bis 1954	1955 bis 1959	1960 bis 1964	1965 bis 1969	1970 bis 1974
ausgewählte Grundstoff- und Produktionsgüter					
Steine, Erden	1,4	0,8	0,6	0,6	0,6
Eisensch. Industrie	9,4	10,1	8,5	7,4	7,5
Chemische Industrie	11,6	12,3	13,6	15,5	15,9
NE-Metalle	2,2	1,7	1,5	2,0	1,6
ausgewählte Investitionsgüter					
Maschinenbau	19,6	17,9	20,1	20,7	19,1
Straßenfahrzeuge	7,1	11,8	14,9	15,9	15,6
Elektrotechnik	6,0	8,8	9,5	10,1	10,7
EBM-Industrie	4,8	4,0	3,7	3,7	3,3
ausgewählte Verbrauchsgüter					
Holzverarbeitung	0,5	0,5	0,5	0,7	0,9
Schuhindustrie	0,1	0,1	0,2	0,2	0,2
Textilindustrie	5,2	3,7	3,2	3,2	3,1
Bekleidungsindustrie	0,3	0,4	0,5	0,7	0,8

die westdeutschen Aus- und Einfuhrpreise diesem Trend erst seit 1973 gefolgt. Aufgrund außergewöhnlicher Einfuhrpreissteigerungen zeigte sich in diesem Zeitraum erstmals ein deutliches Absinken des Niveaus des *realen Austauschverhältnisses*, eine Tendenz, die sich aber bereits 1975 mit einem Anstieg von gut 7 vH wieder umkehrte. Allerdings ist im Jahre 1976 eine neuerliche - wenn auch mit gut 1 vH nur sehr leichte - Abschwächung des realen Austauschverhältnisses festzustellen.

Tabelle 104

AUSLANDSUMSATZ IN DER INDUSTRIE
- Gesamtumsatz = 100 -

Aggregat \ Zeitraum	1950 bis 1954	1955 bis 1959	1960 bis 1964	1965 bis 1969	1970 bis 1974
Verarbeitende Industrie	10,9	14,5	15,1	18,3	21,1
davon:					
- Grundstoff- und Produktionsgüter	12,1	15,0	15,3	18,5	21,7
- Investitionsgüter	20,6	25,1	24,7	28,9	30,8
- Verbrauchsgüter	5,5	7,2	7,3	9,3	11,2
- Nahrungs- u. Genußmittel	0,8	1,4	1,8	2,3	3,6
Bergbau	24,6	20,4	19,8	20,9	21,6
Gesamtumsatz (Ausland)	11,7	14,8	15,3	18,3	21,1

60. Es dürfte grundsätzlich sehr schwerfallen, diese Entwicklung zu *bewerten*, zumal die Intensivierung der internationalen Verflechtung ein generelles Erscheinungsbild ist: So ist das Weltsozialprodukt (preis- und wechselkursbereinigt) von 1950 bis 1975 jahresdurchschnittlich um 4,7 vH gestiegen, der Welthandel im gleichen Zeitraum aber um 7,6 vH. Doch unbeschadet dieses Phänomens erscheint die folgende globale Beurteilung in jedem Falle gerechtfertigt: Über die *Expansion* der Außenhandelsentwicklung hat die Bundesrepublik die weltwirtschaftliche *Arbeitsteilung* einerseits genutzt; über die *Integration* in die Weltwirtschaft hat sie dies andererseits mit einem zunehmenden *Abhängigkeitsgrad* erkauft.[46)] Wie immer man beide Kriterien wägt; sie müssen in jedem Falle in ihrer Verknüpfung gesehen werden. Dies wurde spätestens im Jahre 1975 deutlich, als die weltweite Rezession einen so massiven Exporteinbruch herbeiführte, daß er binnen-

Fußnote 46 s.S. 205

Tabelle 105

AUSLANDSUMSATZ IN DER INDUSTRIE

- Gesamtumsatz = 100 -

Zeitraum / Aggregat	1950 bis 1954	1955 bis 1959	1960 bis 1964	1965 bis 1969	1970 bis 1974
ausgewählte Grundstoff- und Produktionsgüter					
Steine, Erden	6,0	4,6	3,3	3,7	4,2
Eisensch. Industrie	15,3	19,2	20,5	25,0	29,3
Chemische Industrie	16,8	22,1	23,8	28,8	33,1
NE-Metalle	11,4	13,8	14,1	20,1	19,4
ausgewählte Investitionsgüter					
Maschinenbau	28,5	29,2	30,5	36,1	38,5
Straßenfahrzeuge	19,5	33,7	33,4	40,2	42,4
Elektrotechnik	13,8	18,8	18,0	21,4	22,8
EBM-Industrie	15,9	16,7	14,6	17,0	17,9
ausgewählte Verbrauchsgüter					
Holzverarbeitung	2,8	3,7	4,0	5,9	7,3
Schuhindustrie	0,7	1,8	2,8	6,0	8,6
Textilindustrie	6,3	7,7	8,2	11,0	15,0
Bekleidungsindustrie	1,0	1,9	2,7	4,3	6,1

46) Untersuchungen des Deutschen Instituts für Wirtschaftsforschung, Berlin, zeigen diese Abhängigkeit sehr deutlich auf. Vgl.: DIW-Wochenbericht 23/75 (42. Jahrgang) und DIW-Wochenbericht 22/76 (43. Jahrgang). Hier wird unterschieden zwischen direkter Exportabhängigkeit (Produktion für den Export) und indirekter Exportabhängigkeit (Vorleistungsproduktion für Exportbereiche, die erst durch den Export induziert ist). Im Ergebnis zeigt sich, daß die exportinduzierte Gesamtproduktion inzwischen doppelt so hoch ist wie die Ausfuhr selbst. Dies hat auch deutliche Konsequenzen für die Exportabhängigkeit der Erwerbstätigenzahl. Auch hier werden in den Untersuchungen direkte und indirekte Exportabhängigkeit zusammengefaßt. Das Ergebnis: Mehr als 20 vH der gesamten Erwerbstätigen sind - je etwa zur Hälfte direkt und indirekt - inzwischen vom Export abhängig; bei den unselbständig Beschäftigten sind es über 21 vH.

Tabelle 106

SPEZIALHANDEL
(in jeweiligen Preisen)

Aggregat \ Zeitraum	1950 bis 1954	1955 bis 1959	1960 bis 1964	1965 bis 1969	1970 bis 1974
- in Mrd. DM -					
Weltausfuhr (f.o.b.)	1636,0	2226,8	2948,2	4454,4	7368,4
BRD-Ausfuhr (f.o.b.)	80,4	170,7	275,1	452,4	819,2
Welteinfuhr (c.i.f.)	1711,2	2348,8	3109,6	4675,3	7556,1
BRD-Einfuhr (c.i.f.)	77,7	151,1	247,8	392,5	683,6
BRD-Handelssaldo	+ 2,7	+19,6	+27,3	+59,9	+135,6
BRD-Ausfuhr (in vH d.Weltausfuhr)	(4,9)	(7,7)	(9,3)	(10,2)	(11,1)
BRD-Einfuhr (in vH d.Welteinfuhr)	(4,5)	(6,4)	(8,0)	(8,4)	(9,0)
- durchschnittliche jährliche Veränderung in vH -					
BRD-Ausfuhr (nominal)	+27,5	+13,3	+ 9,5	+11,8	+15,2
BRD-Einfuhr (nominal)	+14,2	+13,1	+10,4	+10,7	+12,9
BRD-Ausfuhr (real)	+20,0	+12,3	+ 8,9	+10,5	+10,0
BRD-Einfuhr (real)	+14,3	+14,7	+11,4	+ 9,6	+ 7,3
BRD-Ausfuhr (DW)	+ 6,3	+ 0,9	+ 0,6	+ 1,2	+ 4,7
BRD-Einfuhr (DW)	- 0,1	- 1,4	- 0,9	+ 1,0	+ 5,2
BRD-Außenhandel (t.o.t.)	+ 6,4	+ 2,3	+ 1,5	+ 0,2	- 0,5

wirtschaftlich gar nicht kompensierbar war. Doch der Konflikt zwischen Nutzung der Arbeitsteilung und dem kaum beeinflußbaren Risiko der Abhängigkeit ist nicht das einzige Problem, das im Zusammenhang mit der außenwirtschaftlichen Verflechtung entstand. Hinzu kommt, daß sich ein systematischer Anstieg des *Außenhandelsüberschusses* heraus-

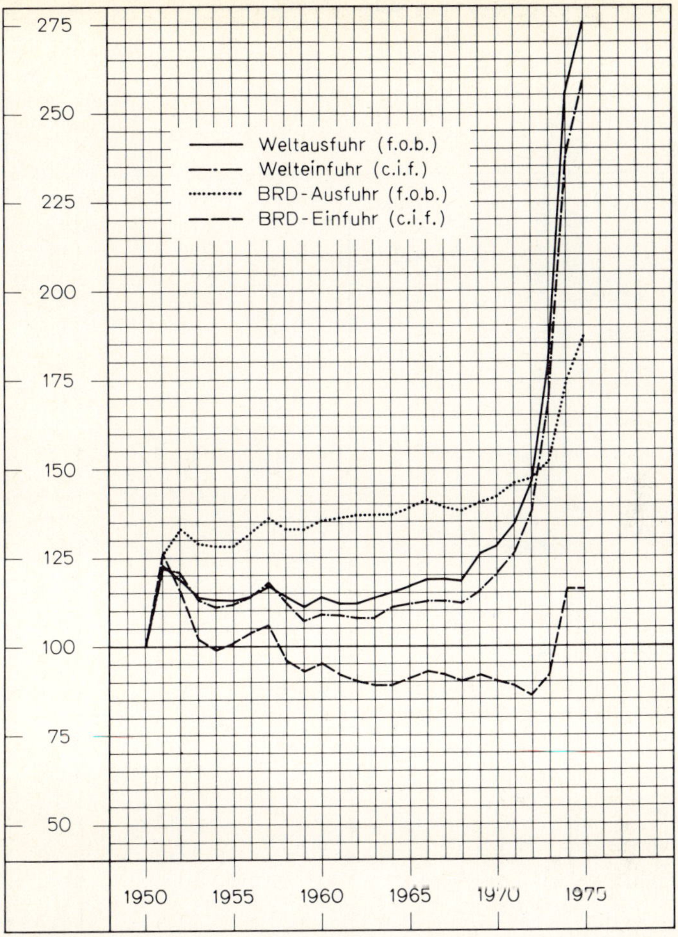

Schaubild 90. Durchschnittswerte (Spezialhandel). 1950 = 100

bildete. Damit stellt sich die Frage sowohl nach den Gründen dieser Entwicklung als auch nach den Kriterien ihrer Beurteilung. Beiden Fragenkomplexen detailliert nachzugehen, hieße den gesteckten Rahmen sprengen.[47] Doch soviel sei festgehalten:

47) Ausführlicher in: W. Glastetter, Außenwirtschaftspolitik - Eine problemorientierte Einführung, Köln 1975, S. 25 - 32.

Tabelle 107

AUSFUHR NACH WARENGRUPPEN

- Mrd. DM -

Aggregat \ Zeitraum	1960 bis 1964	1965 bis 1969	1970 bis 1974
Bergbauliche Erzeugnisse	12,9	12,0	17,4
- Kohle und Erze	11,6	10,4	15,4
- Erdöl und Erdgas	0,1	0,0	0,1
- sonstige	1,2	1,6	1,9
Grundstoff- und Produktionsgüterindustrien	76,1	125,5	227,6
- Steine und Erden	2,2	3,4	6,1
- Eisen, Stahl, Ziehereien	25,4	34,2	67,4
- NE- Metalle	5,5	12,2	17,8
- Mineralölerzeugnisse	3,4	4,6	8,0
- Chemische Erzeugnisse	34,6	62,4	110,4
- Holz, Zellstoff, Papier, Gummi	5,0	8,7	17,9
Investitionsgüterindustrien	148,9	244,3	434,7
- Stahlbau und -verformung	5,6	8,0	13,6
- Maschinenbau	58,2	95,7	170,5
- Fahrzeugbau	42,4	70,5	128,6
- Elektrotechnik	24,2	40,6	78,6
- Feinmechanik, Optik	7,1	10,6	16,7
- EBM-Waren	11,4	19,0	26,7
Verbrauchsgüterindustrien	26,2	48,6	91,9
- Keramik, Glas, Holz, Musikinstr.	9,0	14,5	23,3
- Papier, Druckereierzeugnisse	2,4	4,9	9,3
- Kunststofferzeugnisse	1,2	5,7	13,6
- Leder und Schuhe	1,8	3,1	4,1
- Textilien	9,7	16,1	33,6
- Bekleidung	2,0	4,2	8,0

Tabelle 107 (Fortsetzung)

AUSFUHR NACH WARENGRUPPEN
- Mrd. DM -

Zeitraum / Aggregat	1960 bis 1964	1965 bis 1969	1970 bis 1974
Nahrungs- und Genußmittelindustrien	4,8	10,2	26,0
Land-, Forst-, Jagdwirtschaft	2,6	4,7	9,9
Sonstige Waren	3,6	7,1	11,8
Gesamtausfuhr (f.o.b.)	275,1	452,4	819,2

- Die *Gründe* für diese Überschußentwicklung sind vielfältiger Natur; eine monokausale Erklärung dürfte kaum zulässig sein. Die langanhaltende *Unterbewertung der D-Mark*, die den deutschen Exporteuren künstliche Wettbewerbsvorteile bot, wird ebenso bedeutend gewesen sein wie die Tatsache, daß im internationalen Vergleich *unterschiedliche Ziele* vorlagen: Während im Ausland das Wachstum eine hohe Priorität erhielt (was für deutsche Exporteure günstige Absatzmöglichkeiten schuf), besaß in der Bundesrepublik die Stabilität immer einen hohen Stellenwert (und die restriktiven konjunkturpolitischen Maßnahmen provozierten förmlich ein Ausweichen deutscher Produzenten auf Auslandsmärkte). Beide Faktoren begünstigten wiederum *strukturelle Komponenten*: Im Zuge der Exportbegünstigung wurden in der Binnenwirtschaft Kapazitäten geschaffen, die nur noch über den Export auszulasten sind (auch unabhängig von der konjunkturellen Entwicklung); und dies erfolgte wiederum in Industriebereichen - Grundstoff-, Produktions- und Investitionsgüterindustrien -, die angesichts des Expansionsprozesses im Ausland die großen Exportchancen hatten.

- Mindestens ebenso schwierig ist die Frage zu beantworten, wie diese Überschußentwicklung zu *beurteilen* ist. Auch hier würde eine

Tabelle 108

AUSFUHR NACH WARENGRUPPEN

- Ausfuhr = 100 -

Aggregat \ Zeitraum	1960 bis 1964	1965 bis 1969	1970 bis 1974
Bergbauliche Erzeugnisse	4,7	2,7	2,1
- Kohle und Erze	4,2	2,3	1,9
- Erdöl und Erdgas	0,0	0,0	0,0
- Sonstige	0,4	0,4	0,2
Grundstoff- und Produktionsgüterindustrien	27,7	27,7	27,8
- Steine und Erden	0,8	0,8	0,7
- Eisen, Stahl, Ziehereien	9,2	7,6	8,2
- NE-Metalle	2,0	2,7	2,2
- Mineralölerzeugnisse	1,2	1,0	1,0
- Chemische Erzeugnisse	12,6	13,8	13,5
- Holz, Zellstoff, Papier, Gummi	1,8	1,9	2,2
Investitionsgüterindustrien	54,1	54,0	53,1
- Stahlbau und -verformung	2,0	1,8	1,7
- Maschinenbau	21,2	21,2	20,8
- Fahrzeugbau	15,4	15,6	15,7
- Elektrotechnik	8,8	9,0	9,6
- Feinmechanik, Optik	2,6	2,3	2,0
- EBM-Waren	4,1	4,2	3,3
Verbrauchsgüterindustrien	9,5	10,7	11,2
- Keramik, Glas, Holz, Musikinstr.	3,3	3,2	2,8
- Papier, Druckereierzeugnisse	0,9	1,1	1,1
- Kunststofferzeugnisse	0,4	1,3	1,7
- Leder, Schuhe	0,7	0,7	0,5
- Textilien	3,5	3,6	4,1
- Bekleidung	0,7	0,9	1,0

Tabelle 108 (Fortsetzung)

AUSFUHR NACH WARENGRUPPEN

- Ausfuhr = 100 -

Aggregat \ Zeitraum	1960 bis 1964	1965 bis 1969	1970 bis 1974
Nahrungs- und Genußmittelindustrien	1,7	2,3	3,2
Land-, Forst-, Jagdwirtschaft	0,9	1,0	1,2
Sonstige Waren	1,3	1,6	1,4
Gesamtausfuhr (f.o.b.)	100,0	100,0	100,0

generelle Befürwortung oder Ablehnung der Sache nicht gerecht werden. Selbst wenn man das naiv-merkantilistische Argument ablehnt, wonach ein Exportüberschuß immer gut ist, weil er die "Stärke" eines Landes demonstriert, sind positive Aspekte unverkennbar. Sie liegen auf *wachstums- und beschäftigungspolitischer Ebene*: Der Überschuß erhöht nicht nur - in statistischer Betrachtung - das Bruttosozialprodukt; vor allem wird er - dynamisch gesehen - zum Wachstumsstimulans (das nicht sofort wieder über eine vergleichbare Importentwicklung kompensiert wird), wovon dann wieder positive Beschäftigungseffekte ausgehen. Gleichzeitig ermöglicht ein Handelsüberschuß den Aufbau eines *Devisenpolsters*, mit dessen Hilfe Unwägbarkeiten in der Welthandelsentwicklung - wie etwa der Ölschock im Herbst 1973 - leichter aufgefangen werden können. Aber ebenso deutlich sind die *Negativposten* der Überschußentwicklung herauszustellen. Sie liegen auf vier Ebenen: Jeder Überschuß bedeutet einen realen *Wohlstandsverlust*, weil im Inland geschaffene Güter gegen - oft "schlechtes" - Geld ins Ausland gehen; damit eng verbunden ist die Gefahr für die *Preisstabilität*, weil dem verminderten Gütervolumen im Inland ein erhöhtes Geldvolumen gegenübertritt; ferner läßt sich unschwer zeigen, daß die Ausfuhrüberschüsse *verteilungspolitisch* die Unternehmensgewinne begünstigen (vgl. Ziff. 41); und schließlich bringt die permanente Überschußposition die Partnerländer auf Dauer in Zahlungsbilanzschwie-

Tabelle 109

EINFUHR NACH WARENGRUPPEN

- Mrd. DM -

Aggregat \ Zeitraum	1960 bis 1964	1965 bis 1969	1970 bis 1974
Bergbauliche Erzeugnisse	25,8	39,2	76,9
- Kohle und Erze	12,4	14,1	18,8
- Erdöl und Erdgas	12,7	24,1	56,7
- Sonstige	0,7	1,0	1,4
Grundstoff- und Produktionsgüterindustrien	67,4	112,7	192,7
- Steine und Erden	3,8	5,8	9,2
- Eisen, Stahl, Ziehereien	13,5	20,3	36,9
- NE-Metalle	16,3	30,9	37,0
- Mineralölerzeugnisse	6,0	8,8	24,5
- Chemische Erzeugnisse	13,7	26,4	52,5
- Holz, Zellstoff, Papier, Gummi	14,2	20,5	32,6
Investitionsgüterindustrien	33,2	68,0	147,6
- Stahlbau und -verformung	1,0	1,7	4,9
- Maschinenbau	14,3	24,8	47,2
- Fahrzeugbau	7,3	17,7	40,2
- Elektrotechnik	6,4	14,7	36,5
- Feinmechanik, Optik	1,6	3,7	7,9
- EBM-Waren	2,5	5,4	10,9
Verbrauchsgüterindustrien	28,3	51,2	103,5
- Keramik, Glas, Holz, Musikinstrum.	4,0	8,7	18,5
- Papier, Druckereierzeugnisse	1,2	2,4	4,6
- Kunststofferzeugnisse	0,5	2,5	7,3
- Leder und Schuhe	2,6	5,4	10,2
- Textilien	17,1	25,2	43,1
- Bekleidung	2,9	7,1	19,7

Tabelle 109 (Fortsetzung) EINFUHR NACH WARENGRUPPEN - Mrd. DM -			
Aggregat / Zeitraum	1960 bis 1964	1965 bis 1969	1970 bis 1974
Nahrungs- und Genußmittelindustrien	21,9	34,2	57,0
Land-, Forst-, Jagdwirtschaft	57,2	69,3	85,4
Sonstige Waren	13,9	17,9	20,6
Gesamteinfuhr (c.i.f.)	247,8	392,5	683,6

rigkeiten, was zu einer Gefahr für die weltwirtschaftliche *Integration* führen kann.

II. Die Außenhandelsentwicklung

61. Zusätzliche Informationen erhalten wir, wenn wir die *Außenhandelsentwicklung* im Zeitraum 1960 bis 1974 etwas differenzierter untersuchen. Dies erfolgt zunächst nach *Warengruppen und -zweigen*. Dabei lassen sich folgende Tendenzen erkennen:

- Die *Ausfuhrstruktur* (vgl. Tabellen 107, 108) zeigt über den Beobachtungszeitraum hinweg ein hohes Maß an Stabilität. Sie wird klar dominiert von den Exporten der *Investitionsgüterindustrien* (insbesondere: Maschinenbau, Fahrzeugbau und Elektrotechnik), gefolgt von den Exporten der *Grundstoff- und Produktionsgüterindustrien* (insbesondere: chemische Erzeugnisse, Eisen und Stahl). Im Zeitraum 1975/76 stieg der Exportanteil der Investitionsgüterindustrien weiter auf knapp 54 vH an, während bei den Grundstoff- und Produktionsgüterindustrien ein Anteilsrückgang auf etwa 26,5 vH, bei den Verbrauchsgüterindustrien auf unter 11 vH zu verzeichnen ist.
- Die *Einfuhrstruktur* (vgl. Tabellen 109, 110) zeigt nicht ganz das gleiche Maß an Stabilität. Hier fällt auf, daß *Investitions- und Verbrauchsgüterimporte* anteilsmäßig auf Kosten der Erzeugnisse der Land-, Forst- und Jagdwirtschaft an Gewicht gewinnen, ein Hinweis

Tabelle 110

EINFUHR NACH WARENGRUPPEN

- Einfuhr = 100 -

Aggregat \ Zeitraum	1960 bis 1964	1965 bis 1969	1970 bis 1974
Bergbauliche Erzeugnisse	10,4	10,0	11,2
- Kohle und Erze	5,0	3,6	2,8
- Erdöl und Erdgas	5,1	6,1	8,3
- Sonstige	0,3	0,3	0,2
Grundstoff- und Produktionsgüterindustrien	27,2	28,7	28,2
- Steine und Erden	1,5	1,4	1,3
- Eisen, Stahl, Ziehereien	5,4	5,2	5,4
- NE-Metalle	6,6	7,9	5,4
- Mineralölerzeugnisse	2,4	2,2	3,6
- Chemische Erzeugnisse	5,5	6,7	7,7
- Holz, Zellstoff, Papier, Gummi	5,7	5,2	4,8
Investitionsgüterindustrien	13,4	17,3	21,6
- Stahlbau und -verformung	0,4	0,4	0,7
- Maschinenbau	5,8	6,3	6,9
- Fahrzeugbau	2,9	4,5	5,9
- Elektrotechnik	2,6	3,7	5,3
- Feinmechanik, Optik	0,6	0,9	1,1
- EBM-Waren	1,0	1,4	1,6
Verbrauchsgüterindustrien	11,4	13,0	15,1
- Keramik, Glas, Holz, Musikinstrum.	1,6	2,2	2,7
- Papier, Druckereierzeugnisse	0,5	0,6	0,7
- Kunststofferzeugnisse	0,2	0,6	1,1
- Leder und Schuhe	1,0	1,4	1,5
- Textilien	6,9	6,4	6,3
- Bekleidung	1,2	1,8	2,8

Tabelle 110 (Fortsetzung)

EINFUHR NACH WARENGRUPPEN

- Einfuhr = 100 -

Zeitraum / Aggregat	1960 bis 1964	1965 bis 1969	1970 bis 1974
Nahrungs- und Genußmittelindustrien	8,8	8,7	8,3
Land-, Forst-, Jagdwirtschaft	23,1	17,7	12,5
Sonstige Waren	5,6	4,5	3,0
Gesamteinfuhr (c.i.f.)	100,0	100,0	100,0

auf die verstärkte *industrielle Arbeitsteilung*. Dieses zunehmende Gewicht zeigt sich insbesondere bei Erzeugnissen des Maschinenbaus, des Fahrzeugbaus und der Elektrotechnik. Überdies zeigt sich bei den bergbaulichen Erzeugnissen eine deutliche Strukturverschiebung zwischen Kohle und Erzen einerseits und Erdöl und Erdgas andererseits. Gerade die letztere Strukturverschiebung hat sich im Zeitraum 1975/76 sehr deutlich fortgesetzt, so daß der Importanteil der bergbaulichen Erzeugnisse inzwischen etwa 15 vH erreicht hat.

- Die Konzentration der Ausfuhrstruktur auf wenige Produkte und die breitere Fächerung der Einfuhrstruktur hat deutliche Konsequenzen für die Struktur der *Außenhandelssalden* (vgl. Tabelle 111). Die Handelsüberschüsse konzentrieren sich vor allem auf: Maschinenbau, Fahrzeugbau, chemische Erzeugnisse, Elektrotechnik, Eisen und Stahl sowie EBM-Waren. Die Hauptdefizitbereiche sind: Erdöl und Erdgas, NE-Metalle, Mineralölerzeugnisse, Textilien und Bekleidung sowie die Nahrungs- und Genußmittelindustrien und die Erzeugnisse der Land-, Forst- und Jagdwirtschaft. Entsprechend signifikant ist die Saldenentwicklung im Zeitraum 1975/76: Einem Überschuß bei den Investitionsgüterindustrien von ca. 170 Mrd. DM stand ein Defizit bei den bergbaulichen Erzeugnissen von ca. 50 Mrd. DM gegenüber.

Tabelle 111

AUSSENHANDELSSALDO NACH WARENGRUPPEN

- Mrd. DM -

Aggregat \ Zeitraum	1960 bis 1964	1965 bis 1969	1970 bis 1974
Bergbauliche Erzeugnisse	-12,9	-27,2	-59,5
- Kohle und Erze	- 0,8	- 3,7	- 3,3
- Erdöl und Erdgas	-12,6	-24,1	-56,6
- Sonstige	+ 0,5	+ 0,6	+ 0,5
Grundstoff- und Produktionsgüterindustrien	+ 8,7	+12,8	+34,9
- Steine und Erden	- 1,6	- 2,4	- 3,1
- Eisen, Stahl, Ziehereien	+11,9	+13,9	+30,5
- NE-Metalle	-10,8	-18,7	-19,2
- Mineralölerzeugnisse	- 2,6	- 4,2	-16,5
- Chemische Erzeugnisse	+20,9	+36,0	+57,9
- Holz, Zellstoff, Papier, Gummi	- 9,2	-11,8	-14,7
Investitionsgüterindustrien	+115,7	+176,3	+287,1
- Stahlbau und -verformung	+ 4,6	+ 6,3	+ 8,7
- Maschinenbau	+43,9	+70,9	+123,3
- Fahrzeugbau	+35,1	+52,8	+88,4
- Elektrotechnik	+17,8	+25,9	+42,1
- Feinmechanik, Optik	+ 5,5	+ 6,9	+ 8,8
- EBM-Waren	+ 8,9	+13,6	+15,8
Verbrauchsgüterindustrien	- 2,1	- 2,6	-11,6
- Keramik, Glas, Holz, Musikinstrum.	+ 5,0	+ 5,8	+ 4,8
- Papier, Druckereierzeugnisse	+ 1,2	+ 2,5	+ 4,7
- Kunststofferzeugnisse	+ 0,7	+ 3,2	+ 6,3
- Leder, Schuhe	- 0,8	- 2,3	- 6,1
- Textilien	- 7,4	- 9,1	- 9,5
- Bekleidung	- 0,9	- 2,9	-11,7

Tabelle 111 (Fortsetzung)

AUSSENHANDELSSALDO NACH WARENGRUPPEN
- Mrd. DM -

Aggregat \ Zeitraum	1960 bis 1964	1965 bis 1969	1970 bis 1974
Nahrungs- und Genußmittelindustrien	-17,1	-24,0	-31,0
Land-, Forst-, Jagdwirtschaft	-54,6	-64,6	-75,5
Sonstige Waren	-10,3	-10,8	- 8,8
Gesamtsaldo	+27,3	+59,9	+135,6

62. Ein zweiter Schritt ist die Differenzierung der Außenhandelsentwicklung nach *Ländern bzw. Regionen* - und in diesem Falle noch getrennt nach Käufer- und Verbrauchsländern bzw. Verkäufer- und Herstellungsländern.[48)]

- Die *Ausfuhrstruktur* (vgl. Tabellen 112, 113, 114, 115) zeigt nach beiden Berechnungsarten ein gleiches Erscheinungsbild: Der Anteil der Ausfuhren in die EG-Länder und - allerdings auf vergleichbar niedrigem Niveau - in die Staatshandelsländer nimmt zu; der Ausfuhranteil in die sonstigen westlichen Industrieländer und in die Entwicklungsländer nimmt ab. Diese Tendenzen haben sich im Zeitraum 1975/76 insofern teilweise etwas geändert, als der Ausfuhranteil in die EG-Länder auf unter 45 vH absank, während der Ausfuhranteil in die Entwicklungsländer auf ca. 16 vH anstieg.

48) In der Einfuhr wird als Herstellungsland (Ursprungsland) das Land nachgewiesen, in dem die Waren vollständig gewonnen oder hergestellt worden sind oder ihre letzte wesentliche und wirtschaftlich gerechtfertigte Be- oder Verarbeitung erfahren haben. Einkaufsland ist das Land, in dem die außerhalb des Erhebungsgebietes ansässige Person, von welcher die im Erhebungsgebiet ansässige Person die eingeführten Waren erworben hat, ihren Sitz oder ihren gewöhnlichen Aufenthalt hat. In der Ausfuhr wird als Verbrauchsland (Bestimmungsland) das Land nachgewiesen, in dem die Waren gebraucht oder verbraucht, bearbeitet oder verarbeitet werden sollen. Käuferland ist das Land, in dem die außerhalb des Erhebungsgebietes ansässige Person, die von der im Erhebungsgebiet ansässigen Person die zur Ausfuhr bestimmten Waren erwirbt, ansässig ist.

Tabelle 112

AUSFUHR NACH KÄUFERLÄNDERN
- Mrd. DM -

Aggregat / Zeitraum	1960 bis 1964	1965 bis 1969	1970 bis 1974
EG-Länder	118,8	205,1	381,4
- Belgien/Luxemburg	19,3	35,8	66,4
- Dänemark	9,0	12,1	17,6
- England	13,6	21,6	39,9
- Frankreich	28,7	54,6	102,4
- Irland	0,9	1,4	2,5
- Italien	20,2	33,5	67,9
- Niederlande	27,1	46,1	84,7
Sonstige westliche Industrieländer	105,6	172,1	297,8
- Norwegen	5,9	7,4	10,9
- Österreich	14,0	21,8	38,4
- Schweden	14,0	19,0	28,0
- Schweiz	21,9	30,8	54,6
- Japan	3,5	5,6	11,4
- USA/Kanada	23,0	46,8	78,2
- Sonstige	23,3	40,7	76,3
Entwicklungsländer	40,6	56,5	96,1
- OPEC-Länder	6,2	12,2	25,0
- Afrika	6,8	8,6	14,0
- Amerika	13,9	17,2	28,5
- Asien	13,7	18,4	28,3
Staatshandelsländer	9,2	17,4	41,9
- Sowjetunion	3,3	3,6	12,1
- Polen	1,3	2,2	8,7
- sonst. europäische Ostblockländer	4,0	8,8	17,6
- Volksrepublik China	0,5	2,6	3,2
- Sonstige	0,1	0,2	0,3
Gesamtausfuhr (f.o.b.)	275,1	452,4	819,2

Tabelle 113

AUSFUHR NACH VERBRAUCHSLÄNDERN

- Mrd. DM -

Aggregat \ Zeitraum	1960 bis 1964	1965 bis 1969	1970 bis 1974
EG-Länder	115,1	200,7	378,7
- Belgien/Luxemburg	18,8	35,1	66,4
- Dänemark	9,0	12,2	17,5
- England	11,2	18,0	36,4
- Frankreich	28,3	54,4	102,2
- Irland	0,9	1,5	2,6
- Italien	20,6	33,9	68,9
- Niederlande	26,3	45,6	84,7
Sonstige westliche Industrieländer	104,7	170,3	292,1
- Norwegen	6,0	7,4	11,0
- Österreich	14,1	21,3	38,1
- Schweden	14,1	19,1	28,1
- Schweiz	18,5	26,9	46,1
- Japan	3,7	5,8	11,7
- USA/Kanada	22,9	47,2	78,4
- Sonstige	25,4	42,6	78,7
Entwicklungsländer	43,9	60,2	100,9
- OPEC-Länder	7,3	15,3	26,3
- Afrika	7,5	8,7	15,7
- Amerika	14,3	17,7	29,1
- Asien	14,7	18,4	29,5
Staatshandelsländer	10,6	20,0	45,6
- Sowjetunion	3,8	4,2	13,3
- Polen	1,4	2,4	9,1
- Sonst. europäische Ostblockländer	4,5	9,8	19,2
- Volksrepublik China	0,8	3,0	3,5
- Sonstige	0,1	0,6	0,5
Gesamtausfuhr (f.o.b.)	275,1	452,4	819,2

Tabelle 114

AUSFUHR NACH KÄUFERLÄNDERN

- Ausfuhr = 100 -

Aggregat / Zeitraum	1960 bis 1964	1965 bis 1969	1970 bis 1974
EG-Länder	43,2	45,3	46,6
- Belgien/Luxemburg	7,0	7,9	8,1
- Dänemark	3,2	2,7	2,1
- England	4,9	4,8	4,9
- Frankreich	10,4	12,1	12,5
- Irland	0,3	0,3	0,3
- Italien	7,3	7,4	8,3
- Niederlande	9,9	10,2	10,3
Sonstige westliche Industrieländer	38,4	38,0	36,4
- Norwegen	2,1	1,6	1,3
- Österreich	5,1	4,8	4,7
- Schweden	5,1	4,2	3,4
- Schweiz	8,0	6,8	6,7
- Japan	1,3	1,2	1,4
- USA/Kanada	8,4	10,3	9,5
- Sonstige	8,5	9,0	9,3
Entwicklungsländer	14,8	12,5	11,7
- OPEC-Länder	2,2	2,7	3,1
- Afrika	2,5	1,9	1,7
- Amerika	5,1	3,8	3,5
- Asien	5,0	4,1	3,5
Staatshandelsländer	3,3	3,8	5,1
- Sowjetunion	1,2	0,8	1,5
- Polen	0,5	0,5	1,1
- Sonst. europäische Ostblockländer	1,5	1,9	2,1
- Volksrepublik China	0,2	0,6	0,4
- Sonstige	0,0	0,0	0,0
Gesamtausfuhr (f.o.b.)	100,0	100,0	100,0

Tabelle 115

AUSFUHR NACH VERBRAUCHSLÄNDERN
- Ausfuhr = 100 -

Aggregat / Zeitraum	1960 bis 1964	1965 bis 1969	1970 bis 1974
EG-Länder	41,8	44,4	46,2
- Belgien/Luxemburg	6,8	7,8	8,1
- Dänemark	3,3	2,7	2,1
- England	4,1	4,0	4,4
- Frankreich	10,3	12,0	12,5
- Irland	0,3	0,3	0,3
- Italien	7,5	7,5	8,4
- Niederlande	9,6	10,1	10,3
Sonstige westliche Industrieländer	38,1	37,6	35,7
- Norwegen	2,2	1,6	1,3
- Österreich	5,1	4,7	4,7
- Schweden	5,1	4,2	3,4
- Schweiz	6,7	5,9	5,6
- Japan	1,3	1,2	1,4
- USA/Kanada	8,3	10,4	9,6
- Sonstige	9,2	9,4	9,6
Entwicklungsländer	16,0	13,3	12,3
- OPEC-Länder	2,7	3,4	3,2
- Afrika	2,7	1,9	1,9
- Amerika	5,2	3,9	3,5
- Asien	5,3	4,1	3,6
Staatshandelsländer	3,9	4,4	5,6
- Sowjetunion	1,4	0,9	1,6
- Polen	0,5	0,5	1,1
- Sonst. europäische Ostblockländer	1,6	2,2	2,3
- Volksrepublik China	0,3	0,7	0,4
- Sonstige	0,0	0,1	0,1
Gesamtausfuhr (f.o.b.)	100,0	100,0	100,0

- Die *Einfuhrstruktur* (vgl. Tabellen 116, 117, 118, 119) zeigt, was den Quotenverlauf angeht, ein nahezu ähnliches Bild (mit Ausnahme der anteilsmäßigen Stagnation der Importe aus den Staatshandelsländern). Je nach Berechnungsmethode ergeben sich aber deutliche Unterschiede in der absoluten Höhe der Quote: Das *Käuferkonzept* weist relativ hohe Importanteile aus den Industrieländern auf und relativ niedrige aus den Entwicklungsländern; beim *Herstellungskonzept* liegt die Entwicklungsländerquote auf Kosten der Industrieländerquote beträchtlich höher. Hier zeigt sich deutlich die Aktivität multinationaler Konzerne, die ihren Sitz in den Industrieländern haben.

- Diese Besonderheit in der Importstruktur findet auch notwendigerweise ihren Niederschlag in der Struktur der *Außenhandelssalden* (vgl. Tabellen 120, 121). Beiden Berechnungsmethoden ist gemeinsam, daß der überwiegende Handelsüberschuß gegenüber den sonstigen westlichen Industrieländern erzielt wurde; bemerkenswert ist auch die Tatsache, daß gerade in den siebziger Jahren die Überschußposition gegenüber den Staatshandelsländern erheblich gestiegen ist. Ansonsten klafft aber eine deutliche Lücke zwischen den beiden Berechnungskonzepten, die sich besonders auf die Länder England, Niederlande und USA lokalisieren läßt, auf eben jene Länder, in denen die multinationalen Konzerne ihren Sitz haben.

63. Stellen wir die zweiseitige Differenzierung des westdeutschen Außenhandels einander gegenüber, so läßt sich eine grundsätzliche Feststellung treffen: Die Bundesrepublik Deutschland hat die Integration in die weltwirtschaftliche *Arbeitsteilung* zwar *forciert*, jedoch gleichzeitig *konzentriert*; warenspezifisch: auf bestimmte Produktgruppen des industriellen Fertigungsprozesses, ländermäßig: auf die westlichen Industrie-, insbesondere die EG-Länder. Besonders der letztere Sachverhalt deutet darauf hin, daß der weltwirtschaftliche *"Aufschließungseffekt"* kombiniert wurde mit einem regionalwirtschaftlichen *"Abschließungseffekt"*.[49] Dies hat zur naheliegenden Konsequenz, daß die Bundesrepublik zunehmend "auf Gedeih und Verderb" an

49) Über die damit verbundenen grundsätzlichen Probleme vgl.: W. Glastetter, Außenwirtschaftspolitik, a.a.O., S. 199 ff.

Tabelle 116

EINFUHR NACH VERKÄUFERLÄNDERN

- Mrd. DM -

Aggregat / Zeitraum	1960 bis 1964	1965 bis 1969	1970 bis 1974
EG-Länder	120,7	212,7	388,1
- Belgien/Luxemburg	16,6	33,8	67,6
- Dänemark	6,2	7,0	9,8
- England	28,3	37,9	56,4
- Frankreich	26,6	48,5	90,4
- Irland	0,3	0,6	1,3
- Italien	17,0	39,2	64,8
- Niederlande	25,7	45,7	97,8
Sonstige westliche Industrieländer	95,3	132,0	211,9
- Norwegen	2,7	4,3	6,6
- Österreich	6,7	8,8	13,8
- Schweden	10,0	12,4	17,3
- Schweiz	16,7	26,3	39,1
- Japan	1,9	4,9	13,0
- USA/Kanada	46,7	58,4	86,8
- Sonstige	10,6	16,9	35,3
Entwicklungsländer	22,4	33,1	56,9
- OPEC-Länder	2,3	5,0	11,7
- Afrika	4,2	5,6	8,4
- Amerika	11,3	14,2	19,7
- Asien	4,6	8,3	16,4
Staatshandelsländer	8,8	14,1	26,2
- Sowjetunion	2,8	4,2	7,2
- Polen	1,6	2,4	5,0
- sonst. europäische Ostblockländer	3,9	6,5	12,5
- Volksrepublik China	0,5	1,0	1,3
- Sonstige	0,0	0,0	0,2
Gesamteinfuhr (c.i.f.)	247,8	392,5	683,6

Tabelle 117

EINFUHR NACH HERSTELLUNGSLÄNDERN

- Mrd. DM -

Aggregat \ Zeitraum	1960 bis 1964	1965 bis 1969	1970 bis 1974
EG-Länder	98,2	181,7	347,3
- Belgien/Luxemburg	15,2	32,2	65,1
- Dänemark	6,0	6,7	9,4
- England	11,5	16,6	24,7
- Frankreich	25,6	47,4	87,8
- Irland	0,4	0,6	1,3
- Italien	17,8	37,2	66,4
- Niederlande	21,7	41,0	92,6
Sonstige westliche Industrieländer	86,6	120,0	185,6
- Norwegen	3,1	5,1	8,1
- Österreich	6,7	8,8	13,9
- Schweden	10,1	12,4	17,4
- Schweiz	8,5	12,2	19,6
- Japan	2,3	5,7	14,5
- USA/Kanada	39,3	51,1	69,8
- Sonstige	16,6	24,7	42,3
Entwicklungsländer	51,7	73,9	120,6
- OPEC-Länder	16,2	27,0	57,1
- Afrika	9,1	13,2	16,1
- Amerika	16,8	20,9	26,9
- Asien	8,9	12,6	19,4
Staatshandelsländer	11,2	16,5	29,5
- Sowjetunion	4,1	5,8	9,2
- Polen	1,7	2,4	5,1
- Sonst. europäische Ostblockländer	4,0	6,5	13,1
- Volksrepublik China	1,0	1,7	1,9
- Sonstige	0,3	0,1	0,2
Gesamteinfuhr (c.i.f.)	247,8	392,5	683,6

Tabelle 118

EINFUHR NACH VERKÄUFERLÄNDERN
- Einfuhr = 100 -

Aggregat \ Zeitraum	1960 bis 1964	1965 bis 1969	1970 bis 1974
EG-Länder	48,7	54,2	56,8
- Belgien/Luxemburg	6,7	8,6	9,9
- Dänemark	2,5	1,8	1,4
- England	11,4	9,7	8,3
- Frankreich	10,7	12,4	13,2
- Irland	0,1	0,2	0,2
- Italien	6,9	10,0	9,5
- Niederlande	10,4	11,6	14,3
Sonstige westliche Industrieländer	38,5	33,6	31,0
- Norwegen	1,1	1,1	1,0
- Österreich	2,7	2,2	2,0
- Schweden	4,0	3,2	2,5
- Schweiz	6,7	6,7	5,7
- Japan	0,8	1,2	1,9
- USA/Kanada	18,8	14,9	12,7
- Sonstige	4,3	4,3	5,2
Entwicklungsländer	9,0	8,4	8,3
- OPEC-Länder	0,9	1,3	1,7
- Afrika	1,7	1,4	1,2
- Amerika	4,6	3,6	2,9
- Asien	1,9	2,1	2,4
Staatshandelsländer	3,6	3,6	3,8
- Sowjetunion	1,1	1,1	1,1
- Polen	0,6	0,6	0,7
- Sonst. europäische Ostblockländer	1,6	1,7	1,8
- Volksrepublik China	0,2	0,2	0,2
- Sonstige	0,0	0,0	0,0
Gesamteinfuhr (c.i.f.)	100,0	100,0	100,0

Tabelle 119

EINFUHR NACH HERSTELLUNGSLÄNDERN
- Einfuhr = 100 -

Aggregat / Zeitraum	1960 bis 1964	1965 bis 1969	1970 bis 1974
EG-Länder	39,6	46,3	50,8
- Belgien/Luxemburg	6,1	8,2	9,5
- Dänemark	2,4	1,7	1,4
- England	4,6	4,2	3,6
- Frankreich	10,3	12,1	12,8
- Irland	0,2	0,2	0,2
- Italien	7,2	9,5	9,7
- Niederlande	8,8	10,4	13,5
Sonstige westliche Industrieländer	34,9	30,6	27,2
- Norwegen	1,3	1,3	1,2
- Österreich	2,7	2,2	2,0
- Schweden	4,1	3,2	2,5
- Schweiz	3,4	3,1	2,9
- Japan	0,9	1,5	2,1
- USA/Kanada	15,9	13,0	10,2
- Sonstige	6,7	6,3	6,2
Entwicklungsländer	20,9	18,8	17,6
- OPEC-Länder	6,5	6,9	8,4
- Afrika	3,7	3,4	2,4
- Amerika	6,8	5,3	3,9
- Asien	3,6	3,2	2,8
Staatshandelsländer	4,5	4,2	4,3
- Sowjetunion	1,7	1,5	1,3
- Polen	0,7	0,6	0,7
- Sonst. europäische Ostblockländer	1,6	1,7	1,9
- Volksrepublik China	0,4	0,4	0,3
- Sonstige	0,1	0,0	0,0
Gesamtausfuhr (c.i.f.)	100,0	100,0	100,0

Tabelle 120

AUSSENHANDELSSALDO NACH KÄUFER- BZW. VERKÄUFERLÄNDERN

- Mrd. DM -

Aggregat / Zeitraum	1960 bis 1964	1965 bis 1969	1970 bis 1974
EG-Länder	- 1,9	- 7,6	- 6,7
- Belgien/Luxemburg	+ 2,7	+ 2,0	- 1,2
- Dänemark	+ 2,8	+ 5,1	+ 7,8
- England	-14,7	-16,3	-16,5
- Frankreich	+ 2,1	+ 6,1	+12,0
- Irland	+ 0,6	+ 0,8	+ 1,2
- Italien	+ 3,2	- 5,7	+ 3,1
- Niederlande	+ 1,4	+ 0,4	-13,1
Sonstige westliche Industrieländer	+10,3	+40,1	+85,9
- Norwegen	+ 3,2	+ 3,1	+ 4,3
- Österreich	+ 7,3	+13,0	+24,6
- Schweden	+ 4,0	+ 6,6	+10,7
- Schweiz	+ 5,2	+ 4,5	+15,1
- Japan	+ 1,6	+ 0,7	- 1,6
- USA/Kanada	-23,7	-11,6	- 8,6
- Sonstige	+12,7	+23,8	+41,0
Entwicklungsländer	+18,2	+23,4	+39,2
- OPEC-Länder	+ 3,9	+ 7,2	+13,3
- Afrika	+ 2,6	+ 3,0	+ 5,6
- Amerika	+ 2,5	+ 3,0	+ 8,8
- Asien	+ 9,1	+10,1	+11,9
Staatshandelsländer	+ 0,4	+ 3,3	+15,7
- Sowjetunion	+ 0,5	- 0,6	+ 4,9
- Polen	- 0,3	- 0,2	+ 3,7
- Sonst. europäische Ostblockländer	+ 0,1	+ 2,3	+ 5,1
- Volksrepublik China	+ 0,0	+ 1,6	+ 1,9
- Sonstige	+ 0,1	+ 0,2	+ 0,1
Gesamtsaldo	+27,3	+59,9	+135,6

Tabelle 121

AUSSENHANDELSSALDO NACH VERBRAUCHS- BZW. HERSTELLUNGSLÄNDERN
- Mrd. DM -

Aggregat / Zeitraum	1960 bis 1964	1965 bis 1969	1970 bis 1974
EG-Länder	+16,9	+19,0	+31,4
- Belgien/Luxemburg	+ 3,6	+ 2,9	+ 1,3
- Dänemark	+ 3,0	+ 5,5	+ 8,1
- England	- 0,3	+ 1,4	+11,7
- Frankreich	+ 2,7	+ 7,0	+14,4
- Irland	+ 0,5	+ 0,9	+ 1,3
- Italien	+ 2,8	- 3,3	+ 2,5
- Niederlande	+ 4,6	+ 4,6	- 7,9
Sonstige westliche Länder	+18,1	+50,3	+106,5
- Norwegen	+ 2,9	+ 2,3	+ 2,9
- Österreich	+ 7,4	+12,5	+24,2
- Schweden	+ 4,0	+ 6,7	+10,7
- Schweiz	+10,0	+14,7	+26,5
- Japan	+ 1,4	+ 0,1	- 2,8
- USA/Kanada	-16,4	- 3,9	+ 8,6
- Sonstige	+ 8,8	+17,9	+36,4
Entwicklungsländer	- 7,8	-13,7	-19,7
- OPEC-Länder	- 8,9	-11,7	-30,8
- Afrika	- 1,6	- 4,5	- 0,4
- Amerika	- 2,5	- 3,2	+ 2,2
- Asien	+ 5,8	+ 5,8	+10,1
Staatshandelsländer	- 0,6	+ 3,5	+16,1
- Sowjetunion	- 0,3	- 1,6	+ 4,1
- Polen	- 0,3	- 0,0	+ 4,0
- Sonst. europäische Ostblockländer	+ 0,5	+ 3,3	+ 6,1
- Volksrepublik China	- 0,2	+ 1,3	+ 1,6
- Sonstige	- 0,2	+ 0,5	+ 0,3
Gesamtsaldo	+27,3	+59,9	+135,6

die wirtschaftlichen Entwicklungsprozesse in eben diesen Industrieländern angebunden ist. Vor diesem Hintergrund gewinnen zwei weltwirtschaftliche Ereignisse der siebziger Jahre ihr spezifisches Gewicht:

- Der *"Ölschock"* vom Herbst 1973 erwies sich in der Folgezeit zwar nicht als ein "Mengenproblem" (die Energieversorgung blieb gesichert), wohl aber als ein "Preisproblem", d.h. die Zahlungsbilanzen der ölverbrauchenden Länder (und das sind die westlichen Industrieländer, mit Ausnahme den relativ autarken USA) wurden durch die Defizite in den Handelsbilanzen erheblich belastet. So stiegen die Handelsbilanzdefizite aller westlichen Industrieländer zusammengenommen von 22 Mrd. US-Dollar (1973) auf 62 Mrd. US-Dollar (1974). Damit entstand für diese Länder förmlich ein Zwang, nicht nur unmittelbar, sondern auch mittelbar (via genereller Nachfragedrosselung) Energie einzusparen. Zwar stellte sich der Erfolg ein: Das Handelsbilanzdefizit der Industrieländer ging 1975 auf 32 Mrd. US-Dollar zurück; aber die Folge war auch eine Drosselung des Wachstumstempos in den Industrieländern. Dies hatte dann wieder Konsequenzen für ihren Bedarf an Gütern, die für den Wachstumsprozeß relevant sind (insbesondere Grundstoff-, Produktions- und Investitionsgüter), aber gleichzeitig die Hauptexportprodukte der Bundesrepublik ausmachen.

- Die *"Weltwährungskrise"*, deren Ursachen und Konsequenzen hier nicht im Detail nachgezeichnet werden können[50], führte Spekulationswellen in die Bundesrepublik, da die D-Mark aufgrund der starken Überschußposition permanent "aufwertungsverdächtig" war. Dies mußte Konsequenzen für die Wechselkursentwicklung haben: Von Ende 1972 bis Ende 1974 erreichte die D-Mark einen gewogenen Aufwertungseffekt von 19 vH gegenüber der gesamten Welt, von knapp

50) Über die Entwicklung und Konstruktionsprobleme des Weltwährungssystems im einzelnen vgl.: F. Aschinger, Das Währungssystem des Westens, 2. Auflage, Frankfurt am Main 1973. - Zu den jüngsten Krisen dieses Systems vgl.: W. Glastetter, Außenwirtschaftspolitik, a.a.O., S. 225 ff.

19 vH gegenüber den EG-Mitgliedsländern und von 31 vH gegenüber dem US-Dollar.[51)]

Mit diesem Zusammenwirken *realwirtschaftlicher* Bedingungen (Wachstumsschwäche bei den Industrieländern) und *preislicher* Bedingungen (Exportchancenminderung durch die DM-Aufwertung) war der Exporteinbruch für die Bundesrepublik förmlich vorgezeichnet. Bei einem generellen Ausfuhrrückgang in jeweiligen Preisen von knapp 4 vH (1975 gegenüber 1974) zeigt sich:

- nach *Warengruppen*: daß insbesondere die Grundstoff- und Produktionsgüter betroffen waren (Rückgang um knapp 18 vH), während sich die Investitionsgüter noch halten konnten (Zunahme von etwa 4 vH);

- nach *Regionen*: daß insbesondere die Exporte in die westlichen Industrieländer betroffen waren (Rückgang um knapp 9 vH), besonders

---

51) Zur periodischen Veröffentlichung der Wechselkursentwicklung vgl.: Deutsche Bundesbank, Statistische Beihefte zu den Monatsberichten der Deutschen Bundesbank, Reihe 5, Die Währungen der Welt. - Zu beachten ist aber, daß diese nominale Wechselkursentwicklung noch nichts darüber aussagt, wie sich die deutsche Wettbewerbsposition auf dem Weltmarkt, soweit diese wechselkursbedingt ist, gestaltet. Um diese Frage beantworten zu können, muß die nominale Wechselkursentwicklung "bereinigt" werden. Dies erfolgt in der Regel über divergierende Exportpreis- oder Lohnstückkostenentwicklungen gegenüber dem Ausland. Die Tabelle zeigt, gemessen an Veränderungsraten gegenüber dem Vorjahr, daß die nach Ausfuhranteilen der BRD gewogene nominale Wechselkursveränderung (Aufwertung: +) aufgrund eines höheren Preis- und Kostenanstiegs im Ausland (höherer Anstieg: +) auch im Zeitraum der Währungsturbulenzen die "reale" Wettbewerbsposition der BRD erheblich schwächer tangierte:

Jahr:	Export-preis-differ.	Lohn-kosten-differ.	nominaler DM-Wech-selkurs	realer DM-Wechselkurs	
				Preis-basis	Kosten-basis
1969	+ 1,3	+ 1,3	+ 2,9	+ 1,6	+ 1,6
1970	+ 3,3	- 3,5	+ 8,5	+ 5,0	+ 12,4
1971	+ 0,6	- 1,3	+ 2,8	+ 2,2	+ 4,2
1972	+ 1,3	+ 1,0	+ 2,0	+ 0,7	+ 1,0
1973	+ 6,6	+ 1,5	+ 9,7	+ 2,9	+ 8,1
1974	+ 11,5	+ 5,0	+ 4,9	- 5,9	- 0,1
1975	+ 1,6	+ 9,1	+ 0,3	- 1,3	- 8,1
1976	+ 5,8	+ 5,7	+ 7,8	+ 1,9	+ 2,0

Tabelle 122

ZAHLUNGSBILANZSALDEN

- Mrd. DM -

Aggregat \ Zeitraum	1950 bis 1954	1955 bis 1959	1960 bis 1964	1965 bis 1969	1970 bis 1974
Warenverkehr (f.o.b.)	+ 8,9	+31,2	+43,4	+81,1	+167,1
Dienstleistungen	+ 0,2	+ 0,8	-11,9	-22,3	- 54,3
Übertragungen	+ 2,8	- 9,2	-23,5	-35,2	- 67,5
Leistungsbilanz	+11,9	+22,8	+ 8,0	+23,6	+ 45,3
Langfristiger Kapitalverkehr	- 0,8	- 6,1	- 3,4	-36,4	+ 28,1
Grundbilanz	+11,1	+16,7	+ 4,6	-12,8	+ 73,4
Kurzfr. Kapitalverkehr	+ 0,1	- 6,1	- 1,6	+ 1,3	- 1,9
Ungeklärte Beträge	- 0,2	+ 3,2	+ 6,6	+ 8,8	+ 7,0
Ausgleichsposten	± 0,0	± 0,0	- 1,5	- 4,1	- 22,6
Devisenbilanz	+11,0	+13,7	+ 8,0	- 6,8	+ 55,8

ausgeprägt gegenüber den USA (Rückgang um ca. 24 vH), während wegen seines geringen Gewichts - der Exportanstieg in die Staatshandelsländer (+ 10 vH) und in die OPEC-Staaten (+ 60 vH) dies nicht kompensieren konnten.

III. Die Zahlungsbilanzentwicklung

64. Schließlich stellt sich die Frage, welchen Niederschlag die außenwirtschaftliche Verflechtung der Bundesrepublik Deutschland in der *Zahlungsbilanz* gefunden hat. Über den gesamten Beobachtungszeitraum 1950/1974 hinweg sind drei Grundtendenzen festzuhalten:

Tabelle 123

DEVISENBILANZ

Zeitraum / Aggregat	Bestand jeweils Ende: 1954	1959	1964	1969	1974
Mrd. DM					
Gold	2,63	11,08	16,99	14,93	14,00
Reserveposition	0,35	1,13	2,93	1,11	3,81
Sonderziehungsrechte	0,00	0,00	0,72	0,00	4,25
US-Dollar	5,44	7,26	7,71	2,24	49,51
Sonstige Devisen	0,36	0,71	0,48	3,62	0,23
Währungsreserven	8,78	20,18	28,83	21,90	71,80
Kredite	2,67	4,99	4,67	5,90	11,64
Bruttoauslandsposition	11,45	25,17	33,50	27,80	83,44
Verbindlichkeiten	0,15	0,41	0,75	1,42	2,20
Nettoauslandsposition	11,29	24,75	32,75	26,37	81,24
Bruttoauslandsposition = 100					
Gold	23,0	44,0	50,7	53,7	16,8
Reserveposition	3,1	4,5	8,7	4,0	4,6
Sonderziehungsrechte	0,0	0,0	2,1	0,0	5,1
US-Dollar	47,5	28,8	23,0	8,1	59,3
Sonstige Devisen	3,1	2,8	1,4	13,0	0,3
Kredite	23,3	19,8	13,9	21,2	13,9
Verbindlichkeiten	1,3	1,6	2,2	5,1	2,6

- Die Entwicklung der Zahlungsbilanzsalden (vgl. Tabelle 122) zeigt eine anhaltend steigende Überschußposition im *Warenverkehr* (1975 und 1976 wurden zusammen erneut Überschüsse von ca. 83 Mrd.DM erzielt), begleitet von ebenfalls deutlich zunehmenden Defiziten bei den *Dienstleistungen* und den *Übertragungen*. Trotz dieser Defizite wurden aber in allen Perioden - wenn auch im Zeitablauf schwankende - Überschüsse in der *Leistungsbilanz* erzielt. Sie be-

Tabelle 124

GRUNDBILANZ

- Mrd. DM -

Aggregat \ Zeitraum	1950 bis 1954	1955 bis 1959	1960 bis 1964	1965 bis 1969	1970 bis 1974
Einnahmen aus:					
Warenausfuhr (f.o.b.)	81,1	177,1	289,0	476,3	891,7
Dienstleistungen (eigene)	14,6	45,2	70,8	111,2	194,3
Übertragungen (fremde)	5,3	1,0	1,4	5,0	19,9
Leistungsbilanz	101,0	223,3	361,2	592,5	1105,9
Langfristiger Kapitalimport (netto)	- 0,4	0,7	11,5	14,4	60,6
Grundbilanz	100,6	224,0	372,7	606,9	1166,5
Ausgaben für:					
Wareneinfuhr (f.o.b.)	72,2	145,9	245,6	395,2	724,6
Dienstleistungen (fremde)	14,4	44,4	82,8	133,4	248,5
Übertragungen (eigene)	2,5	10,2	24,9	40,2	87,3
Leistungsbilanz	89,1	200,5	353,3	568,8	1060,4
Langfristiger Kapitalexport (netto)	0,4	6,8	14,9	50,7	32,5
Grundbilanz	89,5	207,3	368,2	619,5	1092,9

trugen in den Jahren 1975 und 1976 zusammen erneut ca. 18 Mrd.DM. Der *langfristige Kapitalverkehr* zeigt ebenfalls Defizite, die sich Ende der sechziger Jahre erheblich beschleunigten, um dann in den siebziger Jahren in einen Kapitalzustrom per Saldo umzuschlagen. Dieser Zustrom konzentrierte sich auf die Jahre 1972/73 (hier betrug der Saldo des Kapitalzuflusses insgesamt 28,5 Mrd. DM); von diesem Kapitalzufluß sind aber per Saldo allein im Jahre 1975 etwa 17 Mrd.DM wieder abgeflossen. Die Schwankungen im *kurzfristigen Kapitalverkehr* bewegten sich in relativ engen Grenzen.

Tabelle 125

GRUNDBILANZ

- Grundbilanz = 100 -

Aggregat \ Zeitraum	1950 bis 1954	1955 bis 1959	1960 bis 1964	1965 bis 1969	1970 bis 1974
<u>Einnahmen aus:</u>					
Warenausfuhr (f.o.b.)	80,6	79,1	77,5	78,5	76,4
Dienstleistungen (eigene)	14,5	20,2	19,0	18,3	16,7
Übertragungen (fremde)	5,3	0,4	0,4	0,8	1,7
Leistungsbilanz	100,4	99,7	96,9	97,6	94,8
Langfristiger Kapitalimport (netto)	- 0,4	0,3	3,1	2,4	5,2
Grundbilanz	100,0	100,0	100,0	100,0	100,0
<u>Ausgaben für:</u>					
Wareneinfuhr (f.o.b.)	80,7	70,4	66,7	63,8	66,3
Dienstleistungen (fremde)	16,1	21,4	22,5	21,5	22,7
Übertragungen (eigene)	2,8	4,9	6,8	6,5	8,0
Leistungsbilanz	99,6	96,7	96,0	91,8	97,0
Langfristiger Kapitalexport (netto)	0,4	3,3	4,0	8,2	3,0
Grundbilanz	100,0	100,0	100,0	100,0	100,0

Auffällig ist der Kapitalzufluß im Rahmen der sog. *ungeklärten Beträge*. Sie sind statistisch nicht zurechenbar und resultieren aus Änderungen der Zahlungsbedingungen: Der Zuflußcharakter ergibt sich in der Regel aus Vorauszahlungen, um drohenden Aufwertungsverlusten zu entgehen. Der negative *Ausgleichsposten* resultiert überwiegend aus Verlusten am vorhandenen Devisenbestand nach erfolgter Aufwertung der D-Mark, was denknotwendig den Devisenbestand, der in fremden Währungen besteht, abwertet.

- Insgesamt gesehen ist - nach Berücksichtigung aller Transaktionen - eine deutliche Erhöhung der *Nettoauslandsposition* zu registrieren (Ende 1976 erreichte sie ca. 86 Mrd.DM), wobei besonders auffällig die Aufstockung in den siebziger Jahren ist, die sich aber eindeutig auf den Zustrom von *US-Dollars* als Folge der Währungsturbulenzen lokalisieren läßt (vgl. Tabelle 123). Es würde (wie schon erwähnt) an dieser Stelle zu weit führen, die Gründe für diese Währungsturbulenzen im einzelnen zu überprüfen. Was aber in jedem Falle erwähnt zu werden verdient, ist die Tatsache, daß die *internationalen Währungsreserven* seit 1970 geradezu explosionsartig angestiegen sind: von ca. 93 Mrd. US-Dollar (1970) auf knapp 228 Mrd. US-Dollar (1975), wobei 122 Mrd. US-Dollar im Besitz der Industrieländer und 58 Mrd. US-Dollar im Besitz der ölexportierenden Länder sich befinden.[52)] Ist eine Währung permanent aufwertungsverdächtig, und sind liquide Mittel ausreichend vorhanden, dann kann dieser Liquiditätszustrom nicht überraschen.

- Überprüfen wir schließlich noch die Struktur der *Grundbilanz* - sie hat für den Charakter der außenwirtschaftlichen Verflechtung die eigentlich dominierende Funktion, während die anderen Posten der Zahlungsbilanz eher kurzfristigen und spekulationsbedingten Einflüssen unterworfen sind -, so zeigt sich sowohl in der Einnahme- als auch in der Ausgabestruktur (vgl. Tabellen 124, 125), daß der *Warenhandel* zwar die dominierende Rolle spielt, aber in seiner Bedeutung rückläufig ist: hinsichtlich der *Einnahmestruktur* insbesondere zugunsten der Dienstleistungsexporte und langfristigen Kapitalimporte; hinsichtlich der *Ausgabestruktur* insbesondere zugunsten der Dienstleistungsimporte und der eigenen Übertragungensleistungen, aber auch - würden wir das Ergebnis des Jahres 1975 mit einbeziehen - zugunsten der langfristigen Kapitalexporte.

Diese drei feststellbaren Grundtendenzen bedürfen noch einer weiteren Differenzierung. Da wir die Außenhandelsstruktur bereits analysiert haben, konzentrieren wir uns auf die anderen Elemente des Lei-

52) A. Konrad, Entwicklungstendenzen der internationalen Liquidität, in: Wirtschaftsdienst 1976/VI.

Tabelle 126

DIENSTLEISTUNGEN

- Mrd. DM -

Aggregat / Zeitraum	1960 bis 1964	1965 bis 1969	1970 bis 1974
Einnahmen aus:			
Reiseverkehr	+ 9,9	+15,1	+28,1
Transportleistungen	+20,1	+31,7	+45,7
Versicherungen	+ 1,6	+ 2,6	+ 4,7
Kapitalerträge	+ 8,8	+17,4	+48,7
Sonstige Dienstleistungen	+ 9,1	+18,3	+31,0
Regierungsstellen	+21,3	+26,1	+36,0
Gesamteinnahmen	+70,8	+111,2	+194,3
Ausgaben für:			
Reiseverkehr	-18,9	-31,3	-72,7
Transportleistungen	-24,1	-34,8	-56,5
Versicherungen	- 2,4	- 4,0	- 7,0
Kapitalerträge	-14,1	-22,7	-45,7
Sonstige Dienstleistungen	-20,3	-35,5	-58,5
Regierungsstellen	- 2,9	- 5,0	- 7,8
Gesamtausgaben	-82,8	-133,4	-248,5
Salden aus:			
Reiseverkehr	- 9,0	-16,2	-44,6
Transportleistungen	- 4,0	- 3,1	-10,8
Versicherungen	- 0,8	- 1,4	- 2,3
Kapitalerträge	- 5,3	- 5,3	+ 3,0
Sonstige Dienstleistungen	-11,2	-17,2	-27,5
Regierungsstellen	+18,4	+21,1	+28,2
Gesamtsaldo			
- ohne Regierungsstellen	-30,3	-43,4	-82,4
- einschließlich Regierungsstellen	-11,9	-22,3	-54,3

Tabelle 127

DIENSTLEISTUNGEN
- Dienstleistungen = 100 -

Aggregat \ Zeitraum	1960 bis 1964	1965 bis 1969	1970 bis 1974
Einnahmen aus:			
Reiseverkehr	14,0	13,6	14,5
Transportleistungen	28,4	28,5	23,5
Versicherungen	2,3	2,3	2,4
Kapitalerträge	12,4	15,6	25,1
Sonstige Dienstleistungen	12,9	16,5	16,0
Regierungsstellen	30,1	23,5	18,5
Gesamteinnahmen	100,0	100,0	100,0
Ausgaben für:			
Reiseverkehr	22,8	23,5	29,3
Transportleistungen	29,1	26,1	22,7
Versicherungen	2,9	3,0	2,8
Kapitalerträge	17,0	17,0	18,4
Sonstige Dienstleistungen	24,5	26,6	23,5
Regierungsstellen	3,5	3,7	3,1
Gesamtausgaben	100,0	100,0	100,0

stungs- und Kapitalverkehrs und beschränken uns dabei auf den Zeitraum 1960/1974.

65. Wie der Überblick über die Zahlungsbilanz deutlich macht, wird die Leistungsbilanz neben dem Warenverkehr ganz entscheidend von den *Dienstleistungen* und den *Übertragungen* geprägt. Beide sind für die Bundesrepublik Deutschland anhaltend defizitär; allein im Zeitraum 1975/76 betrug das Defizit in der Dienstleistungsbilanz ca. 20 Mrd. DM und das Defizit in der Übertragungsbilanz 35 Mrd.DM. Bei diferenzierender Betrachtung ergibt sich:

Tabelle 128

ÜBERTRAGUNGEN

- Mrd. DM -

Aggregat \ Zeitraum	1960 bis 1964	1965 bis 1969	1970 bis 1974
Einnahmen aus:			
Privat	+ 0,6	+ 1,5	+ 3,4
- Internationale Organisationen	+ 0,2	+ 0,3	+ 0,6
- Unterstützungen, Renten, Pensionen	+ 0,4	+ 0,8	+ 1,2
- Sonstige	+ 0,1	+ 0,4	+ 1,7
Öffentlich	+ 0,7	+ 3,5	+16,5
- Europäische Gemeinschaften	+ 0,0	+ 2,2	+11,9
- Sonst. intern. Organisationen	+ 0,0	+ 0,0	+ 0,1
- Sonstige	+ 0,7	+ 1,3	+ 4,5
Gesamteinnahmen	+ 1,4	+ 5,0	+19,9
Ausgaben für:			
Privat	- 7,8	-18,5	-44,2
- Gastarbeiterüberweisungen	- 4,6	-12,3	-35,4
- Unterstützungen, Renten, Pensionen	- 2,4	- 4,7	- 5,4
- Sonstige	- 0,9	- 1,5	- 3,4
Öffentlich	-17,1	-21,7	-43,1
- Wiedergutmachung	-12,4	- 8,9	- 8,8
- Europäische Gemeinschaften	- 1,1	- 5,7	-18,9
- Sonstige internat. Organisationen	- 0,8	- 2,0	- 2,8
- Unterstützungen, Renten, Pensionen	- 1,8	- 3,2	- 6,3
- Sonstige	- 1,0	- 2,0	- 6,3
Gesamtausgaben	-24,9	-40,2	-87,3
Gesamtsaldo	-23,5	-35,2	-67,5

- Bei den *Dienstleistungen* (vgl. Tabellen 126, 127) zeigt sich, daß die Defizitposition insbesondere aus dem Reiseverkehr resultiert,

Tabelle 129

ÜBERTRAGUNGEN

- Übertragungen = 100 -

Aggregat \ Zeitraum	1960 bis 1964	1965 bis 1969	1970 bis 1974
Einnahmen aus:			
Privat	42,9	30,0	17,1
- Internationale Organisationen	14,3	6,0	3,0
- Unterstützungen, Renten, Pensionen	26,8	16,0	6,0
- Sonstige	7,1	8,0	8,5
Öffentlich	50,0	70,0	82,9
- Europäische Gemeinschaften	0,0	44,0	59,8
- Sonstige internat. Organisationen	0,0	0,0	0,5
- Sonstige	50,0	26,0	22,6
Gesamteinnahmen	100,0	100,0	100,0
Ausgaben für:			
Privat	31,3	46,0	50,6
- Gastarbeiterüberweisungen	18,5	30,6	40,5
- Unterstützungen, Renten, Pensionen	9,6	11,7	6,2
- Sonstige	3,6	3,7	3,9
Öffentlich	68,7	54,0	49,1
- Wiedergutmachung	49,8	22,1	10,1
- Europäische Gemeinschaften	4,4	14,2	21,6
- Sonstige internat. Organisationen	3,2	5,0	3,2
- Unterstützungen, Renten, Pensionen	7,2	8,0	7,2
- Sonstige	4,0	5,0	7,2
Gesamtausgaben	100,0	100,0	100,0

gefolgt von den sonstigen Dienstleistungen (wozu u.a. zählen: Provisionen, Werbe- und Messekosten, Lizenzen und Patente, Bau- und Montageleistungen, Regiekosten, d.h. Zahlungen von Tochterunternehmen an Muttergesellschaften, Nebenleistungen im Waren- und Dienstleistungsverkehr) und den Transportleistungen. Bemerkenswert erscheint der in den siebziger Jahren erstmals erzielte Überschuß bei den Kapitalerträgen. Ohne den ebenfalls bestehenden Überschuß bei den öffentlichen Dienstleistungen wäre die privatwirtschaftliche Dienstleistungsbilanz noch erheblich mehr defizitär.

- Bei den *Übertragungen* (vgl. Tabellen 128, 129) ist eine Saldierung der Einzelpositionen nur in Grenzen möglich, weil unterschiedliche Ausgabe- und Einnahmeursachen vorliegen. Es zeigt sich aber, daß sowohl im öffentlichen als auch im privaten Sektor Übertragungsdefizite bestehen, die - über den Beobachtungszeitraum hinweg - deutlich im Steigen begriffen sind. Bemerkenswert erscheint im übrigen, daß sowohl in der Einnahme- als auch in der Ausgabestruktur deutliche Verschiebungen erkennbar sind: bei der *Einnahmestruktur* zugunsten der *öffentlichen Einnahmen* (wobei die Einnahmen aus den Europäischen Gemeinschaften eine dominierende Rolle spielen); bei der *Ausgabestruktur* zugunsten der *privaten Ausgaben* (wobei die Gastarbeiterüberweisungen die entscheidende Rolle spielen), aber auch zugunsten der öffentlichen Zahlungen an die *Europäische Gemeinschaft*. Im übrigen ergibt sich beim Übertragungsverkehr gegenüber der Europäischen Gemeinschaft ein anhaltendes Defizit, das sich besonders in den siebziger Jahren deutlich erhöht hat.

66. Beim *Kapitalverkehr* ist zwischen kurz- und langfristigen Kapitalleistungen zu trennen. Langfristig sind Anlagen mit einer ursprünglichen Laufzeit von mehr als zwölf Monaten oder ohne Laufzeitbegrenzung; jedoch ist die Abgrenzung zu den kurzfristigen Kapitalleistungen fließend, so daß eine exakte Zuordnung nicht möglich ist. Dennoch lassen sich einige grundsätzliche Tendenzen erkennen:

- Im *langfristigen Kapitalverkehr* trennen wir in Neuanlage (vgl. Tabelle 130), Liquidation (vgl. Tabelle 131) und - als Saldo aus

Tabelle 130

LANGFRISTIGER KAPITALVERKEHR (NEUANLAGE)

- Mrd. DM -

Aggregat \ Zeitraum	1960 bis 1964	1965 bis 1969	1970 bis 1974
von Ausländern im Inland			
Private Anlagen	+32,6	+45,6	+126,0
- Direktinvestitionen	+ 9,8	+20,3	+34,2
- Portfolioinvestitionen	+18,6	+12,2	+46,5
- Kredite und Darlehen	+ 4,1	+13,1	+44,8
- Sonstige (bes. Grundstücke)	+ 0,0	+ 0,0	+ 0,4
Öffentliche Anlagen	+ 0,0	+ 0,0	+ 1,3
Gesamtanlage (neu)	+32,6	+45,6	+127,3
von Inländern im Ausland			
Private Anlagen	-16,9	-73,8	-121,9
- Direktinvestitionen	- 5,2	-10,8	-26,7
- Portfolioinvestitionen	- 6,6	-39,5	-58,7
- Kredite und Darlehen	- 4,1	-22,3	-33,0
- Sonstige (bes. Grundstücke)	- 1,0	- 1,2	- 3,5
Öffentliche Anlagen	- 7,8	-10,4	-15,0
Gesamtanlage (neu)	-24,6	-84,2	-136,9
Saldo der Neuanlagen			
Private Anlagen	-15,7	-28,2	+ 4,1
- Direktinvestitionen	+ 4,6	+ 9,5	+ 7,5
- Portfolioinvestitionen	+12,0	-27,3	-12,2
- Kredite und Darlehen	+ 0,0	- 9,2	+11,8
- Sonstige (bes. Grundstücke)	- 1,0	- 1,2	- 3,1
Öffentliche Anlagen	- 7,8	-10,4	-13,7
Gesamtanlage (neu)	+ 8,0	-38,6	- 9,6

Tabelle 131

LANGFRISTIGER KAPITALVERKEHR (LIQUIDATION)

- Mrd. DM -

Aggregat / Zeitraum	1960 bis 1964	1965 bis 1969	1970 bis 1974
von Ausländern im Inland			
Private Anlagen	-17,0	-29,8	-66,3
- Direktinvestitionen	- 1,6	- 5,0	-10,1
- Portfolioinvestitionen	-11,9	-14,2	-28,5
- Kredite und Darlehen	- 2,6	-10,0	-27,2
- Sonstige (bes. Grundstücke)	- 0,9	- 0,6	- 0,5
Öffentliche Anlagen	- 4,1	- 1,3	- 0,5
Gesamtanlage (liqu.)	-21,1	-31,2	-66,7
von Inländern im Ausland			
Private Anlagen	+ 8,3	+30,3	+99,4
- Direktinvestitionen	+ 0,6	+ 2,0	+ 5,5
- Portfolioinvestitionen	+ 5,2	+21,7	+60,5
- Kredite und Darlehen	+ 2,4	+ 6,4	+33,0
- Sonstige (bes. Grundstücke)	+ 0,1	+ 0,1	+ 0,4
Öffentliche Anlagen	+ 1,4	+ 3,2	+ 5,0
Gesamtanlage (liqu.)	+ 9,7	+33,5	+104,4
Saldo der Liquidation			
Private Anlagen	- 8,7	+ 0,5	+33,1
- Direktinvestitionen	- 1,0	- 3,0	- 4,6
- Portfolioinvestitionen	- 6,7	+ 7,5	+32,0
- Kredite und Darlehen	- 0,2	- 3,6	+ 5,8
- Sonstige (bes. Grundstücke)	- 0,8	- 0,5	- 0,1
Öffentliche Anlagen	- 2,7	+ 1,9	+ 4,5
Gesamtanlage (liqu.)	-11,4	+ 2,3	+37,7

Tabelle 132

LANGFRISTIGER KAPITALVERKEHR (NETTOANLAGE)

- Mrd. DM -

Aggregat \ Zeitraum	1960 bis 1964	1965 bis 1969	1970 bis 1974
<u>von Ausländern im Inland</u>			
Private Anlagen	+15,6	+15,8	+59,7
- Direktinvestitionen	+ 8,2	+15,3	+24,1
- Portfolioinvestitionen	+ 6,7	- 2,0	+18,0
- Kredite und Darlehen	+ 1,5	+ 3,1	+17,6
- Sonstige (bes. Grundstücke)	- 0,9	- 0,6	- 0,1
Öffentliche Anlagen	- 4,1	- 1,3	+ 0,8
Gesamtanlage (netto)	+11,5	+14,4	+60,6
<u>von Inländern im Ausland</u>			
Private Anlagen	- 8,6	-43,5	-22,5
- Direktinvestitionen	- 4,6	- 8,8	-21,2
- Portfolioinvestitionen	- 1,4	-17,8	+ 1,8
- Kredite und Darlehen	- 1,7	-15,9	+ 0,0
- Sonstige (bes. Grundstücke)	- 0,9	- 1,1	- 3,1
Öffentliche Anlagen	- 6,4	- 7,2	-10,0
Gesamtanlage (netto)	-14,9	-50,7	-32,5
<u>Saldo der Nettoanlagen</u>			
Private Anlagen	+ 7,0	-27,7	+37,2
- Direktinvestitionen	+ 3,6	+ 6,5	+ 2,9
- Portfolioinvestitionen	+ 5,3	-19,8	+19,8
- Kredite und Darlehen	- 0,2	-12,8	+17,6
- Sonstige (bes. Grundstücke)	- 1,8	- 1,7	- 3,2
Öffentliche Anlagen	-10,5	- 8,5	- 9,2
Gesamtanlage (netto)	- 3,4	-36,3	+28,1

beiden - die Nettoanlage (vgl. Tabelle 132). In allen drei Bereichen ist die eindeutige Dominanz des *privatwirtschaftlichen* langfristigen Kapitalverkehrs erkennbar. Innerhalb diesem dominieren wiederum Portfolioinvestitionen (Kauf von Wertpapieren) sowie Kredite und Darlehen, während die Direktinvestitionen die dritte Stelle einnehmen. Dabei zeigt sich in dem letzteren Falle bei Neu- und Nettoanlage zwar immer noch eine Überschußposition; bemerkenswert ist dennoch die über den Beobachtungszeitraum hinweg sowohl in der Neu- als auch in der Nettobetrachtung zu registrierende deutliche Beschleunigung der deutschen *Auslandsinvestitionen.*[53] Und noch ein weiterer Aspekt erscheint bemerkenswert. Der bereits registrierte Umbruch im langfristigen Kapitalverkehr in den siebziger Jahren läßt sich nun genauer lokalisieren: Er resultierte aus einer hohen *Liquidation* von Portfolioinvestitionen im Ausland bzw. von an das Ausland gewährten Krediten und Darlehen (von in den siebziger Jahren zusammen nahezu 100 Mrd. DM), mit dem offensichtlichen Ziel, den notenbankpolitischen Restriktionskurs im Inland (Liquiditätsverknappung) zu unterlaufen.

- Ein abschließender Blick auf die *Saldenentwicklung* im *kurzfristigen Kapitalverkehr* (vgl. Tabelle 133) zeigt auch hier die eindeu-

---

53) Angesichts dieser Entwicklung kann nicht überraschen, daß damit wichtige Fragen aufgeworfen werden, die in jüngster Zeit zunehmende Bedeutung erlangen. Dies betrifft einmal die Frage der Rückwirkung der Direktinvestitionen auf die Zahlungsbilanz (vgl. dazu: D. Haubold, Direktinvestitionen und Zahlungsbilanz, Hamburg 1972); dies betrifft zum zweiten die Frage der Rückwirkung der Direktinvestitionen auf die Entwicklung der Zahl der Arbeitsplätze in der Binnenwirtschaft (vgl. dazu: W. Klaiber und L. Leckscheidt, Strukturanpassung oder Ausverkauf deutscher Arbeitsplätze?, in: Wirtschaftsdienst 1976/VII). Beide Fragenkomplexe werden gegenwärtig noch recht kontrovers diskutiert, ohne daß wir diese Diskussion hier nachvollziehen können. Bemerkenswert erscheint indessen, daß gerade dieser Investitionsprozeß starken Konzentrationstendenzen unterliegt. Nach Mitteilung des Bundeswirtschaftsministeriums (BMWI-Tagesnachrichten Nr. 7214, 21. April 1976) hat der Bestand deutscher Direktinvestitionen im Ausland im Jahre 1975 inzwischen 42 Mrd. DM erreicht (bei 42,5 Mrd. DM ausländischer Direktinvestitionen in der Bundesrepublik). Diese Investitionen wurden zwar von ca. 12000 Investoren durchgeführt; doch nur 74 Investoren (also ca. 0,6 vH) halten gegenwärtig 24 Mrd. DM (also knapp 60 vH) aller Auslandsinvestitionen.

Tabelle 133

SALDEN IM KURZFRISTIGEN KAPITALVERKEHR
- Mrd. DM -

Aggregat / Zeitraum	1960 bis 1964	1965 bis 1969	1970 bis 1974
Kreditinstitute			
- Forderungen	- 1,6	-13,0	-21,4
- Verbindlichkeiten	+ 4,1	+13,9	+15,2
- Gesamt	+ 2,4	+ 0,9	- 6,2
Wirtschaftsunternehmen			
- Forderungen	- 8,7	-11,3	-26,0
- Verbindlichkeiten	+ 7,0	+ 9,5	+28,7
- Gesamt	- 1,7	- 1,8	+ 2,7
Öffentlich			
- Forderungen	- 2,5	+ 1,4	+ 1,1
- Verbindlichkeiten	+ 0,1	+ 0,8	+ 0,4
- Gesamt	- 2,4	+ 2,2	+ 1,5
Gesamtsaldo	- 1,6	+ 1,3	- 1,9

tige Dominanz des *privaten Kapitalverkehrs*, relativ gleichgewichtig von Kreditinstituten und Wirtschaftsunternehmen getragen. Bemerkenswert ist überdies, daß die relativ geringen Schwankungen bei der Entwicklung des Gesamtsaldos die Tatsache verdecken, daß sich das *Gesamtvolumen* der Entwicklung des kurzfristigen Kapitalverkehrs - und zwar sowohl bei der Zunahme der Forderungen an das Ausland (= Kapitalabfluß) als auch bei der Zunahme der Verbindlichkeiten an das Ausland (= Kapitalzufluß) - im Berichtszeitraum erheblich vergrößert hat.

Tabellenverzeichnis

*)Es werden folgende Symbole verwandt:

n : in jeweiligen Preisen
r : in Preisen von 1962
AW : absolute Werte
ST : durchschnittliche Strukturanteile in vH
DV : durchschnittliche jährliche Veränderung in vH
PDV : durchschnittliche jährliche Preisveränderung in vH

Nr.	Aggregat	Inhalt
26	Wachstumsdeterminanten	DV
27	Produktivität je Erwerbstätigen	DV
28	Industrielle Produktion nach Bereichen	DV
29	Beschäftigte nach Bereichen	DV
30	Arbeitszeit nach Bereichen	DV
31	Beschäftigtenproduktivität nach Bereichen	DV
32	Stundenproduktivität nach Bereichen	DV
33	Verwendung des Bruttosozialprodukts	n, AW
34	Verwendung des Bruttosozialprodukts	n, ST
35	Verwendung des Bruttosozialprodukts	n, DV
36	Verwendung des Bruttosozialprodukts	r, AW
37	Verwendung des Bruttosozialprodukts	r, ST
38	Verwendung des Bruttosozialprodukts	r, DV
39	Verwendung des Bruttosozialprodukts	PDV
40	Privater Verbrauch	n, AW
41	Privater Verbrauch	n, ST
42	Privater Verbrauch	n, DV
43	Privater Verbrauch	r, AW
44	Privater Verbrauch	r, ST
45	Privater Verbrauch	r, DV
46	Privater Verbrauch	PDV
47	Gesamtinvestitionen	n, AW
48	Gesamtinvestitionen	n, ST
49	Gesamtinvestitionen	n, DV
50	Gesamtinvestitionen	r, AW
51	Gesamtinvestitionen	r, ST
52	Gesamtinvestitionen	r, DV
53	Gesamtinvestitionen	PDV
54	Volkseinkommen	n, AW, ST
55	Volkseinkommen	n, DV
56	Bruttoeinkommensverteilung	n, AW, ST
57	Gewinn-Verlust-Determinanten	n, AW
58	Gewinn-Verlust-Determinanten	n, ST
59	Nettoeinkommen aus unselbst. Arbeit	n, AW
60	Nettoeinkommen aus unselbst. Arbeit	n, ST
61	Nettoeinkommen aus unselbst. Arbeit	n, DV
62	Nettoeinkommen aus Unternehmertätigkeit und Vermögen	n, AW
63	Nettoeinkommen aus Unternehmertätigkeit und Vermögen	n, ST

Nr.	Aggregat	Inhalt
64	Bruttoeinkommen aus unselbst. Arbeit	n, AW
65	Bruttoeinkommen aus unselbst. Arbeit	n, ST
66	Bruttoeinkommen aus unselbst. Arbeit	n, DV
67	Bruttoeinkommen aus Unternehmertätigkeit und Vermögen	n, AW
68	Bruttoeinkommen aus Unternehmertätigkeit und Vermögen	n, ST
69	Bruttoeinkommen aus Unternehmertätigkeit und Vermögen	n, DV
70	Unselbständigeneinkommen je Unselbst.	n, AW
71	Unselbständigeneinkommen je Unselbst.	n, ST
72	Unselbständigeneinkommen je Unselbst.	n, DV
73	Bruttolohnkostenbelastung	DV
74	Nettolohnkostenbelastung	DV
75	Verteilungsrelationen	AW, ST
76	Verteilungsrelationen	DV
77	Finanzierungsrechnung, Priv. Haushalte	n, AW
78	Finanzierungsrechnung, Priv. Haushalte	n, ST
79	Finanzierungsrechnung, Unternehmen	n, AW
80	Finanzierungsrechnung, Unternehmen	n, ST
81	Finanzierungsrechnung, Staat	n, AW
82	Finanzierungsrechnung, Staat	n, ST
83	Haushaltsstruktur der öffentl. Hand	n, AW
84	Haushaltsstruktur der öffentl. Hand	n, ST
85	Steuereinnahmen der öffentl. Hand	n, AW, ST
86	Steuereinnahmen der öffentl. Hand	n, ST
87	Gesamtnachfrage	n, AW
88	Gesamtnachfrage	n, ST
89	Gesamtnachfrage	n, DV
90	Gesamtnachfrage	r, AW
91	Gesamtnachfrage	r, ST
92	Gesamtnachfrage	r, DV
93	Gesamtnachfrage	PDV

Nr.	Aggregat	Inhalt
94	Gesamtumsatz in der Industrie	n, AW
95	Gesamtumsatz in der Industrie	n, AW
96	Inlandsumsatz in der Industrie	n, AW
97	Inlandsumsatz in der Industrie	n, AW
98	Auslandsumsatz in der Industrie	n, AW
99	Auslandsumsatz in der Industrie	n, AW
100	Inlandsumsatz in der Industrie	n, ST
101	Inlandsumsatz in der Industrie	n, ST
102	Auslandsumsatz in der Industrie	n, ST
103	Auslandsumsatz in der Industrie	n, ST
104	Auslandsumsatz in der Industrie	n, ST
105	Auslandsumsatz in der Industrie	n, ST
106	Spezialhandel	n, AW, ST
107	Ausfuhr nach Warengruppen	n, AW
108	Ausfuhr nach Warengruppen	n, ST
109	Einfuhr nach Warengruppen	n, AW
110	Einfuhr nach Warengruppen	n, ST
111	Außenhandelssaldo nach Warengruppen	n, AW
112	Ausfuhr nach Käuferländern	n, AW
113	Ausfuhr nach Verbrauchsländern	n, AW
114	Ausfuhr nach Käuferländern	n, ST
115	Ausfuhr nach Verbrauchsländern	n, ST
116	Einfuhr nach Verkäuferländern	n, AW
117	Einfuhr nach Herstellungsländern	n, AW
118	Einfuhr nach Verkäuferländern	n, ST
119	Einfuhr nach Herstellungsländern	n, ST
120	Außenhandelssaldo nach Käufer-bzw.Verkäuferländern	n, AW
121	Außenhandelssaldo nach Verbrauchs- bzw. Herstellungsländern	n, AW
122	Zahlungsbilanzsalden	n, AW
123	Devisenbilanz	n, AW, ST
124	Grundbilanz	n, AW
125	Grundbilanz	n, ST
126	Dienstleistungen	n, AW
127	Dienstleistungen	n, ST
128	Übertragungen	n, AW
129	Übertragungen	n, ST
130	Langfrist. Kapitalverkehr (Neuanlage)	n, AW
131	Langfrist. Kapitalverkehr (Liquidation)	n, AW
132	Langfrist. Kapitalverkehr (Nettoanlage)	n, AW
133	Kurzfrist. Kapitalverkehr (Salden)	n, AW

Schaubilderverzeichnis

*) Es werden folgende Symbole verwandt:

n : in jeweiligen Preisen
r : in Preisen von 1962
I : jährliche Indexentwicklung (1950 = 100)
S : jährliche Strukturanteile in vH
V : jährliche Veränderung in vH

Nr.	Aggregat	Inhalt
32	Wachstumsdet.: Warenproduzierendes Gewerbe	I
33	Wachstumsdet.: Energie und Bergbau	I
34	Wachstumsdet.: Baugewerbe	I
35	Wachstumsdet.: Verarbeitendes Gewerbe	I
36	Wachstumsdet.: Dienstleistungen	I
37	Wachstumsdet.: Handel und Verkehr	I
38	Wachstumsdet.: Banken und Versicherungen	I
39	Wachstumsdet.: Sonstige Dienstleistungen	I
40	Wachstumsdet.: Staat.	I
41	Verwendung des Bruttosozialprodukts	r, V
42	Preisentwicklung des Bruttosozialprodukts	V
43	Verwendung des Bruttosozialprodukts	r, V
44	Verwendung des Bruttosozialprodukts	r, S
45	Preisentwicklung des Bruttosozialprodukts	I
46	Privatverbrauch	r, S
47	Privatverbrauch	r, S
48	Privatverbrauch	r, S
49	Preisentwicklung des Privatverbrauchs	I
50	Preisentwicklung des Privatverbrauchs	I
51	Preisentwicklung des Privatverbrauchs	I
52	Verwendung des Bruttosozialprodukts	r, V
53	Verwendung des Bruttosozialprodukts	r, S
54	Preisentwicklung des Bruttosozialprodukts	I
55	Gesamtinvestitionen	r, S
56	Gesamtinvestitionen	r, S
57	Preisentwicklung der Gesamtinvestitionen	I
58	Preisentwicklung der Gesamtinvestitionen	I
59	Volkseinkommen	n, V
60	Bruttoeinkommen	n, V
61	Einkommensbelastung	n, S
62	Nettoeinkommen	n, V
63	Pro-Kopf-Einkommen	n, I
64	Pro-Kopf-Einkommen	n, I
65	Pro-Kopf-Einkommen	n, I

Nr.	Aggregat	Inhalt
66	Lohnkostenbelastung, Land- und Forstw.	I
67	Lohnkostenbelastung, Warenprod. Gewerbe	I
68	Lohnkostenbelastung, Energie und Bergbau	I
69	Lohnkostenbelastung, Baugewerbe	I
70	Lohnkostenbelastung, Verarb. Gewerbe	I
71	Lohnkostenbelastung, Dienstleistungen	I
72	Lohnkostenbelastung, Handel und Verkehr	I
73	Lohnkostenbelastung, Banken und Versich.	I
74	Lohnkostenbelastung, Sonst. Dienstleist.	I
75	Verteilungsrelationen	n, S
76	Pro-Kopf-Bruttoeinkommen	n, V
77	Pro-Kopf-Nettoeinkommen	n, V
78	Verteilungsrelationen	n, I
79	Finanzierung, Private Haushalte	n, V
80	Finanzierung, Private Haushalte	n, I
81	Finanzierung, Unternehmen	n, V
82	Finanzierung, Unternehmen	n, I
83	Finanzierung, Unternehmen	n, S
84	Finanzierung, Unternehmen	n, V
85	Finanzierung, Unternehmen	n, I
86	Finanzierung, Unternehmen	n, S
87	Gesamtnachfrage	r, S
88	Gesamtnachfrage	r, V
89	Preisentwicklung der Gesamtnachfrage	I
90	Spezialhandel, Durchschnittswerte	I

Sachverzeichnis

Heidelberger Taschenbücher

Wirtschaftswissenschaften

14 A. Stobbe: Volkswirtschaftslehre I. 4. Auflage. DM 18,80
38 R. Henn; H. P. Künzi: Einführung in die Unternehmensforschung I. DM 12,80
39 R. Henn; H. P. Künzi: Einführung in die Unternehmensforschung II. DM 14,80
40 M. Neumann: Kapitalbildung, Wettbewerb und ökonomisches Wachstum. DM 12,80
56 M. J. Beckmann; H. P. Künzi: Mathematik für Ökonomen I. 2. Auflage. DM 16,80
62 W. Rothschild: Wirtschaftsprognose. Methoden und Probleme. DM 16,80
78 A. Heertje: Grundbegriffe der Volkswirtschaftslehre. 2. Auflage. DM 16,80
90 A. Heertje: Volkswirtschaftslehre. Grundbegriffe der Volkswirtschaftslehre II. DM 14,80
92 J. Schumann: Grundzüge der mikroökonomischen Theorie. 2. Auflage. DM 18,80
117 M. J. Beckmann; H. P. Künzi: Mathematik für Ökonomen II. DM 14,80
123 R. Maleri: Grundzüge der Dienstleistungsproduktion. DM 16,80
156 W. Busse von Colbe; G. Lassmann: Betriebswirtschaftstheorie. Band 1. DM 14,80
157 J. Siebke; M. Willms: Theorie der Geldpolitik. DM 14,80
158 A. Stobbe: Gesamtwirtschaftliche Theorie. DM 19,80
173 G. Blümle: Theorie der Einkommensverteilung. DM 16,80
174 G. J. Tichy: Konjunkturschwankungen. DM 18,80
177 O. Anderson et al.: Schätzen und Testen. DM 19,80

Heidelberger Arbeitsbücher

1 B. A. Schmid: Arbeitsbuch zu „Stobbe, Volkswirtschaftliches Rechnungswesen, 3. Auflage". 2. Auflage. DM 12,–
2 W. Zöller: Arbeitsbuch zu „Handelsbilanzen". 2. Auflage. DM 12,–
3 R. Köhler; W. Zöller: Arbeitsbuch zu „Finanzierung". DM 12,–
4 E. Cramer; H.-J. Müller: Arbeitsbuch „Recht für Wirtschaftswissenschaftler." DM 12,–
5 W. Weber: Arbeitsbuch „Einführung in die Betriebswirtschaftslehre". DM 12,–
6 H. Uebele; W. Zöller: Arbeitsbuch „Kostenrechnung". DM 12,–
7 J. Roth; B. A. Schmid: Arbeitsbuch „Mikroökonomische Theorie". DM 12,–
8 W. Ross; B. A. Schmid; E. J. Thien: Arbeitsbuch „Makroökonomische Theorie". DM 12,–
9 B. Engel; F. Heuser; B. A. Schmid: Arbeitsbuch „Geld und Kredit". DM 12,–
10 A. Heertje; P. Huber: Arbeitsbuch zu „Heertje, Grundbegriffe der Volkswirtschaftslehre, Band I und II". DM 12,–

Preisänderungen vorbehalten

Springer-Verlag Berlin Heidelberg NewYork